"Quedé cautivado por el video que Ben Breedlove produjo en You-Tube justo antes de su regreso al cielo. Y he quedado cautivado ahora por su historia completa, como nos la han compartido en *¿Cuándo comenzará el cielo?* Al leer estas páginas descubrirán cómo un precioso joven consideró su vida como un regalo de Dios, para convertirse así en un regalo de Dios. De la misma forma en que sus numerosos videos y su devoción a su familia y a sus amigos tocó tantos corazones, ruego para que este libro también lo haga".

—Don Piper, autor del bestseller en el *New York Times*,
Noventa minutos en el cielo

"La historia de Ben Breedlove me afectó profundamente desde el momento que la escuché por primera vez. Somos todos muy afortunados de que Ally Breeedlove haya compartido las increíbles experiencias y el descubrimiento de Ben con el mundo en *¿Cuándo comenzará el cielo?* La vida de Ben estuvo llena de luchas que ninguna persona ni ninguna familia habría querido experimentar jamás, pero lo que comprendió fue que todas las vidas y todo lo que suceda en nuestra vida, realmente importa y tiene un propósito. Su inamovible fe en Dios y en la absoluta paz que nos espera a todos en el cielo será una fuente de esperanza e inspiración para millones".

—Glenn Beck

"Conocí a Ben Breedlove gracias a mis seguidores en Twitter, a través de una serie de *retweets* de sus videos. Quedé conmovido por su historia al igual que muchos de ustedes, pero aún más, porque me mencionaba y me consideraba uno de sus artistas favoritos, además de que yo había estado presente en su visión. No sabía cómo interpretarlo ¿Por qué yo? Entre tantas personas que hay en el mundo para imitar y admirar, él me eligió a mí. No me sentía digno y, para ser franco, aún no me siento digno. Estaba pasando por un momento en mi vida en el que no me sentía nada especial, no estaba contento conmigo mismo. El mensaje de Ben me sacó de inmediato de ese estado. Me hizo ver lo importante que era en realidad como

continúa...

artista, y eso era exactamente lo que necesitaba en ese momento. Desde que Ben entró a mi vida, he iniciado un nuevo viaje. Él me salvó. No más drogas, no más alcohol, Ben. Creo que puedo decir, sin temor a equivocarme, que él, sin ayuda de nadie más, me encendió de nuevo la chispa para seguir viviendo y seguir creando. Sinceramente creo que fue enviado aquí por Dios, con una misión. Como seres humanos, tenemos que saber que hay un poder más grande. Que hay más de lo que podemos ver, que hay ángeles que nos cuidan. Me duele realmente no haber tenido la oportunidad de conocer a Ben, pero me siento realmente honrado de haberme conectado con él a través de la música y en espíritu. Seguiré componiendo en su honor y para todos mis fans, antiguos y nuevos del mundo entero, hasta que muera".

—Scott Mescudi (a.k.a. Kid Cudi)

"*¿Cuándo comenzará el cielo?* Comparte el profundo mensaje de esperanza y paz con el mundo de Ben Breedlove. Ally Breedlove ha hecho un excelente trabajo en esta hermosa narración sencilla, escrita con el corazón, que hará que quienes la lean se enamoren de Ben, que nos recuerda que debemos vivir cada día con alegría".

—Elizabeth Bryan, autora de *Sopa de pollo para el alma:
Cuenta tus bendiciones*

"Breedlove rinde tributo a su incontenible hermano Ben Breedlove, siempre desbordante de felicidad, ...[y] fascina a sus lectores con su tono profundamente sincero...Conmovedor y edificante a la vez, el libro nos toca tanto a nivel humano como a nivel espiritual".

—*Kirkus Reviews*

¿CUÁNDO COMENZARÁ EL CIELO?

ALLY BREEDLOVE

CON **KEN ABRAHAM**

NEW AMERICAN LIBRARY

New American Library
Publicado por Penguin Group
Penguin Group (USA) Inc., 375 Hudson Street,
New York, New York 10014

USA I Canadá I Reino Unido I Irlanda I Australia I Nueva Zelanda I India I Suráfrica I China
penguin.com
Una compañía de Penguin Random House

Primera edición: New American Library,
Una división de Penguin Group (USA) LLC

Primera Edición, Marzo de 2013

Copyright © The Ben Breedlove Trust, 2013
Translation copyright © Penguin Group (USA), 2014
Translated by Rosario Comacho-Koppel

Todas las fotografías son cortesía de la familia Breedlove, salvo las siguientes: Kirk Miller:
página 5, en medio; Grant Hamill: página 6, abajo y página 8, arriba; Debbie Hamill: página
8, abajo a la derecha, página 9, abajo, página 12, arriba; Jake H. Breedlove: página 10, arriba;
Jamie Buchsbaum: página 11, abajo; Clay David: página 15, abajo.

 REGISTERED TRADEMARK / MARCA REGISTRADA

NEW AMERICAN LIBRARY SPANISH EDITION ISBN: 978-0-451-47075-1

CATÁLOGO DE LA BIBLIOTECA DEL CONGRESO: DATOS EN PUBLICACIÓN:
    Breedlove, Ally.
    ¿Cuándo comenzará el cielo?: esta es la historia de Ben Breedlove/Ally Breedlove con Ken
Abraham.
        p. cm.
    ISBN 978-0-451-23964-8 (pasta dura)
    1. Breedlove, Ben, 1993-2011. 2. Breedlove, Ben, 1993-2011: Filosofía. 3. Corazón: hipertrofia:
pacientes: Estados Unidos: biografía. 4. Experiencias cercanas a la muerte. 5. Cielo.
6. Adolescentes hombres: Estados Unidos: biografía. 7. Celebridades: Estados Unidos: biografía.
8. YouTube (empresa): biografía. 9. Austin (Tex.): biografía. I. Abraham, Ken. II. Título.
    RC685.H9B69 2013
    616.1'20092—dc23   2013025605
    [B]

Impreso en los Estados Unidos de América
10 9 8 7 6 5 4 3 2 1

En la composición de este libro se utilizó la tipografía Granjon
Diseñada por Sabrina Bowers

NOTA DEL EDITOR
Penguin está comprometido con la publicación de obras de calidad e integridad. En ese sentido,
nos complace ofrecer este libro a nuestros lectores; no obstante, la historia, las experiencias y las
palabras son exclusivamente del autor.

En la Navidad, el 25 de diciembre de 2011,
mi hermano dejó su vida como regalo para el mundo.

La historia de Ben está dedicada a ti que buscas la paz.
—ALLY BREEDLOVE

La historia de Ben está dedicada también a los seres queridos de los siguientes niños, quienes nos han dejado recientemente:

Alexander John
Andris Reinis
12 DE FEBRERO DE 1991–
23 DE NOVIEMBRE DE 2011

Carson Ross Cummings
7 DE JULIO DE 1987–
13 DE ENERO DE 2012

Jordan Gibbs Nash
15 DE ENERO DE 1988–
5 DE FEBRERO DE 2012

Riley Jane Clark
7 DE DICIEMBRE DE 2001–
7 DE MARZO DE 2012

Eric Michael
Dramberger Jr.
9 DE ENERO DE 1991–
17 DE MARZO DE 2012

Daniel Gerard Barden
27 DE SEPTIEMBRE DE 2005–
14 DE DICIEMBRE DE 2012

Chase Michael
Anthony Kowalski
31 DE OCTUBRE DE 2005–
14 DE DICIEMBRE DE 2012

Grace Audrey McDonnell
4 DE NOVIEMBRE DE 2005–
14 DE DICIEMBRE DE 2012

Josephine Grace Gay
11 DE DICIEMBRE DE 2005–
14 DE DICIEMBRE DE 2012

Charlotte Helen Bacon
22 DE FEBRERO DE 2006–
14 DE DICIEMBRE DE 2012

Dylan Christopher
Jack Hockley
8 DE MARZO DE 2006–
14 DE DICIEMBRE DE 2012

James Radley Mattioli
22 DE MARZO 22 DE 2006–
14 DE DICIEMBRE DE 2012

Ana Grace
Marquez-Greene
4 DE ABRIL DE 2006–
14 DE DICIEMBRE DE 2012

Jack Armistead Pinto
6 DE MAYO DE 2006–
14 DE DICIEMBRE DE 2012

Jessica Adrienne Rekos
10 DE MAYO DE 2006–
14 DE DICIEMBRE DE 2012

Emilie Alice Parker
12 DE MAYO DE 2006–
14 DE DICIEMBRE DE 2012

Catherine Violet
Hubbard
8 DE JUNIO DE 2006–
14 DE DICIEMBRE DE 2012

Jesse McCord Lewis
30 DE JUNIO DE 2006–
14 DE DICIEMBRE DE 2012

Allison Noelle Wyatt
3 DE JULIO DE 2006–
14 DE DICIEMBRE DE 2012

Madeleine F. Hsu
10 DE JULIO DE 2006–
14 DE DICIEMBRE DE 2012

Olivia Rose Engel
18 DE JULIO DE 2006–
14 DE DICIEMBRE DE 2012

Caroline Phoebe
Previdi
7 DE SEPTIEMBRE DE 2006–
14 DE DICIEMBRE DE 2012

Benjamin Andrew
Wheeler
12 DE SEPTIEMBRE DE 2006–
14 DE DICIEMBRE DE 2012

Avielle Rose Richman
17 DE OCTUBRE DE 2006–
14 DE DICIEMBRE DE 2012

Noah Samuel Pozner
20 DE NOVIEMBRE DE 2006–
14 DE DICIEMBRE DE 2012

Thomas "Ty" Boone Pickens IV
13 DE SEPTIEMBRE DE 1991–
29 DE ENERO DE 2013

Ann Elise McGuffey
1 DE JUNIO DE 1994–
8 DE FEBRERO DE 2013

ÍNDICE

SEGUNDA PARTE
LA PASIÓN

TERCERA PARTE
EL PROPÓSITO

PREFACIO

Blanco. Sólo blanco. Ben no podía ver paredes, sólo blanco, un blanco más brillante que jamás podría describir y que parecía envolver su entorno en todas direcciones. Dentro de la blancura, Ben escuchó el mayor silencio que jamás hubiera escuchado en su vida.

Espera.

De pronto, se dio cuenta de que el espacio no estaba totalmente vacío. Tenía ante él un espejo de cuerpo entero. Ben clavó con intensidad su mirada en él. No sólo veía su reflejo sino su vida entera. En ese momento, al ver su imagen perfeccionada en el espejo, Ben se sintió orgulloso de sí mismo, de toda su vida, de todo cuanto había hecho. Fue la *mejor* de las sensaciones. Ben no podía dejar de sonreír. Sabía que estaba listo para algo más importante.

¿CUÁNDO COMENZARÁ EL CIELO?

CAPÍTULO 1

POR SIEMPRE JOVEN

Por siempre joven,
Quiero ser por siempre joven

— "YOUNG FOREVER" (JAY-Z Y MR. HUDSON)

E l doctor entró de nuevo a la sala de examen, con una amplia sonrisa.

—¿Qué diría si le contara que tiene tres meses de embarazo?

¡Deanne Breedlove no podía estar más feliz! *¡No puedo creer que vayamos a tener otro bebé!*, pensó para sí. Sabía exactamente cómo se lo diría a su esposo, Shawn. A pesar de que estaba feliz por su bebé, sabía que su esposo, con su lado izquierdo del cerebro dominante, dedicado a los bienes raíces y la urbanización probablemente tendría ya calculado el mejor momento de tener otro hijo, y no era ahora. Sin embargo, Deanne inventó un plan para sorprender a Shawn a tal punto que no tendría más remedio que responder de forma positiva.

La noticia llegó en el momento preciso, dos días antes de San Valentín. En el camino de regreso de la cita médica, Deanne se detuvo y compró una tarjeta de San Valentín para darle a Shawn la gran noticia. Una vez en casa, mientras Deanne buscaba en los cajones de la cocina un bolígrafo para escribir la tarjeta, se encontró su vieja agenda, abierta en su última anotación. Mientras lo hojeaba, se asombró de ver sus propias palabras, que ya había olvidado.

Deanne había atesorado tanto el primer año con su hija Ally que decidió que estaba lista para otro bebé. Aún no había olvidado la respuesta de Shawn a la noticia de su primer embarazo. Con un rostro totalmente inexpresivo y una voz temblorosa por los nervios, le había dicho:

—Bien, venderemos la casa o lo que sea que tengamos que hacer.

De manera que cuando Deanne pensó en la posibilidad de otro bebé, en vez de preocupar a Shawn con la carga financiera de un segundo hijo en unos dos años, optó por hablar con Dios acerca de su solicitud. Marcó cuidadosamente la fecha, 10 de noviembre de 1992, escribiendo en su agenda "¡Me encantaría tener otro bebé!".

Deanne había olvidado por completo la libreta de notas que había olvidado entre el cajón de los implementos no utilizados en su cocina; pero ahora, al leer esas palabras a su regreso de la cita con su ginecólogo, recordó con absoluta claridad la oración que había escrito exactamente tres meses antes. Poniendo sus manos sobre su vientre y levantando los ojos al cielo, Deanne exclamó:

—¡Gracias Dios Mío!

Mientras se encontraba sentada ante la mesa de centro de

su apartamento, escribiendo en la tarjeta de San Valentín para Shawn, Deanne recordó cómo se habían enamorado.

Hacía más de diez años, en 1980, Deanne había entrado a la Universidad de Texas para su primer año de estudios. En ese momento, Shawn estaba en su tercer año y de algún modo había convencido al Dormitorio Femenino del Rito Escocés —el mismo dormitorio donde vivía Deanne— de que lo contrataran como el único salvavidas hombre. Los demás hombres, que sólo podían entrar hasta el vestíbulo del corredor principal, pertenecían al personal de servicio del comedor, al que también pertenecía Shawn, y donde eventualmente llegaría a ser el jefe de meseros. Deanne y sus amigas solían bromear diciendo que los meseros sólo presentaban solicitudes de trabajo en ese lugar para encontrar a sus futuras esposas. Una noche, durante la cena, Deanne vio a Shawn por primera vez y les dijo a sus amigas en tono de broma:

—¡Yo me quedo con *él*!

Permanecieron en contacto después de la graduación y siete años más tarde se enamoraron. Cerca de la Nochebuena, después de un noviazgo de seis meses, Shawn invitó a Deanne a una comida íntima en el Hotel Adolphus en Dallas. Una elegante música de arpa se difundía por el salón mientras los clientes del restaurante recibían sus postres con la palabra *Navidad* artísticamente escrita en salsa de chocolate. Sin embargo, cuando Deanne recibió su plato, su postre decía *¡Felicitaciones!*

Suponiendo que su mesero francés se había confundido de festejo, tomó el primer bocado de postre sin hacer preguntas. Dentro del delicado hojaldre, escondido entre las frambuesas, ¡brillaba un hermoso anillo de diamante!

—¡Ay, Shawn! —dijo Deanne, radiante. Aunque Shawn no

se le había declarado con palabras, ambos comprendieron que la respuesta era "¡Sí!".

Enemigo de los noviazgos largos, Shawn le dio a Deanne una fecha de vencimiento de tres meses para su proposición, y se casaron en la primavera del año siguiente. La pareja se estableció en Austin, donde Shawn inició una carrera en bienes raíces corporativos y Deanne comenzó a escribir una columna para un periódico local hasta que pudo cumplir su sueño de convertirse en mamá. La bebé Ally nació cuatro años después, el 16 de enero de 1992 y, el 8 de agosto de 1993, Benjamin Daniel Breedlove se convirtió en la nueva adición a la familia.

Considerado como siempre, desde el comienzo de su vida, Ben no hizo esperar mucho tiempo a la familia y nació después de apenas cuatro horas de trabajo de parto, para hacer su debut a las cuatro de la tarde con un sorprendente peso de ocho libras, nueve onzas. Pero, no se aprovechó de su tamaño. Ben fue un bebé muy tranquilo y maravilloso, aparentemente sano y feliz y rara vez daba problemas. En lugar de esto, prefería sonreír y mirar a todo el mundo a los ojos.

—Puedes tocarlo —le dijo Deanne a Ally en un tono tierno y suave. Con sus diecisiete meses, Ally gateó para acercarse a la cama de hospital, levantando indecisa su dedo índice. Mirando con enormes ojos maravillados a Ben recién nacido, le tocó rápidamente la punta de la nariz y de inmediato se retiró llorando a mares. Como no había visto nunca antes a un bebé de verdad, tuvo miedo de que Ben la pudiera morder. El entusiasmo de su llegada debió ser abrumador porque pronto salió de la habitación y vomitó en el corredor. A pesar de esta dramática presentación, Ben y Ally rápidamente se convirtieron en amigos inseparables.

Mientras Deanne sostenía a Ben en sus brazos en su primera noche en el hospital, él mantuvo contacto visual con ella *¡por siempre!* No dejó de mirarla en toda la noche. Ben estableció de inmediato profundos e intensos lazos de amor con Deanne, como lo haría con muchos otros durante su vida. Besándolo suavemente en la frente, Deanne dijo a Ben:

—Eres parte importante y permanente de esta familia. *Nada* nos separará.

CAPÍTULO 2

LIMPIO POR EL AGUA

Aunque venga la tormenta
A mí me lava el agua

—"WASHED BY THE WATER" (NEEDTOBREATHE)

¡E sa sonrisa! A todos se les derretía el corazón en el momento en que esa sonrisa desdentada aparecía de lado a lado en la cara de Ben. Sonrisas y risas seguían al pequeño farandulero a dondequiera que fuera. Cada vez que él y Deanne salían, las mujeres se arremolinaban a su alrededor para ver su irresistible sonrisa. Él reía y "hablaba" todo el día, con frecuencia inclusive "bailaba", pataleando para mantener ocupados a sus acompañantes. Ben era una fuente constante de alegría. Sin embargo, no todo era perfecto.

Durante su control médico de rutina, a los tres meses de edad, su pediatra, el Dr. Ellis Gill, se mostró extrañamente estoico mientras movía su estetoscopio por el tórax de Ben.

—Hmmm... —dijo el Dr. Gill, colocando el estetoscopio una vez más a todo el rededor de su cuello.

—¿Qué pasa? —preguntó Deanne con aprensión.

—Bueno, no creo que sea nada preocupante —le aseguró el Dr. Gill—, pero Ben tiene un leve soplo cardiaco. Lo seguiremos vigilando.

Para cuando Ben cumplió doce meses, el soplo del corazón seguía presente. El Dr. Gill estaba preocupado y urgió a Deanne a programar una cita con un cardiólogo. El soplo tal vez no significara nada, pero el Dr. Gill recomendó al Dr. Robert Castle, sólo para quedar tranquilos.

Al mes siguiente, el Dr. Castle sometió a Ben a un examen y lo programó para un ecocardiograma para ver si tenía un defecto del tabique auricular, es decir, un agujero en el corazón.

—Hmmm... —gesticuló el técnico médico mientras observaba la pantalla del ecocardiógrafo.

—¿Qué pasa? —preguntó Deanne—. ¿Qué ve?

—Ummm, lo siento —respondió el técnico, sin dejar de observar la pantalla—. Yo no estoy autorizado para decirle nada. El doctor la llamará tan pronto como tengamos los resultados.

Durante el resto del día, el estómago de Deanne parecía un nudo. Con un conocimiento rudimentario de las complicaciones cardiacas, la abrumaban los pensamientos de inminentes cirugías mayores y hospitalizaciones. Recordaba a algunos amigos cercanos que habían pasado recientemente por una situación similar. Tenían un hijo que había nacido con una serie de problemas de salud, además el Dr. Castle le había diagnosticado una enfermedad cardiaca. Fue necesario practicarle de inmediato una cirugía, pero trágicamente su precioso hijo vivió sólo unos pocos meses más.

La mente de Deanne no descansaría hasta saber la verdad acerca de Ben. Hacia el final de la mañana siguiente sonó el teléfono. Deanne respondió la llamada y escuchó el saludo del Dr. Castle.

—Tenemos los resultados del ecocardiograma —le dijo—. Ben tiene una afección que se conoce como cardiomiopatía hipertrófica, lo que hace que sea difícil para su corazón bombear sangre a todo su cuerpo. No existe cura. Tendrá esta enfermedad por el resto de su vida. La CMH, sigla por la que se le conoce, es una afección que a veces produce muerte súbita. Es posible que haya oído hablar de atletas que mueren por esta causa, como un basquetbolista que no ha tenido problemas de salud previos, pero que repentinamente colapsa. Con mucha frecuencia, quienes tienen esta afección no están conscientes de tenerla, por lo que es bueno que hayamos descubierto que Ben la tiene. Cuando sea mayor, no querremos que practique deportes competitivos. Cuando venga la semana entrante al consultorio hablaremos más al respecto.

Deanne permaneció en silencio por un momento, aturdida. Mientras rodaba una lágrima por su mejilla, susurró en el teléfono.

—Estoy tan agradecida de que Ben no tenga que ser sometido de inmediato a una cirugía.

En lugar de dejar que el miedo y la angustia que la habían atormentado constantemente el día anterior la envolvieran, lo que Deanne sintió ahora fue alivio de saber que Ben no tenía que ser llevado de inmediato al quirófano, y que no tendría que sufrir en ese preciso momento. Por hoy, Ben estaba bien.

—Entonces, ¿es esto simplemente algo con lo que tendremos

que vivir? —preguntó Deanne—. ¿No debemos arreglarlo ahora mismo?

—No se puede arreglar —respondió el Dr. Castle.

$\cdot\ \cdot\ \cdot$

—Ummm, disculpe ¿Dónde están los ficheros?

Deanne acababa de entrar a una biblioteca pública, con el pequeño Ben sostenido sobre su cadera. El bibliotecario, un hombre joven, de unos veinte años, la miró con un gesto inexpresivo.

—Bien, señora —le dijo, en un tono algo condescendiente—, las *computadoras* están allá —señaló hacia la parte posterior del lugar.

—Oh... —respondió Deanne, avergonzada y algo confundida—. Gracias —Deanne no había vuelto a entrar a una biblioteca pública desde los días prehistóricos de los catálogos en ficheros, pero tenía que hacer una investigación. Después de buscar *cardiomiopatía hipertrófica* en una de las computadoras, Deanne subió al tercer piso, de donde sacó una enorme revista médica de uno de los estantes. Se sentó en una mesa de la biblioteca con Ben acomodado en su regazo, Deanne hojeó el enorme libro y, más adelante, dio con las dos páginas dedicadas a la CMH.

Deanne estaba abrumada. Buscó desesperadamente en las dos páginas algún término corriente o una frase que pudiera entender, pero obviamente esta revista había sido escrita por médicos, para médicos. Buscó el vocabulario, incluyendo *fracción de eyección, gradiente de salida ventricular, movimiento sistólico anterior, disfunción diastólica, síncope, disnea, obstrucción del flujo de salida, malformaciones miocárdicas* y una frase que ella entendía demasiado bien:

propensión a la muerte súbita. Después de cernir toda esta jerga médica, la expresión del rostro de Deanne era únicamente de exasperación. A pesar de las extensas y completas explicaciones del Dr. Castle cuando habló con ella, y a pesar de la revista que tenía al frente, aparentemente no encontraba ninguna información que le indicara qué le pasaría a *su* niño como resultado de la CMH.

Por último, Deanne consideró que había leído lo suficiente. Cerró el pesado libro y lo llevó de nuevo a su lugar en el estante. Después de unas horas de investigación, básicamente lo que había entendido era que el corazón de Ben no bombeaba debidamente la sangre. Los síntomas iban desde leves mareos hasta muerte súbita.

Al salir por el corredor, con los altos estantes de libros a uno y otro lado, Deanne miró a Ben sentado en su cadera. Él le sonrió con una sonrisa dulce y con sus ojos cafés que le expresaban una total entrega. Deanne sonrió también. Aunque salió sin la información que había esperado encontrar, pasó por las puertas de la biblioteca sosteniendo aún fuertemente en sus brazos a su dulce y precioso bebé. No iba a dejar que los libros de medicina le robaran su alegría.

• • •

Lo que resultó aún más difícil para Deanne que investigar y entender la CMH, fue ayudar a Ben a superar los retos que le presentaba su enfermedad días tras día. El doctor prescribió el medicamento Atenolol, con instrucciones estrictas de que Ben no debería nunca dejar de tomar una dosis. Todos los días, en la mañana y en la noche. Deanne cortaba en dos una pequeñita píldora blanca, e inventaba formas de convencer al pequeño Ben de que tomara su medicina.

—*Benjamin*... —dijo Deanne a Ben, sonriendo, con una expresión maternal de comprensión en sus ojos—. ¿Tomaste tu medicina? —ella había visto el trozo faltante en el waffle que le había preparado para el desayuno, donde había escondido el Atenolol, y supo instintivamente que si Ben lo había encontrado probablemente no lo habría tomado. Lo más probable era que Ben hubiera detectado la píldora amarga y dura en su comida y la hubiera escupido.

Ben levantó los ojos para mirar a Deanne con una expresión de culpa en sus grandes ojos, torciendo la boca en un esfuerzo por no sonreír.

—No, mamá —respondió—. No la tomé.

—Está bien, Ben, ¿dónde *está* la medicina? —le preguntó Deanne.

Ahora, Ben, sonriendo de forma desvergonzada, le dijo en una vocecita aguda:

—¡La escupí!

—¡Ay, Ben!

Deanne suspiró y, poniéndose en cuatro patas, la buscó bajo la mesa de la cocina. Encontró la pildorita, la limpió, la escondió en otro trozo de waffle y se lo dio a Ben.

—¡Aquí tienes, Ben! ¡Aquí tienes otro delicioso trozo de waffle!

Por mucho que Deanne se esmerara en esconder el Atenolol, y a pesar de las muchas bolitas de goma dulce con que intentaba chantajearlo, Ben se negaba a tragarlo. Para ahora, él ya sabía muy bien que tenía una enfermedad cardiaca. Pero Ben no podía comprender aún lo vital que era para él tomar su medicina. Para Ben, cada día era sólo un día normal y feliz.

Finalmente, Deanne encontró un truco que funcionó. Escondió la píldora en una cucharada de jalea de uva con grajeas de colores por encima. Ben mordió la pequeña píldora sin detectarla entre las grajeas dulces, y luego se tragó la cucharada de jalea con una sonrisa. El dulce disfraz pronto se convirtió en una de las golosinas favoritas de Ben.

Desafortunadamente, no se le permitía consumir *nada* que tuviera cafeína, por lo que sus opciones de dulces eran limitadas. No podía comer chocolate ni torta en las fiestas de cumpleaños, ni podía tomar una bebida gaseosa con una comida para niños, ni comer siquiera un puñado de M&M's. Sin embargo, esta regla fue una de las primeras que puso en evidencia el lado malicioso de Ben.

Durante el verano de 1998, los Breedlove se fueron de campamento a las montañas de Colorado con la tía Kim, el tío Dave y los primos Amber y Zach. Cuando una tarde los adultos decidieron hacer un paseo en bicicleta por la montaña, dejaron a Amber, una adolescente, encargada de los niños más pequeños mientras estaban fuera. Poco tiempo después de que sus padres se habían ido, sus primos se taparon con las mantas dentro de la carpa y cada uno, por turno, estaba contando historias de miedo cuando se dieron cuenta de que el pequeño Ben, de cinco años, no estaba con ellos.

Salieron todos de la carpa preparados para ir a buscar a Ben. No tuvieron que ir muy lejos porque inmediatamente vieron su traviesa sonrisa que brillaba desde el asiento delantero del jeep del tío Dave. Cuando Amber se le acercó por el lado del asiento del conductor, Ben lenta y deliberadamente levantó su pequeño puño sosteniendo las llaves del tío Dave y las meció como incitando a Amber a tomarlas a través de la ventana, luego se oyó un *clic* y el jeep quedó con llave. Mientas Amber, Zach y Ally miraban a través de las ventanas, Ben sostenía el gigantesco tarro de café de la familia, lleno de una variedad de dulces, e iba escogiendo los M&M's ¡comiéndolos uno a uno!

Ben compensó la falta de los dulces desarrollando un enorme gusto por todo lo salado. Con frecuencia, después de la comida, disfrutaba comiendo papas fritas y salsa como "postre" favorito.

En una ocasión, cuando apenas comenzaba a caminar, preguntó si podía comer un poco de "shal".

Deanne quedó confundida.

—¿Qué es shal, Ben? —le preguntó. Ben intentó explicarle pero Deanne no podía entenderle. Le pidió que le diera algunas pistas—. ¿Dónde lo viste? ¿De qué color es? ¿Lo tenemos en la casa? —después de varios intentos de adivinar, ¡al fin se dio cuenta de que Ben le estaba pidiendo permiso de comerse un puñado de sal!

• • •

Durante la niñez de Ben, aún en sus mejores días, la arritmia, el latido irregular del corazón, ocasionalmente empeoraba. Al principio, Ben no sabía cómo explicar lo que estaba ocurriendo, pero Shawn y Deanne podían darse cuenta de que su corazón estaba haciendo algo extraño porque Ben se cansaba y se veía desanimado y débil, mientras que su patrón de respiración cambiaba.

Debido a que no había cura para la CMH, Ben frecuentemente tenía que hacer algunos ejercicios aparentemente ridículos para aliviar sus síntomas. El médico prescribió la maniobra de

Valsalva, en la que Ben cerraba la boca y se tapaba la nariz y luego soplaba por la nariz tan fuerte como podía, con la esperanza de aliviar la arritmia al cambiar la presión de su corazón. Otra técnica que el médico sugirió fue que Deanne y Shawn sostuvieran a Ben de cabeza y le pusieran hielo contra las mejillas para interrumpir las pulsaciones irregulares. Pronto, Shawn y Deanne se dieron cuenta de que los ejercicios resultaron ser más divertidos para Ben que efectivos para su corazón.

• • •

—Mamá ¡mi corazón está saltando! —gritó Ben desde el asiento de atrás del automóvil. Deanne orilló el auto, dio la vuelta hasta el asiento de atrás y puso su oído contra el tórax de Ben. Su corazón latía de forma errática. Al levantar la vista, Deanne vio que estaban apenas a una cuadra del consultorio del cardiólogo de Ben y decidió ir directamente allá. Ben nunca antes había dicho que su corazón "estuviera saltando", pero Deanne entendió que ésta era su forma de explicar que su corazón latía de forma irregular y que lo podía sentir.

—En realidad deberías haber ido a urgencias, Deanne —le dijo la recepcionista al verlos llegar—. Nuestro consultorio no está equipado para recibir pacientes sin cita previa.

Pero, debido a que Ben había podido explicar que su corazón había entrado en arritmia, y estaban cerca del consultorio médico, el cardiólogo de Ben pudo hacer un electrocardiograma (ECG) en el que captó por primera vez los latidos irregulares de su corazón. La interpretación de este trazado fue una ayuda adicional vital para el diagnóstico de Ben, dado que hay muchos tipos distintos de arritmias. Después del incidente, Ben siguió usando la frase "mi corazón está saltando" para expresar que tenía un ritmo anormal.

Más tarde, el cardiólogo de Ben sugirió adaptarle un monitor Holter que debía usar en casa, y que simulaba el ECG realizado en el consultorio. Este dispositivo portátil, de pilas, monitorea constantemente la actividad del corazón por un largo período de tiempo; por lo general, durante veinticuatro a cuarenta y ocho horas, registrando las señales eléctricas del corazón, para que luego sean analizadas por un cardiólogo. El primer monitor Holter de Ben estaba en una caja negra de unas ocho pulgadas de largo por seis pulgadas de ancho y unas dos pulgadas de grueso. Ben lo llevaba en una pequeña bolsa negra amarrada a su cintura, de la que salían las derivaciones del ECG que se fijaban a su tórax.

Ben quedó encantado la primera vez que le pusieron su "caja de policía", como él llamaba el monitor. Montaba su bicicleta alrededor de la entrada de la casa mientras hablaba en el monitor y fingía estar arrestando criminales en fuga. Pronto desarrolló aversión a la caja cuando se dio cuenta de lo incómoda que era y que se enredaba en su cintura, en su ropa y le impedía participar en actividades recreativas normales como la natación.

La peor parte de usar el Holter era desprender los pegajosos contactos de las derivaciones una vez que terminaba el registro, porque los electrodos están diseñados para *no* caerse fácilmente en un niño activo. Quitar los contactos adhesivos era una tarea difícil, a veces tomaba horas quitarle toda esa goma pegajosa. A Ben le dolía que le desprendieran las derivaciones de electrodos de la piel y a veces tenía hasta diez de ellas en su pequeño cuerpecito, cada una con un adhesivo más fuerte que el de una bandita adhesiva corriente. Quitarle esas cosas *no era* divertido. Deanne lo intentó todo para facilitar su remoción, utilizando aceite de bebé, removedor de adhesivos, inclusive *Goo Gone*, pero nada daba resultado. Con los años, con las mejoras en la tecnología, las cajas de los Holters fueron siendo cada vez más pequeñas y los adhesivos menos irritantes, pero seguían siendo dolorosos e incómodos. Ben no tenía más remedio que soportarlos.

· · ·

¡Clang! Una enorme bandeja de vidrio decorativa cayó al piso de la cocina. Deanne se sobresaltó con el estruendo cuando los niños tumbaron accidentalmente la bandeja que estaba sobre el mostrador, pero Ben parecía ser el más afectado con el ruido. Se puso pálido, sus labios se volvieron azules. Inmediatamente, Deanne se arrodilló junto a Ben y presionó su oreja contra su tórax. Su corazón estaba saltando. Lentamente, el ritmo se normalizó, mientas Ben permaneció sentado quieto durante un tiempo. Este evento fue una indicación temprana de que aún las situaciones comunes podían desencadenarle la arritmia.

Cuando Ben cumplió cuatro años, su nuevo cardiólogo, el Dr. Stuart Rowe, le había diagnosticado además un síndrome de QT Largo que, al igual que el CMH, podía llevar a desmayos, crisis convulsivas y muerte súbita. Sin embargo, el síndrome de QT Largo puede causar muerte súbita durante el sueño, con un sobresalto causado por un ruido fuerte o como consecuencia de un esfuerzo físico.

Deanne y Shawn tenían razones más que suficientes para preocuparse por el bienestar de su hijo, ahora, inclusive mientras dormía. Desmoralizados, quedaron desconcertados en cuanto a cómo protegerlo y mantenerlo a salvo, como deseaban hacerlo.

· · ·

Unos meses después, el corazón de Ben comenzó a golpear de nuevo, de manera que el doctor lo hospitalizó para poderle administrar distintos medicamentos durante varios días y ver si alguno de ellos podía controlar su arritmia. Pasaron más de cuarenta y ocho horas y los doctores no lograban regular el corazón de Ben. Le dieron dosis de medicamentos más altas que lo dejaron dormido prácticamente la mayor parte del tiempo. Pero cuando Ben estaba despierto, sonreía constantemente a las enfermeras y les hacía bromas.

Ben adoraba gastar bromas tanto como dar regalos. Ya que disfrutaba mucho de entretener a los demás, el placer de dar siempre lo deleitó.

· · ·

A Ben le encantaba dar regalos desde el fondo de su corazón. Unos cuantos ejemplos tomados de los primeros años de Ben se convirtieron en parte de las historias tradicionales de la familia Breedlove.

Cuando Ben tenía unos tres años, desarrolló una inclinación especial por las pecanas. Es posible que Ben haya visto a las ardillas correr de un lado a otro recogiendo estas nueces del piso porque, un día, salió de la casa al jardín de la entrada con sus botas de vaquero rojas y su pañal, empuñando un martillo en su pequeña mano. Al igual que las ardillas, comenzó a partir las nueces en dos y a comérselas. De vez en cuando, al no poder partir una con su martillo, exclamaba: "¡Cara**!".

Aunque en el hogar de los Breedlove no se permitía el uso de palabras soeces, Shawn y Deanne apenas lograban contener la risa cada vez que lo oían decir esta expresión con tanto sentimiento. Al final de una larga mañana de trabajar así con el martillo, la parte favorita del esfuerzo de Ben era lograr compartir todas sus nueces partidas en dos con las ardillas.

• • •

—¡Vamos, Ben! ¡Llegaremos tarde! —Deanne tomó su bolsa y golpeó en la puerta de la habitación de Ben. Asomó la cabeza y vio al pequeño Ben con un balón de fútbol en las manos, empacándolo en un papel de regalo que había encontrado en alguna parte y usando grandes cantidades de cinta adhesiva. En realidad, Ben le había puesto más cinta adhesiva que papel al regalo y seguía absolutamente concentrado en su trabajo.

—¿Qué haces, mi amor? —preguntó Deanne.

Ben la miró con expresión radiante.

—No puedo ir a una invitación a jugar ¡sin llevar un regalo a mis amigos! —le dijo.

Cuando Ben llegó al Zilker Park de Austin, corrió a reunirse con sus amigos, los mellizos Benjamin y Brendon, y les lanzó el regalo a las manos. Luego dio unos pasos atrás, cruzó los brazos detrás de su espalda y disfrutó viendo cómo se les iluminaban los ojos con esta sorpresa. Ben repitió esta ceremonia con otros amigos que lo invitaron varias veces a jugar, a quienes les llevaba regalos, entre los que hubo una bebé tortuga que había encontrado, un tractor de juguete color naranja enormemente grande y un billete de cinco dólares.

. . .

Ben no sólo disfrutaba regalando cosas tangibles sino que también encontraba ocasiones de compartir su compasión. Cuando la mamá de Deanne, a la que sus nietos llamábamos "Gee-Gee", estaba hospitalizada en el centro de rehabilitación física St. David, Deanne y los niños la visitaban con la mayor frecuencia posible.

Un día, mientras Deanne y Ally hablaban con la mamá de Deanne en la enorme sala de visitas, que servía también de cafetería para los pacientes, Ben se dio cuenta de que había otra persona que podría agradecer que alguien le hiciera compañía. Muy pronto deambuló al otro lado del salón y comenzó a conversar con un hombre mayor, entablando con él una larga y animada conversación sobre cosas que sólo les concernían a los dos. Mientras Deanne y Gee-Gee observaban la escena, vieron a Ben más sonriente que nunca, evidentemente disfrutando su conversación y encantado de relacionarse con este hombre. Por su parte, el hombre sonreía, a su manera, aunque sonreír no le era fácil. Se trataba de un paciente parapléjico en una silla de ruedas, incapaz de hablar. Sólo movía su silla de ruedas con un botón que manejaba con la boca. Sin embargo, sus ojos demostraban que estaba realmente disfrutando esta conversación. Ben era apenas un niñito en ese entonces, pero su empatía demostró ser la de una persona más madura, que entendía la adversidad a un nivel mucho más profundo. Esta compasión por la gente continuó manifestándose a lo largo de toda su vida.

. . .

—Mamá, ¿cómo sabemos si iremos al cielo?

Deanne iba conduciendo cuando esta pregunta salió de la

nada, pronunciada por su pequeño hijo Ben de cuatro años, que iba sentado en el asiento del pasajero. Deanne sonrió; le encantaba poder responder estas preguntas a sus hijos.

—Bueno, simplemente invitas a Jesús a que venga a tu vida —le dijo con una sonrisa—. Entonces vivirás para siempre con él, en el cielo.

—¿Cómo lo *invito?* —preguntó Ben.

—Rezas —le respondió Deanne.

—Bien, ¿cómo rezo? —preguntó Ben interesado.

—Bien, Ben —le respondió Deanne—, esto es lo que yo rezaba: "Dios, si eres real, ven a mi vida", rezar es simplemente hablar con Dios y hacerle saber lo que hay en tu corazón.

—¿Se lo puedes pedir tú por mí? —le preguntó Ben.

—Cuando estés listo, ¡estoy segura de que a Dios realmente le encantaría saber de ti directamente! —lo animó Deanne.

Ben decidió que hablaría con Dios justo ahí en el auto. Con algo de trepidación, inclinó su cabeza hacia adelante, dio una última mirada de reojo a su mamá y comenzó a hablar en voz baja pero audible. Hablaba en tono normal, contándole franca y naturalmente a Dios cuánto le gustaría llegar a vivir en el cielo algún día. Le preguntó a Dios si le gustaría ser su amigo por el resto de su vida. Satisfecho con su conversación, levantó la cara, con sus grandes ojos cafés llenos de lágrimas. Dio un gran suspiro de alivio y quedó aparentemente tranquilo y feliz.

Fue un intercambio sencillo, realmente, libre de religión y formalidad, pero fue un momento genuino e importante en la vida de Ben, un momento del que dependió para siempre.

CAPÍTULO 3

NO HAY RAZÓN PARA TEMER

No hay razón para temer ante el sonido de tu gran nombre.

—"YOUR GREAT NAME" (JIMMY MCNEAL)

La primera vez que Ben desafió a la muerte, tenía apenas cuatro años. Ally sacó su cuerpo de debajo del edredón y estiró los brazos hacia arriba. Desde su puerta abierta, podía ver la habitación de sus padres al otro lado del corredor. Encima de la cama king-size, Deanne y el pequeño Ben estaban acostados bajo las mantas. Shawn acababa de irse a trabajar y Ally se preguntó por qué Ben se había despertado tan temprano. Era extraño, Ally caminó medio dormida hasta la habitación de sus padres.

—Mamá, ¿por qué está Ben levantado? —preguntó.

—No se siente bien, amor —respondió Deanne en una voz dulce y baja. Ella se agachó sobre su pequeño enfermo, y le acarició la frente. De un salto, Ally se metió a la cama y se acomodó entre ellos.

Ben se veía raro: sus labios estaban pálidos y su piel estaba húmeda y pegajosa. El síntoma más notorio de su enfermedad, sin embargo, era su excepcional falta de movimiento. Ben estaba acostado totalmente inmóvil en la cama, los ojos cerrados y las palmas de las manos hacia arriba absorbiendo en su subconsciente la conversación entre su mamá y su hermana. Toda la poca energía que tenía la usaba para respirar. No quería moverse ni hablar, sólo estar ahí acostado esperando que lo venciera el sueño.

Deanne esperaba que no fuera a tener un virus que pudiera ocasionar complicaciones con su corazón. Puso su oreja contra el tórax para escuchar su corazón, un hábito que había desarrollado durante los años anteriores, siempre comprobando y asegurándose de que el corazón de Ben estuviera latiendo "normalmente". Esta mañana, su corazón se comportaba de forma mucho menos que normal.

Deanne lo escuchó de nuevo, contando esta vez cuidadosamente los latidos. Estiró la mano para tomar el teléfono que estaba en la mesa de noche y marcó el número del Dr. Rowe, el cardiólogo de Ben.

—Hola, necesito hablar de inmediato con la enfermera del Dr. Rowe —dijo Deanne en tono amable pero firme, a la recepcionista. Al instante, la enfermera respondió la llamada y Deanne le dio su reporte acelerado—. Hola, habla Deanne Breedlove. Mi hijo Ben es paciente del Dr. Rowe y no está bien. Su piel está húmeda y pegajosa, está sudando, está pálido y se ve muy cansado. Creo que necesito llevarlo a urgencias, pero, ¿qué puedo hacer ahora mismo para ayudarlo?

Después de hacerle una serie de preguntas de rutina a Deanne, la enfermera le informó en tono muy calmado que Ben no estaba en situación de emergencia y que era posible que tuviera un virus. La enfermera sabía que los medicamentos que Ben estaba tomando le bajaban la frecuencia cardiaca y que mientras estuviera latiendo regularmente, no había peligro. Deanne colgó el teléfono y volvió a examinar a Ben. Aunque sus ojos estaban cerrados y su cuerpo parecía relajado, Deanne no pudo menos que dudar de la evaluación de la enfermera. *¿Debo ir a urgencias, que es lo que creo que debo hacer, o estaré sobreactuando?*

—Ally ¿puedes vigilar a Ben por mí? —preguntó Deanne después de tomar la decisión de llevarlo al pediatra—. Voy a ducharme en un minuto y llevaremos a Ben al médico.

—Está bien, mamá —dijo Ally.

Ally miró a su hermano por encima del cerro de mantas. Podía sentir cómo temblaba debajo de la sábana.

—Ben ¿Por qué tiemblas? En realidad no hace frío —no hubo respuesta. Lo que parecía un leve temblor comenzó a intensificarse hasta convertirse en un tremor intenso en todo su cuerpo. En un frenesí de pánico, Ally saltó de la cama y abrió la puerta del baño gritándole a Deanne que estaba en la ducha—: ¡Mamá, Ben no me responde y no deja de temblar!

Deanne salió de la ducha de un salto, se envolvió en una toalla y fue a ver a Ben. Vio que ahora estaba sudando copiosamente, sus pupilas estaban dilatadas y sus ojos miraban hacia adelante en lugar de verse como los ojos de alguien que duerme. "¡Ben, Ben!". Lo sacudió suavemente pero él no respondió. Deanne se vistió en cuestión de segundos y luego tomó a su hijo en brazos, le gritó a Ally que la siguiera y salió descalza por la puerta de atrás hacia el garaje.

Ally salió corriendo y tomó de paso un par de tenis para su

mamá. Deanne sabía que suele ser difícil para las ambulancias encontrar su vecindario, que está cerca de los límites de la ciudad, y no quiso arriesgarse a esperar. Tendría que llevar a Ben en el auto para buscar ayuda.

Mientras salía por la vía llena de curvas con las luces intermitentes encendidas, Deanne desafió los límites de velocidad tanto como se atrevió a hacerlo con sus dos pasajeros. Ben estaba recostado en el asiento del pasajero, con el cuerpo rígido, y su cara pálida ahora tenía un ligero tinte azul. Debajo del cinturón de seguridad, el tórax de Ben se movía con respiraciones cortas y difíciles. Sus ojos estaban totalmente abiertos y sin embargo seguían fijos con una mirada que no respondía. Deanne temía haber cometido un error terrible al ir ella misma en el auto al hospital. Silenciosamente respondió a lo que estaba suponiendo: *La ambulancia no habría siquiera llegado cerca de nuestra casa todavía, pero al menos ya vamos llegando adonde encontraremos ayuda.* Deanne aceleró aún más.

Después de conducir diez angustiosos minutos hacia la carretera principal, Deanne se negó a la posibilidad de tener que gastar otra media hora para llegar al hospital. Aferrada con fuerza al volante, con sus ojos moviéndose sin cesar entre Ben y el camino curvo que tenía ante ella, recordó lo que había hecho su vecina Sheri Miller en una emergencia similar. Sheri había llevado a su hijo, Justin, a la estación de bomberos, que estaba a unos diez minutos de distancia de su vecindario, cuando él empezó a respirar con mucha dificultad debido a una crisis de difteria tarde en la noche. Los bomberos pudieron darle oxígeno a Justin para ayudarlo a llegar sin riesgo al hospital. Día tras día, Deanne pasaba por la misma estación de bomberos cuando salía de compras, por lo que sabía exactamente dónde quedaba. Decidió detenerse allí y buscar ayuda en lugar de seguir conduciendo hasta el hospital.

Un minuto después llegó a la conocida estación de bomberos. Mientras desabrochaba su cinturón de seguridad, Ally vio cómo su mamá intentaba sacar a Ben del asiento del pasajero. Deanne no se había dado cuenta de que su pie estaba enredado en el cinturón de seguridad, de modo que en el primer intento no logró sacarlo de ahí.

Deanne gritó pidiendo ayuda y varios bomberos salieron a ayudarle. Soltaron a Ben del cinturón de seguridad y lo llevaron dentro de la estación, donde lo acostaron en una colchoneta sobre el piso de concreto y comenzaron a tomarle los signos vitales mientras interrogaban a Deanne sobre la salud de Ben.

Ally escasamente podía ver a Ben sobre el piso de concreto porque se lo impedía una muralla de bomberos arrodillados. Todo parecía estar sucediendo en cuestión de segundos. Los bomberos fueron reemplazados por paramédicos mientras Ally se confundía con el trasfondo, observando la escena que se desarrollaba ante sus ojos.

Rápidamente, los paramédicos conectaron cables a monitores que producían pitidos y le administraron oxígeno. Con un estetoscopio presionado contra el tórax de Ben, un paramédico determinó que su corazón estaba latiendo lento pero de forma regular. El oxímetro que habían puesto en el dedo de Ben detectó que sus niveles de oxígeno eran normales, en noventa y ocho por ciento. Perplejos por sus hallazgos, los hombres del equipo continuaron tomando los signos vitales de Ben, buscando el culpable de su estado. Finalmente, una lectura de la sangre de Ben indicó que su azúcar sanguíneo se había desplomado a catorce. De inmediato, un paramédico intentó inyectar una dosis de glucosa en el pliegue del brazo de Ben, sólo para ver que sus venas estaban colapsadas. Mientras los paramédicos seguían trabajando en Ben, Deanne se aferraba a un pie de Ben, la única parte de él que podía alcanzar.

Ally seguía de pie detrás del grupo. Era demasiado joven e inocente para comprender la gravedad de la situación. Sólo sabía que también tenía miedo, miedo *de qué*, no lo sabía. Si sólo Ben pudiera llegar al hospital, pensó Ally, estaría bien.

Ally veía cómo uno de los paramédicos intentaba insertar una aguja en el brazo de Ben sin lograrlo y luego cómo insertaba otra horrible aguja en su tobillo. Cuando Ally se empezó a sentir mareada por lo que veía, uno de los bomberos se le acercó y le puso algo suave y peludo en sus brazos. Ally miró el objeto y vio que se trataba de un dálmata de peluche en miniatura. Miró al bombero con un esbozo de sonrisa. Él le sonrió comprensivo. Antes de que pudiera pronunciar palabra para agradecérselo, sintió que una mano firme tomaba su brazo y la obligaba a voltearse hacia el otro lado para ver a una de las mujeres del equipo de paramédicos.

—¿Quieres venir adelante conmigo? —le preguntó la mujer, con una sonrisa.

Ally fue conducida de inmediato fuera del estacionamiento y la subieron al asiento del pasajero de una enorme ambulancia. La mujer dio la vuelta por detrás del vehículo y subió al asiento del conductor. Puso unos audífonos gigantes sobre las orejas de Ally, encendió el radio y prendió la sirena. Ally escuchó cuando se cerraron de golpe las puertas de atrás y supuso que su mamá venía atrás con Ben. Más tranquila ahora, gracias a la confianza que le había dado la paramédica, Ally ajustó su cinturón de seguridad y se dejó llevar por la música de mariachi que sonaba a través de sus audífonos.

· · ·

Sentada en la banca lateral en el rincón de atrás de la ambulancia, mirando fijamente lo que seguían haciendo los paramédicos que atendían a su hijo, Deanne no estaba segura de que él fuera a llegar con vida. Cerró momentáneamente los ojos y rezó, rogando ferviente y dolorosamente que Dios salvara la vida de Ben. Luego, con el mismo fervor, pidió que si Ben había de ser llevado al cielo, Dios preparara su corazón y lo protegiera del dolor y del miedo. En ese momento íntimo, conocido sólo por Deanne, y por aquel a quien oraba, algo había cambiado. Se vio obligada a soltar a Ben. Como madre, había traído a Ben al mundo y había dedicado su vida entera a cuidarlos a él y a su hermana. Pero Ben necesitaba algo más que su madre. Necesitaba alguien que pudiera salvarlo.

Aunque para algunos, esta transformación podría parecer insignificante, fue un momento decisivo para Deanne. Fue la primera de muchas oraciones en las que pediría inicialmente por el corazón espiritual de Ben, incluso antes de pedirle a Dios que protegiera su corazón físico. Entonces, y en ese preciso lugar, Deanne decidió saborear cada minuto de la vida de Ben. Sin embargo, nada en su interior deseaba que él fuera llevado aún al cielo y su nuevo compromiso no impidió que Deanne pidiera fervorosamente a Dios que consolara y curara a Ben y le devolviera la conciencia.

Perdida en sus oraciones, Deanne despertó repentinamente de su ensueño cuando vio que dos paramédicos del servicio médico de emergencia (EMS) en la parte de atrás de la ambulancia, que sudaban profusamente en su esfuerzo por salvar la vida de Ben, intentaban inyectarle glucosa intravenosa en su mentón. Para este tipo de procedimiento, la aguja entra hasta el hueso, atraviesa la dura corteza ósea y llega al interior de la médula blanda. Sin embargo, justo antes de que le administraran la inyección, el asistente que estaba más cerca a la cabeza de Ben gritó:

—¡Sí! ¡Tengo una respuesta!

Parecía ser que había logrado aplicar un poco de glucosa directamente sobre las encías de Ben y eso fue suficiente para evocar una pequeña respuesta que decía haber confirmado por un leve movimiento de sus ojos. Aunque el paramédico parecía seguro de haber visto algo, Ben aún se veía comatoso, inmóvil y rígido, pálido y sudoroso, con dificultad para respirar. A pesar de la seguridad del paramédico en lo que había visto, no parecía que Ben fuera a llegar con vida a urgencias.

Un poco antes, Deanne había llegado al punto de mayor desesperación que pueda haber en el corazón de una madre, suplicándole a Dios que salvara la vida de su hijo. Después, cuando el paramédico dio su alentador informe, ella pensó que estaba viendo la respuesta inmediata de Dios.

Pero Ben no estaba todavía fuera de peligro. De hecho, Deanne pronto sintió que tal vez se había apresurado a creer que Ben mejoraría.

Mientras esto ocurría, Shawn estaba trabajando en un proyecto de desarrollo urbano. Justo cuando él y su colega regresaban a sus autos llenos de lodo para volver a la carretera, Shawn recibió una llamada de su ayudante.

Terminó la llamada casi tan pronto como la respondió y entró de un salto a su automóvil. Alarmado y preocupado, se dirigió a toda velocidad a la sala de urgencias de Brackenridge. Shawn tenía un teléfono móvil que le había suministrado la compañía, pero, al igual que muchas personas en 1997, Deanne aún no tenía celular, por lo que no tenía cómo comunicarse con ella para saber lo que estaba pasando. Sabía que Deanne no lo habría llamado a la oficina a menos de que se tratara de algo muy grave. Sólo rezaba y aceleraba, abriéndose camino en zigzag por entre el tráfico tan rápido como le era posible.

La ambulancia se detuvo súbitamente justo frente a la entrada de la sala de urgencias. Mientras Deanne entraba al hospital corriendo detrás de la camilla, fue interceptada por una enfermera. La camilla desapareció detrás de una cortina blanca dejando a Deanne perdida al otro lado. A pesar del ruido de los pitidos y del equipo médico, podía escuchar las angustiadas voces de los médicos y enfermeras de la sala de urgencias. Permaneció allí por un momento dudando si debía dejar a Ben fuera de su vista. Contra su voluntad, se resignó a quedarse en la sala de espera, de ese lado de la cortina.

Ally esperó allí con Deanne, deseando ver a Ben recuperado y fuera de peligro. Le desagradaba el olor estéril y astringente de los hospitales. También le desagradaba la engañosa cortina blanca que ocultaba permanentemente la verdadera situación de su hermano. De hecho, le disgustaba todo lo que había dentro de las frías y desnudas paredes del hospital.

Después de lo que pareció ser una eternidad, Shawn llegó a urgencias. Entró apresuradamente y se encontró con la escena del personal médico que aún intentaba reanimar a su hijo. El doctor estaba agachado sobre el rostro de Ben. Comenzó a golpearlo en las mejillas, hablándole con énfasis y esperando una respuesta. Shawn se sorprendió al ver que los doctores intentaban estimular físicamente a Ben para que recuperara la conciencia, lo que indicaba que ninguno de los adelantos tecnológicos y médicos estaba dando resultado. Quedó aún más desconsolado al ver que Ben no respondía. El niño acababa de sufrir una prolongada crisis convulsiva de cuarenta y cinco minutos que dejaba pocas esperanzas en cuanto a su función cerebral y, lo que era aún más crítico, su posibilidad de vivir. Si Deanne no se hubiera detenido en la estación de bomberos, su hijo podría estar muerto. Ahora Shawn estaba parado a los pies de la cama rezando y pidiendo que cualquiera de los médicos tuviera la suficiente destreza para recuperar a Ben, o que Dios interviniera.

Entonces, Shawn fue sacado de allí hacia el otro lado de la cortina, donde Deanne y Ally lo esperaban. Abrazó a Deanne quien, con los ojos llenos de lágrimas, le contó todo lo que había ocurrido esa mañana, desahogándose de su estrés y angustia con cada palabra. Cuando Deanne terminó su relato de suspenso, escucharon un fuerte grito de entusiasmo que salía del otro lado de la cortina.

CAPÍTULO 4

LLAMANDO A TODOS LOS ÁNGELES

Necesito un signo que me indique que estás aquí...

—"CALLING ALL ANGELS" (TRAIN)

—¡Bienvenido, Ben! —exclamó alguien.

Los Breedlove sintieron un gran alivio al ver salir de detrás de la cortina a una enfermera sonriente que los llamó para que se acercaran a Ben. Deanne, Shawn y Ally entraron a la sala de urgencias, donde encontraron a Ben sentado, sonriendo de oreja a oreja y pidiendo un refresco de naranja, como si nada hubiera pasado. Encima de una mesa de ruedas, a la derecha de la camilla quedaba, sin embargo, la escalofriante evidencia del evento: una jeringa de tamaño grotesco que había sido utilizada para inyectar glucosa en la vena yugular de Ben. La idea de la aguja perforando el cuello de Ben hizo que Deanne se sintiera mareada, pero al mismo tiempo, se sentía agradecida de que esto se hubiera podido hacer. La glucosa había salvado la vida de Ben.

Deanne tomó entre sus manos la cara de Ben, encantada de verlo sentado y sonriente, pero Shawn estaba más pensativo. Aunque estaba feliz de que Ben hubiera respondido y hubiera superado la crisis, parecía que se esforzaba por comprender lo que estaba ocurriendo. Shawn seguía preocupado por el daño que hubiera podido sufrir el cerebro de Ben a causa de la crisis convulsiva. Pero, a medida que pasaba el tiempo, tanto el habla de Ben como sus capacidades cognoscitivas fueron mejorando. Unos días después, Shawn y Deanne hablaron con un neurocirujano pediatra que los tranquilizó al predecir que Ben se recuperaría totalmente y volvería a la "normalidad". A pesar de ello, los efectos de este trauma siguieron manifestándose por el resto de la vida de Ben, dado que a veces olvidaba el significado de palabras sencillas, y preguntaba "Bueno, una vez más, ¿qué es un perro caliente?", o "¿cómo se llama este vegetal? ¿Esófago?" (cuando lo que quería decir era espárrago).

Esa mañana, Ben salió de urgencias dejando allí los angustiosos recuerdos y fue llevado a la UCI, donde lo podrían seguir monitoreando. Shawn y Ally se fueron a casa a traer ropa para Ben y Deanne. Mientas Deanne iba con las enfermeras que llevaban a Ben a la UCI, pasaron por un corredor iluminado sólo por la luz que entraba por una ventana lateral. Aparentemente, estaban haciendo algún tipo de remodelación en el hospital y habían cortado la electricidad en ciertas áreas del edificio. Deanne miró hacia afuera y vio que el día estaba opaco y nublado, como si fuera un reflejo de su estado de ánimo.

Los signos vitales de Ben eran analizados constantemente y su telemetría ya había sido conectada a todos los aparatos que tenía la

UCI, para monitoreo constante por parte del personal de enfermería. Mientras avanzaban por el corredor hacia su nueva habitación, la enfermera que empujaba la camilla de Ben recibió en su radio una llamada de la estación de enfermería. Se oyó una voz a través de la estática del radio.

Cshh.

—¿Cómo está el paciente?

Cshh.

La enfermera que recibió la señal tomó el radio para responder, mirando rápidamente a su paciente.

Cshh.

—Muy bien. Está alerta y hablando con nosotras, ¿por qué?

Cshh.

Por unos pocos segundos, el radio sólo produjo silencio y estática.

Cshh.

—Porque su frecuencia cardiaca es apenas de un poco más de treinta —fue la respuesta.

Mientras seguían llevando a Ben en la camilla por el oscuro corredor, sus ojos se fijaron en algo que estaba justo encima de él.

—¡Mira esa luz brillante! ¿La ves, mami? —sobre él se cernía algo que describió como una luz "blanca profunda".

—No veo ninguna luz, Ben... —respondió Deanne, mirando con curiosidad al techo para ver de qué hablaba el niño—. Todas las luces del corredor están apagadas.

Pero, en ese momento, Ben se sentía como si nada más en el mundo importara. Sólo podía ver una luz brillante encima de él. No sentía más que calma. No podía quitar sus ojos de ella y no podía evitar sonreír. Mientras lo llevaban por el corredor, la luz nunca lo abandonó.

Al ir caminando al lado de Ben por el corredor, Deanne centró sus pensamientos totalmente en el hecho de que Ben acababa de sobrevivir a una situación extremadamente difícil. Más que cualquier otra cosa, estaba agradecida de que lo hubiera logrado. Una hora antes, había estado frenética, preocupada por la idea de que Ben moriría. Ahora estaba feliz simplemente de estar allí sosteniendo su preciosa mano tibia mientras avanzaban por el corredor.

No se preocupó mucho cuando Ben le preguntó si veía la luz que estaba encima de él. Ella le creía —creía que veía algo, sin lugar a dudas—, pero en ese instante, Ben no describió con mucho detalle qué era.

Más tarde, esa noche, después de que Shawn y Ally se habían ido del hospital, Deanne se quedó en la habitación de Ben. Estaba acostada junto a él en su cama de hospital, donde pretendía permanecer toda la noche. Ben quería que lo abrazara y no lo soltara. Fue mientras Deanne lo estaba abrazando contra ella cuando le contó acerca de la luz que había visto en el corredor, que él estaba seguro de que era la luz de un ángel, y lo bien que se había sentido mientras la luz estuvo con él.

Debido a que Ben tenía apenas cuatro años, Deanne realmente no supo qué decir, cómo reaccionar o, para ese caso, qué pensaba en verdad en su interior acerca de la experiencia de su hijo en ese momento. Sin embargo, estaba asombrada por el hecho de que Ben hubiera sido consolado por Dios, que era lo que ella creía que él había experimentado. En la ambulancia, le había pedido a Dios que le salvara la vida a Ben, y que Ben no sintiera dolor ni miedo. Sus oraciones habían encontrado respuesta. Durante toda la noche de vigilia, Deanne se maravillaba una y otra vez de ver cómo Dios había protegido a Ben. No sólo no había sentido dolor sino que no recordaba ninguno de los eventos del traumático día después de que se acostó esa mañana en la cama de sus padres, para luego despertarse con deseos de tomarse un refresco de naranja en la sala de urgencias.

Deanne decidió no contarle a Shawn acerca del ángel, no todavía. Sabía que su esposo era mucho más escéptico acerca de esas cosas. Estaba segura de que si Ben quería contárselo a su padre, lo haría, como finalmente lo hizo. De hecho, Ben se referiría a este evento en varias oportunidades a lo largo de su vida.

Casi catorce años después, en el borrador de un ensayo que escribió para su solicitud de ingreso a la universidad, Ben describió lo que experimentó ese día en el corredor del hospital:

A los cuatro años de edad sufrí una crisis convulsiva... Sólo recuerdo cuando me llevaban en una camilla por un corredor largo y oscuro. No había ninguna luz encendida y mi mamá iba a mi lado caminando rápido. Yo estaba ahí, acostado, mirando al techo, y entonces apareció una luz blanca brillante justo encima de mí, aproximadamente tan larga y ancha como la camilla. Le dije a mamá "¡Mira esa luz brillante!". Mientras le decía esto, todo parecía lento y borroso, como en las películas en las que un soldado se encuentra en el campo de batalla y acaba de explotar una bomba muy cerca de ahí, y no percibe ningún ruido. Estaba tan centrado en esa luz que se cernía sobre mí que ni siquiera recuerdo que mi madre me haya respondido diciendo "No hay ninguna luz, todas las luces del corredor están apagadas". [La luz] continuó encima de mí durante todo el recorrido por el corredor.

Tenía la sensación de que no debía preocuparme por nada de lo que estuviera ocurriendo en el mundo en ese momento. No podía ver ninguna otra cosa a mi alrededor, ni siquiera dentro de mi visión periférica, solamente esta luz blanca y brillante encima de mí. No escuchaba nada; todo estaba tranquilo. Siempre le he rezado a Dios hablándole de mi corazón, pidiéndole que me mantenga sano, y que cuando me asuste por algo que tenga que ver con mi corazón, pueda permanecer tranquilo.

Mientras estuve en ese corredor, definitivamente no pensé que se tratara de un ángel, pero sé que una parte de mí sabía que eso era. Sé que Dios quería que estuviera tranquilo durante esa situación y que tuviera una sensación de paz, que no me preocupara de nada de lo que estuviera ocurriendo en ese momento. Ahora que lo veo en retrospectiva, siento escalofríos de sólo pensarlo, porque sé que, literalmente, un ángel me estaba cuidando. Después de esta clase de experiencias uno ve la vida de otra forma.

Aún en esa camilla, en uno de los momentos más difíciles de su vida, Ben estaba en paz. De ahí en adelante, Ben diría que a esa experiencia le atribuía la perspectiva que tenía de la vida. Para Ben, cada día era un regalo. Incluyendo los días que lo acercaron más a su día final.

CAPÍTULO 5

NO TE PREOCUPES

No te preocupes por nada.
Porque cada cosa, por pequeña que sea, va a salir bien.

—"THREE LITTLE BIRDS" (BOB MARLEY)

Después de la crisis convulsiva de Ben, Shawn y Deanne querían que Ben disfrutara de un tiempo de paz y tranquilidad con su familia. DDad y Grammy, los padres de Shawn, ofrecieron generosamente a toda la familia pasar las vacaciones de ese verano en el pintoresco Lago Powell en Utah. El viaje estaba planeado desde hacía un año, pero ahora, después del reciente viaje a la sala de urgencias, Shawn y Deanne se sentían despedazados. Nada les parecería mejor que pasar un tiempo de paz y tranquilidad en ese lago con su familia, pero nada les parecía peor que estar toda una semana en un lugar alejado sin atención médica disponible en kilómetros a la redonda. Por último, tomaron una decisión de fe y los Breedlove empacaron sus maletas y se fueron al Lago Powell.

Además de Shawn, Deanne, Ally, Ben, DDad y Grammy, fueron también con ellos la tía Kim y el tío Dave, el tío Rusty, los primos Amber y Zach y la bisabuela Evelyn. Ben estaba entusiasmado con la idea de cumplir cinco años durante este viaje y la familia tenía muchas razones para celebrar.

Pronto, el Lago Powell se convirtió en el destino favorito de la familia. La enorme y prístina represa que abarcaba tanto el estado de Arizona como el de Utah por estar sobre sus límites, recibe las aguas que van al Gran Cañón. Majestuosas esculturas de arena y acantilados se elevan sobre las profundas y transparentes aguas que parecen extenderse sin límite en todas direcciones. Los Breedlove alquilaron por una semana una casa flotante de setenta y cinco pies. La casa estaba dotada de un jacuzzi y un tobogán de agua en la cubierta. Durante el día, la familia disfrutaba pescando, explorando cuevas y formaciones rocosas, saltando desde los acantilados y comiendo pescado al atardecer. Por la noche sacaban colchones, sábanas, mantas y toallas playeras a la cubierta y dormían bajo el cielo nocturno; los murciélagos pasaban rozándoles las narices mientras ellos contemplaban las estrellas fugaces. El lago estaba iluminado por tantas estrellas fugaces que parecía que no todas podían caber en el cielo al mismo tiempo. El viaje fue una oportunidad más para todos de estrechar a niveles más profundos que antes sus lazos familiares.

Sin embargo, cuando volvieron a casa, la familia se encontró con que los problemas y tensiones de la vida los estaban esperando. Desde su primer día de universidad, Shawn había dedicado tiempo cada semana para cuadrar su chequera y lo había hecho casi religiosamente. Pero ahora, cuando comenzó a abrir la alta pila de cuentas médicas de las recientes visitas de Ben al hospital, de los exámenes médicos y las citas médicas de control, no encontraba una solución.

Simplemente, no había forma de poder pagarlas. Las cuentas médicas ya sumaban decenas de miles de dólares y, por su enfermedad cardiaca, no se podía encontrar un seguro médico para Ben.

Shawn estaba abrumado. Durante toda su vida adulta había manejado sus finanzas de forma meticulosa para garantizar que nunca tendría que soportar la carga de una deuda creciente. Ahora, por primera vez, las finanzas de Shawn estaban fuera de control. De hecho, su *vida* estaba fuera de control. Por primera vez, ni los planes, ni los ahorros, ni el trabajo incansable podrían cambiar sus circunstancias. Shawn tenía un hijo con una grave enfermedad cardiaca. Tenía ahora una carga financiera y un futuro incierto y todo esto se le había salido de las manos.

Comenzó a sentir miedo. Viendo que su chequera tenía fondos insuficientes, se dio cuenta de que no había nada que pudiera hacer. Decidió que en lugar de permitir que esta incontrolable carga lo abrumara, no dejaría que la angustia lo dominara. "Dios —dijo Shawn en voz alta— me vas a ayudar con esto porque yo ya no puedo seguir haciéndolo. Te lo estoy dando a ti... Ahora es tuyo". Y Shawn jamás volvió a cuadrar su chequera.

Durante los meses siguientes, la carga financiera que parecía insuperable se volvió inmanejable. El colegio privado al que asistían Ben y Ally se enteró de las circunstancias de la familia y ofreció reducir temporalmente los costos de la matrícula en cincuenta por ciento. Una familia anónima les mandó a casa una cuantiosa suma de dinero. Sin necesidad de pedirlo, algunos médicos y hospitales se ofrecieron a reducir sus cuentas. Un hospital, inclusive, llamó y ofreció reducir una de sus cuentas más altas ¡en casi noventa por ciento!

Shawn quedó perplejo y preguntó a la mujer que lo llamó por teléfono por qué hacían esto.

—Ustedes han cumplido estrictamente con sus pagos mensuales y eso es algo que apreciamos mucho —respondió—. Si están dispuestos a pagar mil doscientos dólares de esta cuenta en efectivo, cancelaremos el saldo de los once mil dólares que deben.

Shawn no podía creer lo que estaba oyendo y aceptó la oferta encantado. Otros acreedores médicos no fueron tan generosos, pero Shawn se dio cuenta de que tanto los médicos como los hospitales estaban dispuestos a llegar a un acuerdo a cambio de su comunicación franca y del constante cumplimiento de los pagos mensuales. El abrumador estrés de la deuda se vio aliviado muy pronto por la gracia que recibió su familia. Shawn creía que no estaba solo y creía que su vida —y el bienestar de su familia— estaban en buenas manos.

• • •

Shawn y Deanne se daban cuenta de que tenían que tomar decisiones difíciles en cuanto a la forma como esperaban educar a Ben. ¿Se convertirían en padres sobreprotectores, obligándolo a vivir en una burbuja?, ¿o lo dejarían vivir su vida y le permitirían experimentar cuanto quisiera, dentro de límites médicos razonables? Se decidieron por un compromiso mixto de partes iguales. Fue una decisión consciente que cumplieron durante la vida de Ben, aunque mantener el equilibrio entre cumplir las advertencias sobre sus parámetros de salud y dejarlo llevar una vida feliz y despreocupada era una lucha constante.

Esto fue así particularmente en los años que estaban por venir, cuando todos los muchachos del barrio o del colegio se estaban anotando para practicar distintos deportes. *Los pacientes con CMH no deben exigirse esfuerzos físicos.* O cuando Ben quería saltar a las aguas heladas del Lago Austin. *Se podía desmayar por el contacto con el agua fría.* O cuando quería correr con otros chicos en el parque. *Se recomendaba abstenerse de hacer esfuerzos físicos.* O cuando quiso entrar a las casas embrujadas en Halloween, cuando era adolescente. *Los sustos pueden causar muerte súbita.* O cuando quería quedarse levantado hasta muy tarde o ir a dormir en las casas de los amigos. *La falta de sueño puede producir arritmia.* O cuando más adelante quería montar en la montaña rusa en Disney World. *Siempre se advierte a los pacientes con enfermedades del corazón que no deben montar en esos aparatos.* Y, más específicamente, cuando quiso practicar *tablaestela*, levantamiento de pesas o artes marciales, deportes que requerían altos niveles de resistencia física.

Ben debía ser además muy cuidadoso en abstenerse de consumir alimentos que contuvieran ciertos ingredientes, como glutamato monosódico (MSG). Algunos de sus alimentos favoritos como las alas de pollo de la temporada de fútbol y los Cheetos picantes, tenían demasiado MSG para Ben, pero a veces, los consumía de todas formas, siempre a un gran precio: ¡terminaba con una arritmia que duraba veinticuatro horas o más después de comer esas cosas!

Aunque Ben había informado a su familia de que había sido acompañado por un ángel durante su hospitalización, Deanne no se sentía considerablemente más tranquila al respecto de la salud de su hijo. A veces, después de que los niños se habían dormido, ella y Shawn se quedaban sentados en la sala mirando televisión y recordaba los aterradores momentos que había pasado en la ambulancia y en la sala de urgencias, y sólo pensar en la frágil salud de Ben la hacía estremecer. Sentada en silencio al lado de Shawn, sin que los niños requirieran su atención, Deanne comenzaba a llorar espontáneamente. Sin necesidad de que ocurriera nada que explicara su llanto. Sus pensamientos y sus recuerdos podían evocar y liberar un torrente de lágrimas. Aunque procuraba evadir sus temores, estos atacaban cualquier área vulnerable e intentaban introducirse de improviso en su corazón y su mente. Se preguntaba si el pequeño cuerpo de Ben podría manejar todo ese estrés. *¿Podrá mantenerse con vida durante la noche con su corazón saltando? ¿Tendrá que someterse a dolorosos procedimientos y cirugías? ¿Qué le deparará el futuro?*

Una noche, cuando Shawn escuchó sollozar a su esposa a mitad de un noticiero, la miró con compasión y le dijo:

—No nos preocupemos por algo que puede no llegar a ser nunca un problema. No podemos vivir permitiendo que algo que no ha ocurrido nos robe la alegría y las cosas buenas de la vida que tenemos ahora con Ben. Demos gracias a Dios por cada día que pasamos con Ben y gocemos de cada minuto que lo tengamos.

Este comentario de Shawn penetró profundamente en el corazón de Deanne y le ayudó a calmar sus temores. Sus palabras fueron siempre fuente de consuelo, y las guardó en lo más hondo de su espíritu. A través del tiempo, las podía evocar fácilmente en cualquier momento en el que ella o uno de sus seres queridos tuviera que enfrentar un día difícil.

CAPÍTULO 6

FUE DEL AGUA

Fue del agua
De donde viniste.

—"RADIOACTIVE" (KINGS OF LEON)

El pequeño Ben, de seis años, subía y bajaba sobre las olas en las heladas aguas del Lago Austin, con la tabla para hacer tablaestela frente a él y la cuerda de esquí en su mano. Sintió cómo la cuerda se tensaba, después sintió la presión del agua contra su tabla y pronto estuvo de pie. Lo invadió una oleada de satisfacción mientras que la orilla del lago, colmada de espectadores, retumbaba de gritos y aplausos. Era la primera vez que Ben estaba en una tabla de esquí acuático, y le *encantó*.

A Ben le fascinaba navegar en el bote de la familia en el Lago Austin, una joya local que forma parte del Río Colorado. También a Shawn le encantaba el agua y gozaba enseñando a Ally y a Ben —y eventualmente al hermano menor de ellos dos, Jake— cómo pilotear el bote y los jet skis, y cómo practicar varios deportes acuáticos. A Ben le gustaba especialmente la tabla de esquí o tablaestela, similar a un deslizador para nieve, remolcado por una lancha con una cuerda de esquí.

Este deporte requiere una combinación de destrezas y técnicas tomadas del esquí acuático, del deslizador de nieve e incluso del surfing. Similar al esquí, la verdadera diversión está en "saltar sobre la estela de agua" creada por la lancha. Los más avezados y osados practicantes de este deporte aprenden a realizar complicadas maniobras, incluyendo giros de 360°, "figuras en S" y saltos hacia atrás conocidos como "pataletas".

Alrededor del Lago Austin se desarrolló toda una cultura de este deporte debido a sus tranquilas y quietas aguas, que atraían tanto deportistas profesionales como novatos en esta modalidad. Austin es el hogar de profesionales del tablaestela como Billy García, que fue entrenador de Ben un verano, y Holland Finley, además del equipo profesional de tablaestela Shred Stixx. El ex residente de Austin, Chase Hazen, con quien Ben también tomó clases, es considerado uno de los mejores practicantes de este deporte en el mundo.

Por alguna razón, la tablaestela y el deslizador de estela —deporte que consiste en deslizarse sobre el agua detrás de la lancha, sin un lazo, sobre una tabla y sin botas— no parecían exigirle a Ben tanto esfuerzo físico como otros deportes debido a que la lancha y la estela de agua dejada por ésta, hacían la mayor parte del trabajo. A pesar de sus limitaciones, la tablaestela y el deslizador de estela eran dos deportes en los que Ben podría sobresalir.

• • •

Todos los veranos, Deanne y los niños, junto con los primos Tommy, Shawn y Nikki, iban con Gee Gee, la madre de Deanne, a Garner State Park en Concan, Texas. El parque era un destino popular para los campistas, los aficionados a las caminatas, a la pesca, a lanzarse por los rápidos metidos en unos tubos o simplemente a descansar y relajarse en las frías aguas del Río Frío.

Acampar en Garner había sido parte de la historia de la familia desde que Gee Gee fuera allí por primera vez con sus padres cuando tenía doce años. Este acontecimiento principal del verano incluía dormir bajo las estrellas, escalar la montaña hasta la Cueva de Cristal, preparar cenas en fogatas, bailar en una plataforma de danza al ritmo de viejas canciones en una rockola y, sobre todo, dedicar mucho, mucho tiempo a flotar en el Río Frío.

Cuando, eventualmente, Deanne tuvo su propia familia, fue emocionante para ella trasmitirles la tradición Garner. Aunque esperaba con ilusión esa época para pasar unos días felices con su familia, Deanne siempre estaba nerviosa de estar tan alejada de la civilización —al menos a cuarenta millas de distancia del hospital más cercano— en caso de que llegara a presentarse una urgencia. Por más que la familia luchaba por disipar esas preocupaciones, siempre estaban presentes en el trasfondo. Lo que era ahora normal para la familia era que siempre que Ben viajaba, tenían que saber exactamente dónde encontrar los servicios médicos más cercanos.

Durante el viaje a este lugar donde acampaban, Deanne procuraba relajarse y divertirse, por el bienestar de la familia. Le encantó descubrir que, tal vez por razones providenciales, el sitio que había elegido para que acamparan estaba justo al lado del sitio donde se encontraba Francine, ¡una enfermera pediatra que trabajaba en la unidad de cardiología del Hospital Infantil de Austin! La presencia de la enfermera Francine ayudó a aliviar algunas de las preocupaciones de Deanne, sobre todo en lo que se refería a

Ben, aunque también en lo que tenía que ver con ella misma. De hecho, ella estaba ya muy avanzada en su tercer embarazo, que terminaría en unas pocas semanas. Durante esos días de campamento, dio gracias a Dios todas las noches por permitir que su familia tuviera esta vecina de campamento tan especial. Años más tarde, la enfermera Francine consolaría una vez más a Ben cuando éste se convirtió en su paciente sorpresa en el Hospital Brackenridge de Austin.

Por su parte, durante esa semana, Ben se mostró siempre como un muchacho alegre y despreocupado. Después de una semana de aventuras, y de lanzarse por los rápidos él solo por primera vez, le dieron el sobrenombre de "Oso Flotador" durante el *powwow* familiar anual. Esta ceremonia tradicional de cierre se celebraba alrededor de una hoguera la última noche de campamento, con los niños luciendo adornos artesanales, simulando los tocados de plumas de los indios y con vestidos decorados con pintura tribal. A la mañana siguiente, Ben celebró su sexto cumpleaños en una mesa de picnic saboreando su golosina favorita, las nueces de pacana, que le había enviado su DDad.

Cuando llegó el momento de empacar la carpa y regresar a casa, ninguno quería dejar su lugar favorito para acampar. El siguiente verano estaría aún más lleno de aventuras. La tribu de los Garner tendría un miembro más.

Durante el viaje de vuelta a casa, en el auto, Ben miró con expresión de sospecha la barriga embarazada de mamá.

—¿Mamá? —dijo con voz aguda desde el asiento trasero.

—¿Sí, Ben? —respondió Deanne.

—¿Qué vamos a hacer si el bebé es negro?

Deanne procuró contener la risa antes de responder muy seriamente su pregunta.

—Bueno, Ben, ¡lo vamos a querer exactamente como los queremos a ti y a Ally! Pero papá no es negro y yo tampoco, por lo que no creo que el bebé vaya a ser negro.

Ben miró por la ventana, considerando la lógica de Deanne. Al rato, volvió a mirar a Deanne con una enorme sonrisa.

—¡Creo que sería grandioso si saliera negro!

Al mes siguiente, el 31 de agosto de 1999, nació Jake Harrison. No nació negro, pero Ben estaba muy ansioso de conocerlo y muy pronto ellos dos llegaron a ser grandes compañeros.

• • •

Desde que comenzaron a formar su familia, Shawn y Deanne decidieron reconocer la presencia de Dios en sus vidas y agradecerle todo cada día. Shawn creció en una familia que tenía fe en Dios y Deanne encontró su fe después de conocerlo. Naturalmente, inculcaron estos valores en sus hijos.

Cuando Ally cumplió ocho años y Ben tenía casi seis, ambos niños decidieron bautizarse en respuesta a sus decisiones individuales y a invitar a Dios a sus vidas. Ben había pedido que su papá lo bautizara. Preocupada por el hecho de que si su padre lo bautizaba podría parecer algo menos oficial, Ally optó por que la bautizara su pastor.

Fue un momento muy emotivo en esa caliente tarde de agosto, cuando la familia se reunió en el jardín trasero en Lago Austin para presenciar los bautizos de Ally y Ben. Shawn y su pastor los introdujeron, uno cada quien, lentamente y hacia atrás, en el agua, y luego los pusieron de pie nuevamente.

Si bien la mayoría cree que el bautizo es algo que le corresponde al pastor, Shawn sabía que la persona que realiza el bautizo no afecta su oficialidad. La solicitud de Ben hizo que Shawn se sintiera especialmente amado, apreciado y honrado por su hijo. Varios años después, Shawn tendría el mismo privilegio cuando Jake lo eligió para que lo bautizara cuando tenía once años, en el mismo lugar, al borde del Lago Austin.

CAPÍTULO 7

QUÉDATE ABAJO

Es gracioso cómo la vida puede llevarte
Primero a estar muy alto y luego es posible que estés
muy abajo.

—"THE LOVE SONG" (K-OS)

uando Ben tenía apenas seis años, sus médicos en Austin recomendaron que lo llevaran al Cook Children's Medical Center en Fort Worth para una ablación cardiaca que sería practicada por el famoso Dr. Paul C. Gillette. La ablación cardiaca consiste en cicatrizar o destruir el tejido defectuoso del corazón que desencadena las frecuencias cardiacas anormales. Hasta ese momento, nada había dado buen resultado para eliminar la arritmia en el corazón de Ben, por lo que los médicos pensaron que la ablación podría ayudarle.

La mayoría de los pacientes que se someten a ablación cardiaca se despiertan después de la cirugía con sólo unos pequeños vendajes en el sitio de inserción del catéter, generalmente en la parte interior del muslo y, con frecuencia, ni siquiera se requieren suturas. Al momento de la ablación, Ben era uno de los pacientes más jóvenes a quienes se les hubiera practicado este procedimiento. El éxito —o fracaso— del procedimiento que se practicaría en Ben aparecería después descrito en varios artículos.

A Shawn y Deanne les indicaron que debían estar preparados para una cirugía de aproximadamente dos horas, o tres, pero la operación requirió mucho más tiempo. Esas dos primeras horas pasaron lentamente, luego se duplicaron y casi se triplicaron. Durante la cirugía, una de las enfermeras llamaba por teléfono a la sala de espera para mantener a la familia informada del avance del proceso. Durante una de esas llamadas, la enfermera explicó que el doctor había trabajado dentro del corazón de Ben por largo tiempo y no quiso permanecer ahí mucho más. Dado que Ben no estaba presentado una arritmia en ese momento, el Dr. Gillette se vio obligado a bombearle adrenalina en el corazón para producir una arritmia, poder saber qué ruta seguir y luego practicar la ablación.

Cuando Deanne colgó el teléfono, se dio cuenta de que Ben realmente estaba soportando una situación muy difícil. Pensamientos perturbadores pasaron por su mente y la abrumaron, por lo que se fue al baño y lloró allí, sola. Como lo hacía con frecuencia, le rogó a Dios que ayudara a Ben para que todo saliera bien.

Después de casi siete horas terminó la cirugía. Ben se despertó con una temperatura de 103 grados F para la que los doctores no encontraban explicación. Finalmente, la temperatura bajó, pero este suceso, al igual que otras de las manifestaciones médicas de Ben, siguió siendo un enigma.

Se le había asegurado a Deanne que uno de los aspectos positivos de este procedimiento era que Ben se despertaría con una incisión en su muslo, tan pequeña que ni siquiera requeriría suturas. Los médicos y las enfermeras no mencionaron la parte realmente dolorosa del procedimiento: la de retirar los vendajes de presión. Durante la cirugía le habían puesto a Ben vendajes de presión adhesivos en sus pequeños muslos y cuando se llegó el momento en el que la enfermera debía quitarlos, tuvo que arrancarlos. Era casi como si la piel se estuviera desprendiendo con cada vendaje. Durante este procedimiento, Ben miró a Deanne directamente a los ojos y gritó.

—¡No! ¡Paren! Mamá, por favor. *Diles que paren.* ¡No, mamá!

Escuchar sus gritos de dolor era algo que destrozaba el corazón de Deanne. No estaba preparada para este procedimiento y se sintió como si hubiera traicionado a Ben. Nunca se pudo reponer de esa sensación de saber que él tenía que soportar tanto dolor sin que ella lo hubiera preparado para eso. De ahí en adelante, Deanne siempre se aseguraba de interrogar exhaustivamente a los doctores para enterarse de todo lo que iba a pasar, para poder explicarlo a Ben antes de que le practicaran nuevos procedimientos médicos.

• • •

El Dr. Gillette fue el primer médico en enfatizar la posibilidad de un trasplante como tratamiento para la CMH de Ben.

—El pronóstico lleva por último al trasplante —indicó cuidadosamente y sin rodeos. El médico explicó brevemente el proceso: Ben tendría que vivir y permanecer en un lugar a una distancia no mayor de tres horas de la institución elegida para el trasplante. Otro niño de aproximadamente la misma edad de Ben tendría que haber sido declarado con "muerte cerebral" y su familia tendría que decidirse a donar el corazón del niño inmediatamente después de su muerte. El corazón del donante tendría que ser sacado y transferido al cuerpo de Ben dentro de un término de cuatro horas mientras su cavidad torácica permanecía abierta, con el corazón listo para ser retirado. Era un procedimiento en el que el tiempo era el factor crítico y no había garantías de éxito.

Dado que Ben era tan pequeño, Shawn y Deanne decidieron no pensar en la posibilidad de un trasplante. Si en algún momento fuera necesario, considerarían esa opción. Pero no por ahora.

El trasplante de un corazón humano, aunque sigue siendo un procedimiento de alto riesgo, era algo de lo que antes de finales de los años cincuenta no se había oído hablar. Fue entonces cuando el Dr. Norman Shumway y su colaborador de investigación, el Dr. Richard Lower, en el Centro Médico de la Universidad de Stanford pudieron retirar con éxito el corazón de un perro y trasplantárselo a otro. El perro que recibió el trasplante vivió ocho días, demostrando que el procedimiento podría dar resultados.

Casi cuarenta años después de ese procedimiento primitivo, Shawn y Deanne estaban enfrentándose a la idea de que su hijo podría tener que someterse a la misma operación. El Dr. Gillette sugería que posiblemente Ben podría llevar una vida normal si recibía un trasplante de corazón. A esta edad temprana, Ben todavía tenía opciones, como medicamentos y la implantación de un marcapasos antes de considerar el trasplante de corazón, que era una medida extrema. Parecía ser que, si el trasplante de corazón llegaba a ser realidad en algún momento, sería dentro de mucho tiempo. Sin mencionar que ya había numerosos receptores esperanzados en lista de espera para un corazón y que para que las esperanzas de cada uno de ellos se hicieran realidad, otra persona tendría que morir. Era una noticia que daba mucho que pensar, pero la familia Breedlove tomó la decisión de darse por satisfecha por el momento. Aunque nunca descartaron la posibilidad de un trasplante, su probabilidad parecía bastante remota.

• • •

Camino a casa, la cabeza de Ben se inclinó hacia adelante, como si se hubiera quedado dormido en el asiento de atrás del automóvil. Deanne se sentó atrás con él, acostándolo cuidadosamente en su regazo para poder vigilar el vendaje que cubría el sitio de la incisión. Después de la cirugía, la enfermera que se encargó de darlo de alta les había advertido que la arteria femoral podría reabrírsele, en cuyo caso habría que buscar atención inmediata para Ben, quien podría desangrarse en cuestión de minutos.

El viaje de Fort Worth a casa se sintió largo y angustioso, Deanne y Shawn no dejaron de preocuparse durante todo el camino. El pequeño Ben estaba tan exhausto después de la cirugía que se preguntaban si no habría sido mejor tenerlo una noche más en el hospital. Pero Ben, al igual que Ally, comenzaba a desarrollar aversión a los hospitales. Aunque no se sentía bien, lo reanimaron las lindas tarjetas pintadas a mano deseándole una "pronta mejoría", de todos sus compañeritos del kínder. Se acomodó en el automóvil, contento de irse a casa.

En momentos como este, la dicotomía de la relación padre-hijo parecía aún más borrosa. Los niños creen con devoción que el papel más importante de los padres es protegerlos. En efecto, Shawn y Deanne hacían lo posible por que eso fuera justo así, pero, aunque sabían que el procedimiento de la ablación era vital para el bienestar de Ben, no se sentían realmente protectores mientras viajaban en el auto de vuelta a Austin. Por el contrario: sus corazones y sus mentes estaban abrumados de consternación por el futuro de Ben. La amenaza continua de perderlo se cernía sobre cada decisión que tenían que afrontar. Intercambiaban miradas de entendimiento y se preguntaban cuál sería la mejor forma de cuidarlo mientras contemplaban a su hijo débil y exhausto en el asiento de atrás del automóvil.

CAPÍTULO 8

AVENTURA

Torbellinos y huracanes,
Mientras sonreímos, eso es alto octanaje.

—"MY LIFE BE LIKE" (G.R.I.T.S)

B en y Ally quitaron el papel de seda de las bolsas de regalos que Shawn y Deanne habían dejado para ellos en la sala, mientras se preguntaban por qué estarían recibiendo regalos en un día cualquiera de primavera, y por qué los estaban grabando en video. Metiendo sus manos en las bolsas de papel, cada uno de los niños sacó libros de autógrafos de pasta roja con varios personajes de Disney impresos en la cubierta. Ben y Ally miraron a sus padres intrigados.

—Esto quiere decir... —comenzó Ben, y Shawn asintió sonriendo.

—¡*Nos vamos a Disney World!* —exclamaron Ben y Ally al unísono, saltando de alegría.

Shawn y Deanne habían mantenido literalmente en secreto,

hasta el último minuto, su plan de viajar. Después de muchas conversaciones angustiosas, se habían enfrentado a la verdad de que el tiempo que Ben estuviera con ellos podría ser limitado. Si alguna vez iban a planear unas vacaciones en Disney World, el momento era ahora. Se preocupaban de que Ben pudiera no recuperarse totalmente de la ablación a tiempo para el viaje. Así, si fuera necesario cambiar de planes, los niños no se desilusionarían porque ni siquiera sabían de estas vacaciones sorpresivas.

Con la protección adicional que permitió la ablación para controlar la arritmia de Ben, Shawn y Deanne estaban más tranquilos de dejarlo a sus anchas y permitirle ensayar nuevas experiencias que otros niños suelen considerar como algo natural. Por ejemplo, durante el viaje a Disney World, Ben pudo disfrutar de su primera barra de chocolate en la vida, una gigantesca Three Musketeers. La barra de chocolate fue extremadamente divertida, pero Ben quería montar en la popular Montaña Espacial.

El estremecedor viaje pretende simular el despegue hacia el espacio, por lo que cada uno de los carros de esta montaña rusa tiene la forma de un cohete espacial, con compartimentos para tres pasajeros. Después de subir 180 pies por la montaña, los pasajeros despegan repentinamente hacia la oscuridad, iluminada únicamente por "estrellas fugaces" y otros "cuerpos celestes" en un recorrido de remolinos y curvas a toda velocidad, repleto de giros y caídas libres que crean enormes vacíos en el estómago y que alcanzan velocidades de veintiocho millas por hora, aunque en la oscuridad parecen ser mucho más rápidas. Debido a que el recorrido está lleno de múltiples emociones, Disney tiene una serie de avisos en lugares prominentes en las afueras del edificio e incluso dentro, antes de que comience el recorrido, que advierten que los pasajeros no deben subir a la Montaña Espacial si tienen problemas de cuello o columna, problemas cardiacos o de presión arterial u otras afecciones que podrían agravarse por las sacudidas en distintas direcciones a altas velocidades, en la oscuridad.

Para los observadores desprevenidos, y especialmente para quienes atienden los recorridos en los distintos aparatos del parque, naturalmente, Ben se veía perfectamente saludable. Tal vez hayan notado su contextura delgada y su talla pequeña, pero con su sonrisa infantil y su personalidad burbujeante, nadie habría pensado que no se trataba de algo más que de otro niño de seis años absolutamente entusiasmado y ansioso de experimentar el viaje de su vida.

Deanne y Shawn imaginaron que no ganarían premios como buenos padres al dejar que su hijo, un paciente cardiaco, montara en la Montaña Espacial; sin embargo, después de mucho debate y de mucha conversación, el médico de Ben decidió que Ben debería ser quien fijara sus propios límites físicos. Mientras se sintiera bien, podría participar dentro de condiciones razonables. La primera prueba fue esta montaña rusa.

Deanne se quedó con el bebé Jake. Vio con nerviosismo cómo entraba Ben a la era espacial para abordar el viaje, junto con papá y Ally. Los sonidos surrealistas que salían de los parlantes ocultos a todo alrededor de la Montaña Espacial no ayudaban para nada a calmar las mariposas que Deanne sentía en el estómago. Abrumada por la ansiedad, sintió náuseas. Había sido una decisión difícil permitir que Ben montara en esta montaña rusa, una decisión que implicaba enormes riesgos. Si Deanne hubiera estado totalmente en contra, si hubiera tenido una sensación o intuición de que Ben no debería hacer este recorrido, habría protestado. Por lo tanto, esperó justo afuera del edificio de la Montaña Espacial.

Mientras Ben hacía su recorrido, se preguntaba si habrían tomado la decisión correcta y esperaba atentamente el momento en que vería aparecer su rostro en la puerta de salida.

Entretanto, Ben estaba divirtiéndose realmente de lo lindo por primera vez en su vida, iba montado en el asiento de adelante del cohete, elevándose por el aire a toda velocidad, moviéndose hacia adelante y hacia atrás a través de la oscuridad ¡con sus manos levantadas todo el tiempo por encima de su cabeza!

Cuando finalmente salió de la Montaña Espacial y Deanne lo vio sonriendo de oreja a oreja, supo de inmediato que había valido la pena. Estaba más que fascinada de ver el grado de felicidad que mostraba la cara de su hijo al salir de ese viaje. Deanne escuchó atentamente el corazón de Ben y todo parecía estar perfectamente bien. Su alivio y su gozo fueron enormes al ver que Ben estaba experimentando cosas normales y divertidas. Una barra de chocolate y un paseo en montaña rusa, ¡todo en el mismo día! Sin embargo, tuvo poco tiempo para celebrar porque Ben quería volver a subir al cohete. ¡Y de nuevo otra vez! Una y otra vez Ben montó en la Montaña Espacial disfrutando su último recorrido tanto como el primero.

· · ·

A medida que Ben fue creciendo, las respuestas de la familia a su enfermedad fueron también evolucionando. Lo manejaron todo de la mejor forma que pudieron, dada la inherente tensión entre su decisión de permitir que Ben experimentara la vida como lo deseara y la realidad de su afección cardiaca.

En términos generales, funcionaban dentro del ámbito de la esperanza, confiados en que Ben aprendería a reconocer sus límites y que en último término estaría bien. La alternativa era lamentarse constantemente, desesperados y ansiosos. Cuando Ally, Ben o Jake tenían preguntas o preocupaciones acerca de la salud de Ben, Shawn y Deanne intentaban responder con la mayor franqueza, sin ocultar nada.

Con la madurez con la que se caracterizó desde muy pequeña, Ally desarrolló una conciencia siempre atenta a la situación de Ben. Podía detectar no sólo los cambios en el comportamiento de Ben sino también su sentido general de bienestar. Ocasionalmente, podía notar que la coloración de la piel de Ben no era la normal o que su nivel de energía, en un determinado día, no era el mejor, y ponía a sus padres al corriente de esos detalles.

A lo largo de los primeros años, Ben siguió sin presentar síntomas y, además de los controles cardiacos periódicos por los que tenía que pasar, la CMH no le impedía pasarla bien.

CAPÍTULO 9

SIGUE SOÑANDO

Sigue soñando
Sigue soñando hasta que tu sueño se haga realidad.

—"DREAM ON" (AEROSMITH)

Cuando llegó el momento para que Ben entrara a la escuela primaria, tanto los profesores como los estudiantes notaron y agradecieron su alegre personalidad. Cuando ya estaban por terminar sus años de estudio en la Regents School —a donde asistían Ally, Ben y Jake—, cada estudiante recibía de su maestra una piedra especial conocida como "piedra de carácter". Estos premios eran entregados por la profesora durante una ceremonia en el aula de clase. Los alumnos se sentaban normalmente en círculo y luego el profesor le daba a cada uno una piedra. Con frecuencia, la profesora pronunciaba un breve discurso o algunas frases de felicitación para el niño que la estaba recibiendo, o recitaba un versículo adecuado de la Biblia al entregarle la piedra a cada estudiante.

El propósito de esta entrega era mostrar a los estudiantes cuáles eran los rasgos de carácter que los habían identificado en forma más consistente durante el año escolar. Algunos ejemplos de rasgos de carácter eran la bondad, la amabilidad (que era la piedra que recibía Ally cada año), la comprensión para con los demás y otros. Las caras de los estudiantes se iluminaban cuando veían cómo los había visto a cada uno su maestra. Por lo general, los demás niños asentían en señal de acuerdo a medida que se iba reconociendo el rasgo de carácter especial de cada uno.

Todos los años, a excepción de uno, ¡Ben recibió una piedra de carácter que denotaba alguna versión de alegría! Él recibía alegremente esa señal de alegría, de espíritu alegre o de algún rasgo similar. Es interesante el hecho de que las profesoras nunca comentaban ni colaboraban entre sí en cuanto a sus selecciones.

Cuando Ben estaba en sexto grado, fue la primera vez que no recibió una piedra de carácter que representara alguna forma de "alegría". Al subir al automóvil, el día de la entrega de la piedra, la primera pregunta que le hizo Deanne fue:

—¿Qué te dieron?

Ben no estaba muy contento; no estaba tan satisfecho como lo había estado los demás años cuando había recibido las "piedras de alegría". Musitó algo acerca de "sinceridad".

—¿Sinceridad? Ese es un rasgo admirable, Ben —respondió Deanne—. Estoy muy orgullosa de ti.

—Sí, es bueno —respondió—, pero no es verdad —irónicamente, ¡lo que decía Ben era sincero! Sabía que no siempre decía toda la verdad y, para Ben, aún una "mentira piadosa" era algo grave.

La generosidad y la compasión de Ben hacia sus amigos le ayudaron a desarrollar amistades verdaderamente profundas y valiosas. No es de sorprenderse que, cuando se trataba de su enfermedad cardiaca, también tenía el privilegio de recibir las oraciones de muchas personas. Uno de los mejores amigos de su niñez, Alex Hayes, se convirtió en el primer niño de su edad que empezó a rezar por la curación de Ben. Cada noche, a partir del preescolar, Alex rezaba por el corazón de Ben. Tanto la amistad de Alex como sus oraciones, fueron constantes durante toda la vida de Ben.

• • •

Ben fue siempre un artista y un consumado experto en entretenimiento, poniendo su alma y toda su energía en todo lo que hacía.

Hizo su debut más temprano en el mundo del entretenimiento en un video familiar en la sala de los Breedlove. Al comienzo, Ben y Ally eran los únicos niños del vecindario y se convirtieron en los mejores amigos. En los largos y rutinarios días antes de que cualquiera de los dos tuviera la edad suficiente para asistir al colegio, Ally inventaba un gran espectáculo creando alguna trama fantástica e improvisando disfraces, con ella y Ben como las estrellas de la función. Ben siempre seguía sus indicaciones con entusiasmo y desempeñaba su papel con gran propiedad.

Además, cuando tenía siete u ocho años, Ben aprendió varios trucos de magia. Practicaba y practicaba y luego reunía a la familia en la sala para presentar su acto. Se ponía una capa y un gran sombrero de copa de mago y batía una varita mágica mientras realizaba sus trucos, entreteniendo a la familia por treinta minutos. Ben tomaba muy en serio la calidad de sus trucos, pero sonreía y se reía todo el tiempo mientras los realizaba. Aprendió también muchos trucos con cartas, trucos realmente buenos. Quienes lo veían, solían quedar sorprendidos de la perfección con que presentaba su espectáculo.

Con el tiempo, Ben llevó sus presentaciones al escenario. Para cuando Ally estaba a mitad de la escuela primaria, había despertado interés en el teatro competitivo. Todos los días después de clases, pasaba horas ensayando para alguna obra, y por lo general llegaba a casa cuando ya había oscurecido. Los intensos ensayos culminaron en un concurso regional en el que varias escuelas de Texas presentaron una obra de un acto. Después de asistir a las presentaciones y ver a Ally y a los miembros de su elenco recibir premios en el escenario frente a cientos de espectadores, Ben quedó fascinado. Al año siguiente acompañó a Ally a las audiciones. A la semana siguiente, Ben fue integrado al elenco de *Macbeth,* y disfrutó cada segundo bajo el reflector representando al Sirviente #2. Demostraba tanta energía en los ensayos, tanto tras bambalinas como en el escenario, que el director solía comentar:

—Ben, quisiera encogerte hasta convertirte en una miniatura y mantenerte en un frasco sobre mi escritorio ¡para que nos puedas entretener durante todo el día!

Ben llevaba consigo casi a todas partes sus dones histriónicos. Durante los años intermedios de escolaridad, pasó por una fase de encontrar soluciones a los cubos de Rubik, mostrándolas siempre con mucha rapidez ante un auditorio. Tenía cubos de tres, cuatro, y hasta cinco filas, y aprendió a resolverlos y a hacer patrones con ellos pidiendo y leyendo libros que detallaban diversas soluciones. Más tarde, miraba videos en YouTube para encontrar soluciones. Podía resolver difíciles rompecabezas del cubo de Rubik en menos de un minuto y siempre intentaba romper su propio récord.

• • •

Ben tenía escasos cuatro años cuando Sheri y Kirk Miller se mudaron a una casa en el Lago Austin, un poco más abajo en la misma calle donde vivían los Breedlove. Sheri vio que había juguetes de niños en el patio trasero de los Breedlove, por lo que se detuvo y se presentó junto con su hijo Justin, un año menor que Ben. En tanto los niños jugaban en el patio de atrás, Sheri y Deanne se iban haciendo amigas. Fue el comienzo de una amistad que duraría toda la vida.

Cuando Ben no estaba actuando, él y Justin estaban afuera armando todo tipo de aparatos en los que pudieran montar. Crearon "carrozas" pegando cajas para hielo o canastas para ropa sobre monopatines o sillas de oficina con cinta sellante remolcadas por un lazo de saltar. Se jalaban uno a otro en segmentos de tubería amarrados a un carrito de golf —de forma similar al deporte de montar tubos que hacían en el lago, pero esta vez en el jardín— arrastrándose uno a otro tan rápido como fuera posible y agarrándose a los tubos con toda sus fuerzas para deslizarse por el césped. El hermano menor, Jake, se ofrecía entusiasmado como voluntario y era el conejo de laboratorio para los ensayos de estas carreras.

Ben y Justin buscaban todo tipo de animales, por lo general los que se encuentran bajo las rocas. A Ben le encantaba cualquier criatura que pudiera encontrar. Inclusive bañaba a mano su mascota, que era una serpiente del maíz, y le aplicó medicamento en sus escamas durante casi un mes. Ben tomaba muy en serio su colección de animales. Al principio, él y Justin solían coleccionar escorpiones. En una ocasión, coleccionaron diecisiete escorpiones y los congelaron en el congelador de la mamá de Justin. Más tarde, ese mismo día, sacaron la bolsa del congelador para inspeccionar a los escorpiones sin temor a que los picaran. Echaron a los animales congelados en un plato de cartón. Mientras los examinaban, los escorpiones comenzaron a descongelarse y, saliéndose del plato, ¡cayeron de la mesa de la cocina al suelo! Ben y Justin gatearon por todo el piso de la cocina para volverlos a atrapar. Cuando estuvieron seguros de que habían recuperado todos, los sacaron y los llevaron lejos, muy lejos de la casa.

Al poco tiempo, Justin y Ben se graduaron de la época de caza de escorpiones y pasaron a cazar serpientes coral, víboras relativamente pequeñas pero potencialmente mortales por las neurotoxinas de su veneno, al menos hasta que sus mamás se dieron cuenta y le pusieron punto final a esa aventura. Eventualmente, Ben coleccionó lagartijas caimán y las vendió al almacén local de reptiles por quince a veinte dólares cada una. El experto del almacén de reptiles, un hombre poco común auto apodado el hombre araña, pidió a Ben que le buscara un cierto tipo de tarántula color café que crece cerca del Lago Austin. Ben logró encontrar varias de estas inusuales tarántulas. Se las llevó al hombre araña y recibió un pequeño pago a cambio. No era raro para Deanne llegar a casa después de hacer algunas compras y encontrar un zoológico de animales e insectos vivos en una variedad de cajas, frascos y jaulas sobre el mostrador de la cocina.

La faceta empresarial de Ben se manifestó muy temprano, para cuando tenía once años, cuando, además de buscar tarántulas y lagartijas cocodrilo para ganar dinero, Ben y Jake también ganaban dinero atendiendo un puesto de limonada a la entrada de su casa. Casi todos los vecinos se detenían y les compraban limonada al pasar, no tanto porque tuvieran sed sino porque les encantaba ver el entusiasmo de Jake y de Ben. Cuando la limonada perdió su atractivo, los niños abrieron un puesto de fósiles y ganaron unos treinta y cinco dólares. En una época tuvieron un "puesto de pacanas" con el que ganaron aproximadamente veinticinco dólares a pesar de que la mayoría de los vecinos tenían árboles de pacanas en sus jardines de atrás. Cuando no era época de pacanas, los niños abrían lo que llamaban simplemente "El Puesto", en donde vendían todo tipo de cosas —una especie de venta de garaje semipermanente— con la que ganaron más de setenta y cinco dólares. Más adelante, Deanne descubrió que algunos de los artículos de mayor precio vendidos en el puesto eran tesoros de familia, por lo que hizo que los niños buscaran a unos cuantos vecinos y amablemente les pidieran que les volvieran a vender esos artículos. A Ben le encantaba inventar nuevas ideas para su "negocio", y a Jake le encantaba tener un "hermano mayor" que lo incluyera en aventuras como esta.

· · ·

Ben siempre soñó en grande al pensar en su futuro. Cuando Deanne le preguntó, a los tres años, qué creía que podría llegar a ser algún día, Ben le dijo que le gustaría ser el conductor de un camión monstruo y tener un corte de pelo de indio Mohawk teñido de rosado. Mantuvo este deseo durante años, hasta que observó que los que recogían la basura ¡se colgaban de la parte de atrás del camión! Le encantó la idea de montar así al exterior de un vehículo todo el día, y decidió que ese sería su trabajo. Luego, cuando le instalaron su primer monitor Holter, tuvo el sueño de ser policía. Después, imaginó que se convertiría en un gran mago. Por último, quiso ser miembro del grupo All-Star de la NBA. No le importaba ser el niño más bajito de su clase. Soñaba con ser un gran atleta.

Cuando cumplió once años recibió una libreta llena de tarjetas de basquetbol de parte de su primo Zach y comenzó a cambiarlas con sus amigos. Rogó a Shawn y a Deanne que lo dejaran hacer la prueba para ser admitido al equipo de la escuela intermedia, y puesto que no querían decirle que no lo podía soportar físicamente o que el juego podía ser demasiado extenuante para su corazón, sus padres le permitieron jugar. Sin embargo, hablaron primero con su médico y su entrenador. Al principio su médico no estaba muy dispuesto a permitirle jugar, pero su entrenador no obligaba a Ben a participar en los entrenamientos si no se sentía capaz. A Ben le encantaba el juego, y era un jugador bastante bueno. A pesar de estar recibiendo un medicamento que reducía su frecuencia cardiaca y le impedía mantenerse a ritmo de los demás niños, Ben se aferraba a sus sueños de convertirse en basquetbolista profesional. ¡Shawn y Deanne lo animaban a pensar en grande! Sin embargo, al cierre de una temporada, Ben se dio cuenta de que el basquetbol no era el deporte para él. Tendría que buscar otra cosa en la que pudiera destacarse.

· · ·

Durante los años de escuela intermedia y los primeros años de secundaria de Ben, al igual que muchos niños de esa edad, sus amigos se dedicaron totalmente a los deportes —deportes en los que, en su mayoría, Ben no podía participar sin que esto representara un riesgo—. Veía a sus amigos fortalecer su amistad en el campo de fútbol, en las canchas de básquet, en el campo de béisbol y en los vestidores. Naturalmente, la amistad entre ellos se iba haciendo más estrecha a través de esas actividades, mientras que Ben sólo podía observarlos desde la barrera, con deseos de jugar, ansioso de ser incluido y, sin embargo, consciente de que era algo demasiado peligroso para él. Los sentimientos de aislamiento de sus compañeros más atléticos fueron aumentando de forma casi imperceptible, pero Ben era muy hábil para hacer nuevas amistades y buscar sus propios intereses.

Cuando terminó la temporada de fútbol y sus amigos tuvieron más tiempo para él, Ben fue invitado a pasar una noche de viernes en la casa de uno de los muchachos. Y fue.

Esa misma tarde, le habían adaptado a Ben otro monitor Holter para registrar su frecuencia cardiaca, algo que se había convertido para él en un examen cardiaco prácticamente de rutina. Esa noche, cuando llegó a la casa de su amigo, el papá vio el monitor Holter y todos los cables y le dijo a su esposa que no quería que Ben volviera a su casa porque le preocupaba la responsabilidad de cuidarlo durante la noche. Ben escuchó esta conversación entre los padres de su amigo y decidió que no sería mala idea irse temprano de vuelta a su casa.

Cuando Ben le contó a Deanne el incidente, insistió en que no le importaba, pero ella podía darse cuenta de que él luchaba con problemas más grandes de aceptación. Ben experimentaba no solamente las presiones normales de sus compañeros adolescentes sino unos sentimientos más profundos de ser diferente y se preguntaba cómo podría encajar en este mundo. No quería recibir consideraciones especiales debido a su enfermedad cardiaca. Quería ser aceptado por ser quien era. Si bien su sonrisa amistosa y su ágil sentido del humor creaban numerosas oportunidades sociales para él, Ben se centraba más en unos pocos amigos íntimos con los que se pudiera sentir cómodo siendo él mismo.

Justin Miller era esa clase de amigo para Ben. De hecho, toda la familia de Justin quería a Ben y lo hacía sentir como parte de la

familia. Incluían a Ben en sus salidas de campamento y lo llevaban con ellos a la playa, así como a practicar ciclismo en terreno
irregular, de cacería e incluso de viaje con ellos a California. Aceptaron a Ben en su familia y nunca lo abandonaron. Le ayudaron a
sentirse totalmente normal, sabía que lo querían y él los quería
a ellos.

SEGUNDA PARTE

LA PASIÓN

CAPÍTULO 10

MIENTRAS NUESTRA SANGRE ES AÚN JOVEN

Mientras nuestra sangre es aún joven
Es tan joven, que corre.

—"SWEET DISPOSITION" (LA TRAMPA DEL TEMPERAMENTO)

—¡Acabo de ganar toneladas de dinero en el seguro de mi automóvil al cambiarme a Geico! —dijo Ben con un guiño, señalando a la cámara. Producir videos cómicos durante el 2000 marcó el comienzo de la empresa cinematográfica de Ben y Justin Miller.

El papá de Justin había regalado a los niños una vieja cámara de video para que la usaran en el vecindario y se dedicaron a grabar todo. Comenzaron haciendo un video del labrador color chocolate de Justin, Boomer, arrastrando a Ally y a los dos muchachos, todos al tiempo, por toda la casa, tirando de una media.

Luego se volvieron creativos. A Ben se le ocurrió la idea de convertir la videocámara en una especie de "cámara de casco", su propia precursora de la GoPro, pegando la cámara con cinta de seguridad a su casco de montar en bicicleta. Los niños se grabaron saltando de la rampa de la bicicleta, haciendo volantines en el trampolín y realizando todo tipo de piruetas. Pronto descubrieron que la comedia era su fuerte.

Ben y Justin continuaron grabando sus propios videos de entretenimiento hasta mediados de la secundaria e incluso subiendo unos cuantos a la nueva página Web de videos de contenido original, YouTube. Una de estas creaciones les ganó más notoriedad de la que jamás habrían podido imaginar. Durante la época de Halloween, Ben y Justin intentaban inventar algo que hacer, pero no se les ocurría nada original. Entonces, compartieron su frustración con Deanne, una entusiasta del Halloween, y ella les propuso una idea:

—Cuando tenía su edad, mis amigos y yo rellenamos un par de jeans con papel y pusimos una almohada dentro de una camisa para hacer un muñeco que parecía un cuerpo humano. Le derramamos salsa de tomate por todas partes y lo dejamos afuera en el camino para asustar a la gente.

—Oh, wow, Señora Breedlove —dijo Justin—, eso es asombroso.

—¡Sí! ¡Hagamos *eso*! —aceptó Ben.

Deanne se sintió satisfecha de haber dado a los muchachos una idea inocua para mantenerlos ocupados. Lo que subestimó fue su increíble creatividad y capacidad artística para que la broma pareciera real. En la versión de Deanne, para esa broma que había hecho cuando niña, había utilizado el soporte de poliestireno blanco en el que su mamá colocaba la peluca, que, naturalmente, se veía falsa. Los muchachos trabajaron con intensidad rellenando unos jeans y una sudadera con capucha para que la figura pareciera una persona de verdad. Pegaron unos guantes a las mangas de la sudadera para que parecieran manos, agregaron un par de zapatos y completaron todo con un casco de montar en bicicleta, luego lo rociaron con salsa de tomate aguada para simular la sangre. Colocaron el "cuerpo" bocabajo en la calle, con una bicicleta averiada cerca, simulando un accidente.

Se escondieron detrás de un árbol y presionaron el botón de grabación de la videocámara, esperando una reacción dramática. La primera víctima que pasó por la calle simplemente disminuyó la velocidad, se rio y siguió su camino. Todos los papás del vecindario pasaron, pero tuvieron reacciones similares. Cuando las mamás del vecindario pasaron, sin embargo, no les pareció divertido. Otra persona se detuvo, salió del automóvil, miró y luego se subió de nuevo a su automóvil y siguió su camino. Pero luego un trabajador de diseño de jardines que conducía un camión blanco, bajó por la calle, frenó en seco y se detuvo, el hombre salió corriendo del vehículo y corrió hacia el "cuerpo". Se tiró al suelo como si fuera a iniciar una reanimación cardiopulmonar en el muñeco y luego se dio cuenta de que era falso. Justo en ese momento una señora del vecindario pasó y detuvo su automóvil. Quedó convencida de que el cuerpo correspondía al de uno de los muchachos del vecindario y comenzó a llorar histérica.

Aproximadamente al mismo tiempo, el papá de Justin llegó a casa del trabajo y se encontró con la escena del camión, un automóvil, el trabajador de diseño de jardines, un cuerpo ensangrentado y una vecina histérica. El papá de Justin corrió a ver qué pasaba y pronto se dio cuenta de que habían sido víctimas de una broma. Con la videocámara todavía grabando, el papá de Justin intentó calmar al trabajador.

Los niños recibieron una reprimenda por su alocada broma, pero fue difícil ser demasiado severos con ellos ¡porque toda la diablura había sido idea de Deanne!

• • •

Ben y Justin lo hacían todo juntos, pero una de sus actividades favoritas seguía siendo la de grabar videos graciosos. Deanne había comprado disfraces de cuerpo entero de conejo y gorila que Ben y Justin usaban a veces para grabar sus bromas. Un día, fueron a hacer Jet Ski al Lago Austin con los disfraces puestos. Los disfraces se pusieron muy pesados al mojarse, los muchachos se habrían hundido como rocas si se hubieran caído al agua.

Ese verano, Ally había tomado un trabajo en el Ski Shores Café, un restaurante a la orilla del lago en el vecindario. Estaba sirviendo una hamburguesa y una Coca-Cola a un cliente en las mesas de afuera cuando casi todos en el restaurante comenzaron a reír y a señalar hacia el lago.

—¡Miren eso! —exclamó uno de sus clientes en el momento en que un gran conejo blanco y un enorme gorila pasaron a toda velocidad en Jet Skis.

Ally miró y levantó los ojos al cielo.

—Ay Dios mío —dijo riendo y tapándose la cara con las manos—. Ese es mi *hermano*.

• • •

Claro está que para cuando Ben y Justin se estaban empezando a mojar los pies en este campo, los videos locos similares a los suyos se estaban convirtiendo en un verdadero éxito en YouTube.

Unos años antes, Lucas Cruikshank, un muchacho de catorce años de Columbus, Nebraska, creó un personaje ficticio de video conocido como Fred Figglehorn, un niño hiperactivo de seis años con una voz aguda y problemas de manejo de sus rabietas. Las actividades de este personaje se basaban hasta cierto punto en las travesuras de los hermanos menores de Lucas. Cruikshank introdujo el personaje "Fred" en una serie de videos cómicos en YouTube a partir de octubre de 2006, y pronto se convirtieron en algo viral. La generación de Ben estaba viendo y aprendiendo de este éxito de los videos de bajo perfil y bajo presupuesto pero de enorme alcance.

YouTube fue una enorme historia de éxito por derecho propio, fundado en 2005 por los antiguos empleados de PayPal, Chad Hurley, Steve Chen y Jawed Karim. Para diciembre de ese mismo año, más de ochenta millones de visitantes por día entraban a YouTube. En menos de un año, ese número se elevó vertiginosamente a más de cien millones de visitas por día, por más de sesenta y cinco mil videos cargados cada día, por lo que ahora se había convertido en una sociedad mundial de espectadores. En octubre de 2006, Google adquirió YouTube ¡por mil seiscientos cincuenta millones de dólares! Evidentemente todos veían este sitio Web, incluyendo a Ben y Justin.

CAPÍTULO 11

DI LO QUE TENGAS QUE DECIR

Es mejor decir demasiado
Que no decir nunca lo que tienes que decir.

—"SAY" (JOHN MAYER)

Durante el período medio de la secundaria, el estado de salud de Ben permaneció relativamente asintomático, aunque ocasionalmente su corazón comenzaba a "golpear", lo que era especialmente inconveniente cuando pasaba la noche con sus amigos. En una oportunidad, salió a varias horas de la ciudad a la hacienda de un amigo y a medianoche su corazón empezó a latir de forma irregular. Ben siempre se sentía más tranquilo en casa durante estos episodios. Cuando Shawn y Deanne recibieron la llamada de los padres del amigo de Ben en la que les informaban acerca del estado de este, salieron para hacer un viaje redondo de cuatro horas para recoger a Ben en la hacienda y traerlo a casa; desafortunadamente, por mucho que Ben quisiera ser un "muchacho normal", tuvo que renunciar a muchos de estos programas de dormir fuera de casa y otros eventos divertidos con sus amigos debido al problema de corazón.

Cuando Ben estaba en el octavo grado, comenzó a experimentar la falla cardiaca. Los médicos no utilizaron esa frase, sino que hablaron de su estado en términos estériles no descriptivos. Pero sea como fuera, era una falla cardiaca. Deanne lo sabía porque lo había estado investigando cuando comenzó a notar los síntomas de Ben. Su estómago se había llenado de agua por la ascitis, una retención de líquido en la cavidad abdominal porque su corazón no estaba bombeando efectivamente, lo que le producía malestar y dificultad para respirar.

El cardiólogo de Ben explicó la razón de la ascitis y dijo:

—Eso es parte del proceso de su afección cardiaca —le explicó a Ben—. Es posible que tu corazón deje de funcionar adecuadamente y es posible que tengamos que reemplazarlo por un corazón trasplantado.

Ben estaba sentado y le sonrió al médico, mirándolo a los ojos. Fue una de las citas más importantes que había tenido hasta ahora. Supo que podía llegar a fatigarse tanto que tendría que pasar gran parte del día sentado en un sofá con un tanque de oxígeno para ayudarle a respirar. Su respiración podría ser muy superficial y su estómago y sus tobillos podrían hincharse. La insuficiencia cardiaca podría estabilizarse o empeorar, pero jamás se revertiría ni mejoraría.

Una vez que Ben y Deanne volvieron al automóvil, la expresión estóica de Ben le advirtió a Deanne que había tomado muy a pecho las palabras del médico. Ben nunca había estado tan callado y tenía una expresión de reflexión en su cara. Sus músculos del mentón estaban activos. Estaba pensando.

Deanne se preguntaba: *¿Debo indagar qué está pensando?, ¿o debo ser más respetuosa y esperar a que me de pistas de que está dispuesto a hablar?* Ben se estaba convirtiendo en un joven adulto. Deanne sabía que esto significaba que querría hacer frente a su vida en sus propios términos. Optando por permanecer en silencio y dejar a Ben tranquilo con sus pensamientos, Deanne rezó silenciosa y mentalmente pidiendo a Dios que lo tranquilizara. *Señor, dale paz y tranquilidad. Ayúdalo a saber qué debe preguntar. Dale esperanza.*

Deanne siempre animaba a Ben a que le hiciera preguntas al médico. Quería que desarrollara esa relación directa con sus doctores, de manera que pudiera sentirse que estaba más en control, en lugar de dejar siempre que mamá y papá hicieran todas las preguntas. Aún con esa insistencia, durante la mayoría de las citas médicas, Ben escuchaba con amabilidad y atención todo lo que le decían. Después, al subir al automóvil, le hacía toda clase de preguntas a su mamá.

Cuando salieron de la cita médica ese día, ambos permanecieron en silencio y, cuando habían avanzado cerca de una cuadra, Ben miró a Deanne y le preguntó abiertamente:

—Mamá, ¿me voy a morir?

La actitud de Ben no era tonta ni superficial; hablaba en serio.

Deanne condujo en silencio durante otro rato antes de responderle. Mientras se le partía el corazón, le respondió muy tranquila:

—Bien, Ben, la respuesta es sí. Todos vamos a morir, pero ninguno de nosotros sabe cuándo. Yo tengo asma y es posible que salga en la lancha mañana, me dé una crisis de asma y no me recupere. Tu condición cardiaca representa un riesgo de tener un problema. Pero sólo Dios sabe cuándo vamos a morir. No tenemos que vivir nuestras vidas como si vivir fuera una sentencia de muerte; tenemos que *disfrutar* nuestras vidas. Creo que eso es algo que tú haces muy bien.

Ben permaneció en silencio, tranquilo y pensativo.

—Ben —dijo Deanne al detenerse en un semáforo—, mírame —él se volteó y la miró intensamente a los ojos—. Ben, realmente creo que vas a vivir una vida larga y plena. Si no lo creyera, no te lo diría.

Los grandes ojos de Ben se llenaron de lágrimas y dejó de mirar a su mamá para mirar en dirección opuesta por la ventana. Pareció haber quedado satisfecho con la respuesta de Deanne. Pero en realidad, fue el comienzo del encuentro de Ben cara a cara con su propia mortalidad. Como la espada de Damocles que cuelga de una crin de caballo, el espectro de la muerte colgaba sobre su cabeza.

Ben rara vez hablaba abiertamente de la fragilidad de su vida, sin embargo, su conciencia de que esto era así se insertaba en los eventos de todos los días. Más tarde, ese mismo día, mientras Deanne salía a hacer una diligencia rápida, él decidió permanecer en el automóvil. Deanne dejó el motor encendido para que Ben pudiera tener aire acondicionado y escuchar la radio. La canción de John Mayer, "Di" ("Say") estaba sonando cuando Deanne entró rápidamente a donde iba.

Cuando regresó al automóvil, Ben la miró con una expresión de total sinceridad y profunda emoción.

—Mamá, te quiero —le dijo.

Consciente de que la letra de la canción que escuchaba en la radio podría haber hecho que él dijera lo que tenía que decir mientras todavía tenía tiempo en la Tierra para decirlo, Deanne sintió que también su corazón desbordaba de emoción.

—Yo también te quiero, Ben —respondió—. ¡Mi amor es más grande que el universo! —agregó la frase que habían compartido desde cuando él apenas comenzaba a hablar.

CAPÍTULO 12

CON MI HERMANO A MI LADO

Hermano, tú lo sabes, tú lo sabes
Hemos recorrido un largo camino.

—"ORANGE SKY" (ALEXI MURDOCH)

—Usted cree en Dios ¿no es cierto?

Mark Kohler volteó y se encontró con una mujer segura de sí misma, de pelo rojo, cercana a los sesenta años, con un marcado estilo del suroeste.

—Sí, así es —respondió Mark, sorprendido por la pregunta.

—Lo sabía. A propósito, me encanta su obra —Sue Raine, Gee Gee, la abuela de Ben había ido a Arlington, Texas, a visitar a una amiga y se había detenido en una exposición de arte local, una de sus muchas aventuras espontáneas. Había estado observando cuidadosamente las distintas obras expuestas y, al cruzar una esquina del lugar, se enamoró de una acuarela titulada *La oración del vaquero,* de Mark Kohler.

Shawn y Deanne siempre pensaron que no había sido coincidencia que Mark y su esposa, Pam, se hubieran encontrado y se hubieran hecho amigos de la familia Breedlove. Un artista profesional, especializado en acuarelas del suroeste, Mark no había vendido todavía ni una sola pintura cuando él y Pam montaron un puesto de exposición en la exhibición de arte en Arlington ese fin de semana. Sue compró la primera obra de arte que Mark había vendido en su vida, y le encantó saber que la pareja vivía en Austin. Se hizo muy amiga del pintor y su esposa y así fue como todos se conocieron en Arlington. Desde entonces, las dos familias habían estado muy unidas. De todos los regalos que Sue dio a su familia, uno de los mejores fue la relación que surgió entre los Breedlove y los Kohler.

● ● ●

Mark era una mezcla extraña de artista y amante de la naturaleza que había crecido disparando escopetas y cazando animales silvestres.

—Crecí en Texas, donde te regalan una escopeta al nacer —bromeaba. Durante los primeros años de la adolescencia de Ben, Mark y Pam se mudaron a una propiedad de 129 acres en Sabinal, un pequeño pueblo al oeste de San Antonio. Cuando los Breedlove visitaban a los Kohler, Mark llevaba a los niños a explorar toda la propiedad. Generalmente, invitaba a amigos a ir de cacería, para mantener la propiedad libre de los dañinos cerdos silvestres. Cuando los niños Breedlove lo visitaban, los dejaba literalmente libres como "cerdos salvajes". Si había fango, los llevaba a la carreta a que hicieran donas de barro. Cuando los niños tenían apenas ocho o diez años, Mark miró a Ben y le dijo:

—Muy bien, es tu turno de conducir.

Estar con Mark le dio a Ben la oportunidad de aventurarse en diversas actividades al aire libre que tal vez nunca habría podido intentar solo o con su papá. Mark era también un excelente maestro, preciso y meticuloso, y paciente y cuidadoso a la vez. Shawn agradecía la disponibilidad de Mark para enseñarle a Ben cosas de las que podía disfrutar, en especial, de actividades en las que Shawn no participaba con regularidad.

A pesar de que los hombres tienden a juzgarse unos a otros de acuerdo con su fuerza, su capacidad atlética y su rudeza, Ben generalmente quedaba exento de ser juzgado según esos criterios. Además, no se le permitía poner a prueba su fuerza y su resistencia debido a la presión a la que esto sometía a su corazón. Sin embargo, cazar y disparar eran actividades que permitían que Ben participara en un deporte "de hombres". Con sus botas embarradas y sus viejos jeans, se iba para el bosque con su escopeta y sus municiones, dispuesto a volver a la casa arrastrando algún animal. Le encantaba trenzarse en el antiguo conflicto entre el hombre y la naturaleza. Siempre tenía en el rostro una sonrisa cuando volvía de estas aventuras, impregnado de sangre y barro y el olor a naturaleza.

• • •

Unos años más tarde, después de iniciar su carrera como artista, Mark estaba haciendo planes para eliminar de su propiedad los cerdos salvajes, por lo que llamó a Shawn y le dijo:

—Vamos a cazar algunos de los buenos cerdos salvajes que aún quedan. Son de un excelente tamaño, de unas cien libras cada uno. Trae a los niños e iremos de cacería.

Shawn, Ben y Jake fueron impacientemente a Sabinal. Aunque los cerdos no eran mansos y podían ser peligrosos, Mark tenía mucho cuidado con los muchachos asegurándose de que fueran siempre cuidadosos y guardaran un cauteloso respeto hacia los animales.

Los cerdos salvajes son actualmente una de las especies más destructivas e invasivas de los Estados Unidos. Según John Morthland, de la revista *Smithsonian*: "Entre dos y seis millones de estos animales causan grandes destrozos en por lo menos 39 estados... [E]l cincuenta por ciento de ellos se encuentra en Texas, en donde anualmente causan daños por cerca de $400 millones. Destruyen áreas recreativas, ocasionalmente aterrorizan a los turistas que visitan los parques estatales y nacionales y ahuyentan otras especies de fauna salvaje. En Texas se permite la cacería de cerdos salvajes durante todo el año, sin restricción. ...El objetivo no es erradicarlos, lo que pocos consideran posible, sino controlarlos".[*]

Cazaron a los cerdos salvajes con perros en vez de dispararles. Avanzaron por entre los bosques buscando los cerdos con los perros corriendo en todas direcciones, como si se tratara de una cacería de zorros.

Cuando los perros atraparon a un cerdo, Shawn le gritó a Mark por encima del bullicio y el caos.

—¿Ahora qué? ¿Cómo vas a matar al cerdo?

---

[*] John Morthland. "A Plague of Pigs in Texas". Revista *Smithsonian* (enero de 2011): http://www.smithsonianmag.com/science-nature/A-Plague-of-Pigs-in-Texas.html.

—Voy a permitir que Ben lo haga —respondió Mark despreocupadamente.

Shawn miró a Mark con sorpresa.

—Ay, no sé si Ben podrá hacer eso o no.

—¡Sí, papá, yo puedo! —Ben ya había empezado a correr hacia el cerdo acorralado. Mark sacó su lanza para cerdos y entró en la maleza.

La lanza para cerdos de acero templado es una cuchilla de doble filo de unas treinta pulgadas de largo y unas tres pulgadas de ancho, montada en una vara de seis pies de largo. Al apoyarla perpendicularmente sobre el suelo, la lanza era más alta que Ben.

La forma de matar el cerdo salvaje era introduciéndole la lanza en el pecho para que llegara hasta el corazón. Después de que los perros atraparon al cerdo, Mark lo agarró por una pata trasera para impedir que corriera. Ben tomó la gigantesca lanza para cerdos y la lanzó directamente al pecho del animal.

Matar el cerdo dio a Ben un enorme sentido de empoderamiento. Había tenido que tomar una decisión en una fracción de segundo para hacerlo justo en el momento preciso, sin vacilación, y lo había hecho sin reticencia.

Mark mojó su pulgar en la sangre del cerdo e hizo una marca en la cabeza de Ben, un símbolo de un rito clásico de iniciación que indicaba el éxito de un cazador de cerdos en su primera hazaña. La sangre en la frente de Ben demostraba que tenía la destreza necesaria y la fortaleza de ánimo para matar al cerdo con la lanza. Ya se había iniciado en el mundo de los cazadores de cerdos salvajes y lució la sangre en su frente durante todo el día. ¡No estaba dispuesto a lavársela! Mark permitió también que Ben hiciera una "muesca" en la vara de la lanza con una cuchilla de cazador para dejar una pequeña marca junto a las marcas que había hecho Mark cada vez que mataba un cerdo con la lanza. Ben talló su marca con sumo cuidado, sientiéndose satisfecho.

Después, Mark le ayudó a limpiar el cerdo y Ben llevó a casa uno de los mejores jamones y una de las mejores tocinetas que jamás había comido.

. . .

A Ben le encantaba cazar, pero lo que más le gustaba era el tiro al blanco utilizando la colección de escopetas de Mark. Mark le enseñó a Ben cómo manejar con cuidado una escopeta, cómo llevarla, cómo limpiarla y cómo cuidarla, y Ben aprendió muy rápido. Seguía al pie de la letra las indicaciones de Mark. Al comienzo, Ben se interesó en las escopetas de balines. Luego pasó a un rifle calibre .22 y eventualmente aprendió a utilizar los rifles militares.

A través de los años, Ben aprovechó cualquier oportunidad de ir adonde Mark y Pam a disparar. Le encantaba estar con ellos y a ellos les encantaba que fuera a verlos. Los Kohler no tenían hijos, por lo que trataban a Ben como si fuera suyo.

Cuando Ben tenía catorce años, Pam y Mark se mudaron de Sabinal a Yorktown, donde tenían acceso a más de 250 acres. A veces, Ben pasaba todo un fin de semana con los Kohler perfeccionando su puntería, en compañía de Mark. Ben nunca despreció la compañía de los adultos y le encantaba también sostener largas conversaciones con Pam.

Por lo general, Mark y Ben sólo disparaban a blancos de papel, pero debido a que Ben y sus amigos habían crecido jugando el juego de video llamado Call of Duty (El llamado del deber), le encantaba disparar rifles militares como el AR-15, la versión moderna del rifle M-16 de la Guerra de Viet Nam.

Ese otoño, Ben viajó a Yorktown; quería disparar pero también quería ayudar a los Kohler a subir las obras de arte de Mark a YouTube. Durante el viaje en automóvil desde el hogar de los Breedlove hasta Yorktown, Ben permaneció muy callado y pensativo en el asiento de atrás, lo que no era habitual en él. Al llegar a la hacienda le dijo a Mark:

—Creo que no va a ser buena idea que camine demasiado hoy —el corazón de Ben había comenzado a golpear de nuevo y él conocía muy bien sus limitaciones.

—No hay problema —le dijo Mark—. Nos quedaremos cerca de la casa y ahí dispararemos en el patio de atrás —tan pronto como Mark y Ben salieron de la casa, Pam llamó a Deanne para avisarle sobre el estado de Ben.

—Ben conoce muy bien su cuerpo —respondió Deanne—. Por lo tanto, déjenlo hacer lo que él cree que puede soportar y asegúrense de que descanse lo suficiente y tome el agua que necesite.

Mark y Ben hicieron algunos tiros de práctica cerca del estudio de arte de Mark, donde tenía algunos blancos y siluetas de metal montados. Dispararon durante toda la mañana y Ben ensayó todas las armas de fuego que tenía Mark. Mark acababa de comprar algunos blancos de metal en forma de paletas de cuatro pulgadas que se mecían hacia adelante y hacia atrás al ser golpeadas. Estas paletas eran más bien para armas de mano. Ben disparó con una pistola pero quería ensayar el AR-15. Mark sabía que las balas del rifle militar abollarían los blancos de acero, pero no fue capaz de decirle que no a Ben.

—Sí, claro, hazlo —dijo Mark—. Dale con todo.

Ben disparó cerca de treinta rondas con el AR-15 y sólo falló dos veces a una distancia de cien yardas. Decir que Ben estaba apenas afinando su puntería no le hacía justicia a su destreza como tirador.

Debido a que Ben no se sentía bien, él y Mark pasaron más tiempo de lo habitual dentro de la casa el fin de semana. Hasta se sentaron a ver una película. La película que Mark eligió fue *No Country for Old Men*, acerca de un veterano de Viet Nam que encuentra $2 millones después de que termina mal un negocio de drogas en Texas. Llena de palabras vulgares, sangre y cosas horribles, la película tiene además tintes de temas morales y fue un gran éxito de taquilla.

Mientras estaban en el sofá mirando la película, Ben comentó:

—No creo que mis padres hubieran querido que yo viera esta película.

Mark miró a Ben con un brillo de complicidad en los ojos y le dijo:

—Tus padres no están aquí, entonces, no se los digas —los dos rieron y Pam miró a Mark con una expresión de desaprobación. Ben disfrutaba de ese pequeño rasgo de "ilegalidad" que compartía con Mark.

· · ·

Cuando no estaban disparando afuera, Ben ayudaba a Pam y a Mark a desarrollar su sitio de YouTube para promover su negocio de arte.

—Hagamos un video tuyo mientras pintas un caballo —le sugirió Ben a Mark—. Lo mirarán miles de personas.

Ben y Mark hicieron algunos videos al aire libre en los que aparecía Ben buscando enormes arañas texanas de sol, algunas de hasta cuatro y media pulgadas de largo. Ben estaba pegando saltamontes a las telarañas y grabándolos mientras las arañas los atrapaban. Subieron el video a YouTube bajo el nombre de "Lo mejor de estar al aire libre". Casi de inmediato, quienes los veían comenzaron a responder con mensajes para Ben, alabándolo por su valentía y diciéndole cosas horribles por ser tan perverso con los pobres saltamontes.

Ben leyó a Pam y a Mark muchas de las respuestas que le llegaron a YouTube y todos rieron con el proyecto, pero decidieron no grabar más videos con el "hombre al aire libre".

Cazar y disparar era una parte de la personalidad de Ben que muchas personas no sabían que tuviera, ni siquiera sus amigos del colegio.

CAPÍTULO 13

SONRÍE

Oye, hoy no tengo nada más que hacer que sonreír.

—"THE ONLY LIVING BOY IN NEW YORK" (SIMON AND GARFUNKEL)

Ben sonrió cuando una banda mexicana de mariachi se acercó a la mesa cantando "Feliz cumpleaños". Toda su familia vio cómo se ponía rojo de la risa cuando uno de los cantantes le puso su gran sombrero en la cabeza y, cuando terminó la canción, le estrelló en la cara a Ben un plato de crema batida. Todos aplaudieron y gritaron iniciando así la noche anterior a sus vacaciones favoritas en el Lago Powell con una celebración en familia.

La siguiente semana la pasaron tranquilos disfrutando del lago, sin teléfono ni televisión ni tareas del colegio ni deberes domésticos —sólo una enorme cantidad de agua azul y suave arena, rocas y acantilados, con muchos peces para pescar y mucho tiempo para disfrutar en familia—. Había siempre algo en el agua tranquila y pacífica que le calmaba el alma a Ben. Le encantaba venir de nuevo a gozar de esta agua.

. . .

Le faltaban apenas unas pocas semanas para cumplir quince años, dejó atrás esos tranquilos momentos del verano y se preparó para el año académico. Ben comenzó su penúltimo año escolar en un nuevo colegio, Westlake High. Ben había hecho toda su secundaria en Regents School en Austin, un colegio privado de educación clásica, y estaba ansioso por experimentar un entorno diferente. Ally ya había hecho este cambio hacía un tiempo y estaba feliz en Westlake. Sabía que Ben también se adaptaría fácilmente. En cuanto a Ben, lo mejor de todo era que ya no tenía que usar uniforme. Y, por supuesto, fácilmente convenció a Justin de que hiciera el mismo cambio.

Westlake exigía que los estudiantes tomaran varios créditos de clases de educación física. La mayoría de los que asistían a educación física se habían inscrito allí porque no deseaban o no podían practicar otros deportes —casi todos lo habían hecho porque no podían practicar deportes más activos—. Siempre listo a animar al más triste, Ben detectó a un muchacho en la clase que tenía necesidades especiales. Los demás se burlaban de él porque no tenía la sociabilidad de los niños "normales". Ben le tenía cariño porque era honesto y genuino. Este joven siempre estaba feliz de sólo estar en los vestidores.

—¡Hola, muchachos! —decía—. ¿No les encanta que seamos simplemente muchachos y que nos reunamos a hablar cosas de muchachos y a bromear y sólo ser muchachos en los vestidores?

—algunos se reían de él pero Ben lo encontraba divertido y le gustaba estar con él. Cuando él y Ben pasaban por los corredores o los jardines del colegio, siempre golpeaban su mano abierta uno con otro.

Cuando Ally recibió su licencia de conducir, ella y Ben comenzaron a ir en automóvil a la escuela todos los días. La mañana que fueron juntos al colegio en el automóvil por primera vez, Ally iba descendiendo por una calle en un tranquilo vecindario, concentrada en llegar a tiempo a clase, cuando oyó sirenas y vio luces rojas intermitentes en su espejo retrovisor. Se orilló y detuvo el automóvil. Tenía los ojos llenos de lágrimas y estaba nerviosa de tener que enfrentarse a un policía. Como la hija mayor, y a diferencia de Ben, Ally nunca se metía en problemas.

Después de que el oficial hubo regresado a su vehículo, Ally siguió en su automóvil, llorando y con el billete de multa aún en su mano derecha.

—Ben —dijo Ally, sollozando—, ¡qué debo hacer! —para Ally no era fácil conducir y, ahora, estaba excesivamente nerviosa.

—Bien —le respondió tranquilamente Ben—, probablemente deberías guardar ese billete para poder seguir conduciendo con ambas manos y deberías usar un pañuelo desechable para poder ver por dónde vas.

—Tienes razón —respondió Ally muy seria—. Gracias, Ben.

Ben se esforzó por no reírse mientras Ally intentaba recobrar la calma. Cuando voltearon para tomar la carretera principal, Ally bajó la vista por un instante para guardar el tiquete de la multa en la consola central.

¡Bam!

—¡Ay, no! —dijo Ally y comenzó a llorar de nuevo. Había golpeado la defensa de atrás de una Mercedes SUV. Ben se tapó la boca con la mano para ocultar una sonrisa mientras Ally bajaba del automóvil para hablar con el conductor. Afortunadamente, el Mercedes siguió adelante sin el menor rasguño, pero, de ahí en adelante, Ben y Ally seguirían yendo a la escuela días tras día en un automóvil con una defensa delantera notoriamente sumida.

A pesar del disgusto, esa mañana marcó la primera de muchas idas al colegio durante las que Ben y Ally estrecharon aún más sus lazos familiares. A través de billetes de multa, estrellones e inclusive su primera pelea con un novio, Ben fue siempre la fuente de fortaleza para Ally. Estaba allí para decirle que seguía viéndose linda en los días en los que no tenía tiempo de maquillarse y estaba allí para decirle que estaba siendo dramática por cantar Taylor Swift a todo pulmón después de un mal día. Un viaje diario de cuarenta y cinco minutos todas las mañanas y más de una hora juntos en el tráfico todas las tardes, hicieron que Ben y Ally se volvieran más amigos que nunca.

Y, claro está, establecieron también lazos de identificación con sus mutuas relaciones de amor y odio con el Acura Legend 1990 que compartían. El viejo sedán blanco era dos años mayor que Ally, y con su defensa delantera recién sumida era el automóvil perfecto de un par de adolescentes. Tenía todos los lujos, incluyendo tapicería de cuero color marrón, una reproductora de casetes y una guantera que se había desencajado de su compartimento y se encontraba en el piso, era una verdadera joya.

En una oportunidad, el capó empezó a echar humo y la trasmisión dejó de funcionar mientras Ally conducía. Había perdido el control del volante y también de los frenos y asustados por la posibilidad de que el automóvil se incendiara, ella y Ben salieron de él de un salto y se quedaron mirándolo mientras rodó por la calle hasta que se detuvo. Después de ese incidente, el Acura sólo arrancaba el cincuenta por ciento de las veces, de modo que Ben y Ally pasaban la mayor parte de las tardes intentando prender el auto empujándolo en el estacionamiento del colegio.

Sin embargo, el aditamento más fino del Acura era la bocina. En el volante había cuatro botones, cada uno marcado con el emblema de una trompeta. Al azar, siempre que Ben quería algo de qué reírse, gritaba "¡Pitidos de repetición rápida!" y comenzaba a presionar los cuatro botones lo más rápido que podía, haciendo que el carro pitara con sonidos que parecían salidos de un juego de video.

• • •

Cada año, el colegio solicitaba los formatos con los datos médicos de cada estudiante, actualizados, por lo que Deanne llenaba meticulosamente todo el cuestionario, escribiendo en grandes letras mayúsculas, subrayadas, la descripción de la afección de Ben. Agregaba además una copia del informe más reciente de su cardiólogo. Luego llamaba a la enfermera del colegio para asegurarse de que tuvieran todo lo necesario.

Con el tiempo, a medida que las enfermeras del colegio llegaron a conocer a Ben, aprendieron a actuar en forma proactiva y llamaban al comienzo del año escolar para confirmar que todo estuviera bien. Cualquier cambio en el estado de salud de Ben o en sus medicamentos, era motivo de una nueva llamada telefónica y quedaba registrada en la historia médica. Esto ocurría varias veces al año.

Durante sus años de educación elemental y media, los funcionarios del Regents sacaban a Ben de la clase antes de cualquier simulacro de incendio u otra situación que pudiera alarmarlo, para evitar sorprenderlo súbitamente de forma que pudiera afectarse su corazón. Regents fue también uno de los primeros colegios en el área de Austin en instalar un desfibrilador eléctrico automatizado (DEA), antes de que fuera una práctica corriente de todos los colegios, aeropuertos y otros lugares públicos. Eran muy proactivos en cuanto a su preparación para emergencias.

A su vez, poniendo en práctica sus propias precauciones, siempre que Shawn y Deanne salieran de la ciudad durante la noche o por más tiempo, dejaban un documento firmado por notario designando qué adultos estaban a cargo de sus hijos, e indicando todos los detalles médicos y la información de contacto, junto con una explicación del estado de salud de Ben y de sus medicamentos. Si Ben salía de la ciudad con otra persona, Deanne llamaba con anticipación para confirmar toda la información de emergencia, cuál era el hospital más cercano y si estaba equipado para manejar pacientes cardiacos pediátricos. Después enviaba toda la información médica de Ben a las personas que estarían a cargo de él en el lugar adonde iba. Más importante aún, se aseguraba de enviar también el DEA personal de la familia, en caso de emergencia.

Cuando se trataba de salir de casa en su propia ciudad, no había necesidad de informar a ninguno de los padres de sus amigos de nada, porque la mayoría de las familias de los amigos de Ben conocían su estado de salud. Además, Ben sabía encargarse de su situación y controlar su estado, por lo que no era necesario dar demasiada información a los otros padres. Para los padres de Ben, saber que siempre tenía con él su teléfono celular, era igualmente una tranquilidad.

• • •

Durante la primavera del primer año de Ben en Westlake, su corazón comenzó a golpear con más frecuencia. Como resultado, perdió cincuenta y dos días de colegio de los noventa días del semestre de primavera.

Mantenerse al día en sus estudios representó un desafío extremo para Ben. Westlake se conoce por su estricto programa académico y, aunque Ben era un estudiante muy inteligente y capaz, cuando su corazón empezaba a golpear, su nivel de energía disminuía y el simple hecho de mantener su equilibrio físico se convertía en una tarea extremadamente difícil, para no hablar de sus deberes escolares y del promedio de sus calificaciones.

Buscaba constantemente amigos de los que pudiera tomar prestados apuntes de clase confiables en sus intentos por ponerse al día con las materias explicadas en el aula. Cuando se sentía lo suficientemente bien como para regresar al colegio —que podía ser hasta nueve o diez días después de haber tenido una crisis de arritmia—, tenía que llegar más temprano todas las mañanas, antes de que empezaran las clases, para ir al centro de pruebas y responder todos los exámenes y las pruebas cortas que había perdido. Luego, después de clases, se reunía con maestros o amigos para repasar otras tareas que pudiera haber perdido, en un esfuerzo por ponerse al día, ¡y todo esto lo hacía mientras aprendía lo que estaban viendo en ese momento! Esto significaba que tenía que trabajar muchas horas al día, haciendo un gran esfuerzo, especialmente después de los períodos de extrema debilidad y cansancio debido a su arritmia.

Algunos profesores tenían paciencia, comprendían la situación y procuraban ayudar a Ben tanto como pudieran. Con otros no era así. Después de un tiempo, la sobrecarga de trabajo escolar lo abrumó y Ben se dio cuenta de que intentar mantenerse al nivel de los demás muchachos era casi imposible. Le resultó más fácil no priorizar su trabajo escolar. Algunos de sus profesores entendían los enormes retos que enfrentaba, pero los que no lo hacían, tendían a marcar sus fallas como resultado de su pereza. Nada podía estar más lejos de la verdad, aunque al perder la motivación para sacar buenas notas en esas clases solamente empeoró el problema. Aún estaba pasando en todas las materias y mantenía un buen promedio de notas, y estaba definitivamente camino a su graduación, pero tenía que esforzarse el doble que todos los demás, sólo para mantenerse "a flote".

Era frecuente que Deanne intercediera por Ben ante algunos de sus profesores menos comprensivos. Intentaba explicarles que Ben se esforzaba al máximo y que cumplía con sus trabajos aún si esto representaba un esfuerzo inusual. Para ella era un constante acto de equilibrio tratar de trasmitir información vital acerca del estado de salud de Ben y de sus efectos en su rendimiento académico a los miembros del profesorado y a los administradores del colegio sin parecer una madre sobreprotectora.

Aunque conducir no afectaba físicamente el corazón de Ben, sus padres no dejaban de preocuparse. El médico de Ben solicitó que el Departamento de Circulación de Vehículos Motorizados de Texas expidiera una placa de discapacidad que Ben podía colgar en el espejo retrovisor de su automóvil para tener privilegios especiales de estacionamiento, debido a que, a veces, Ben estaba demasiado débil para caminar desde su automóvil por el largo y muy empinado estacionamiento, hasta el colegio. A veces, el simple frío del otoño hacía que su corazón se esforzara en exceso hasta el punto de dejarlo al borde de un desmayo. La placa le permitió a Ben estacionar en el lugar de "minusválidos", cerca del edificio. Sin embargo, en algunas ocasiones, cuando Ben llegaba al colegio, todos los puestos de discapacitados estaban ocupados, por lo que estacionaba en el espacio de visitantes, que también quedaba cerca de la puerta principal de la escuela. Colgaba su placa en el espejo retrovisor y se iba a clase.

Los guardias de seguridad del campus le expedían repetidamente multas por estacionar en el lugar de visitantes. Ben acumuló varias multas por estacionamiento indebido, cada una por cuarenta dólares, una suma muy alta para un estudiante de secundaria. No era inusual que Ben tuviera comprobantes de multa por un valor de ciento veinte dólares anotados en el registro, hasta cuando podía ir a las oficinas administrativas, explicar la situación y lograr que le anularan las multas. La administración actuaba con amabilidad al anular estas contravenciones, pero la incomodidad de tener que ir a presentar el reclamo era una contrariedad que Ben no necesitaba.

Además de la presión, Ben se vio obligado a buscar tutorías después del colegio sólo para poder manejar su carga de trabajo escolar, y también tenía que ir al colegio una hora antes para presentar las pruebas cortas y los exámenes. Ben estaba cada vez más cansado física y mentalmente, simplemente por tratar de mantener sus rutinas normales. Muchos no entendían por qué no podía mantenerse al ritmo de los demás.

Parecía alguien normal ante los ojos de sus compañeros, quienes lo veían bajar del auto después de haberlo estacionado en el lugar para discapacitados. Algunos le dirigían miradas de recelo, como si estuviera violando alguna norma. Se veía normal cuando hablaba con un profesor para preguntarle si podía tomarse más tiempo que los demás estudiantes para responder un examen. Otros simplemente no entendían la batalla interior a la que se enfrentaba constantemente. Tener la capacidad para obtener buenas notas pero ser tildado de "perezoso" por algunos de sus profesores era algo que lo afectaba.

Pocos, fuera de los amigos más cercanos de Ben y los miembros de su familia, veían los retos a los que se enfrentaba. Con frecuencia, el simple hecho de sentarse en su casa a leer una tarea de historia representaba para él una gran dificultad. Su corazón latía de forma irregular todo el tiempo, lo que lo enervaba y lo distraía, haciendo que fuera imposible para él concentrarse en su trabajo escolar, menos aún en respirar. Se esforzaba al máximo para ignorar las inconvenientes interrupciones de su cuerpo; no tenías más alternativa. Ben quería sobresalir y lo hacía, en la medida de sus capacidades físicas.

Cuando la arritmia lo fatigaba demasiado para llevar a cabo los oficios que le correspondían en la casa, sabía que siempre podía contar con su hermano menor. Después de que Jake le había hecho el favor a Ben de sacar la basura o retirar el trampolín para que pudiera pasar la podadora de césped, Ben siempre le daba una recompensa especial que ellos llamaban "el objeto", al final del día, para agradecerle su ayuda.

—¿Está lista? —dijo Jake con voz aguda una noche, anticipando el ritual de los hermanos. Acostado en su cama, en el camarote de abajo, Jake miró hacia afuera desde debajo de las mantas.

—¡Aquí va! —gritó Ben desde el camarote de arriba.

—Jake observó mientras una pequeña caja bajaba hasta su nivel, colgando de una cuerda. Tomó la caja con las dos manos y desató el paquete sorpresa. Adentro, Jake encontró su objeto, una roja y flamante navaja militar suiza.

—¡Gracias Ben! —exclamó Jake, agregando el objeto a su colección de otros regalos que había recibido a cambio de su ayuda. Después de la entrega, Ben siempre se quedaba dormido con una sonrisa en la cara, satisfecho con el lazo de hermandad que tenían él y su hermano.

• • •

Durante el primer año de secundaria de Ben, la arritmia continuó.

Fue frustrante y triste para Deanne verse atrapada en la mitad, sabiendo más que cualquiera lo difícil que era la lucha de Ben por permanecer académicamente viable a la vez que intentaba aplacar a los profesores y hacerles entender que realmente se interesaba por aprender, pero que no podía desempeñarse ya al nivel que lo hacía antes. Se esforzaba al máximo por mantener el ritmo, pero decidió que no valía la pena darle siempre toda su energía al trabajo escolar. Seguía manteniendo un promedio de B y, aunque sabía que era intelectualmente capaz de lograr calificaciones de A, la diferencia entre estas notas le costaba más de lo que estaba dispuesto a pagar en esfuerzo.

A veces, cuando Ben no iba al colegio, Deanne le daba permiso de permanecer mucho tiempo en YouTube o jugando juegos de Xbox porque le daba lástima. Cuando Shawn se dio cuenta, se preocupó. No estaba molesto con Ben, pero como empresario se daba cuenta de la naturaleza altamente competitiva del mundo exterior. Shawn se daba cuenta de que, probablemente, Ben tendría una familia que sostener. Un grado universitario le ayudaría a asegurar un ingreso decente; y para entrar a una buena universidad, Ben tenía que obtener buenas notas en la secundaria.

Sus padres se preocupaban constantemente por definir cómo podrían ayudar a Ben a desenvolverse en este mundo competitivo a pesar de sus limitaciones físicas sin enfrentarlo a un fracaso. ¿Cómo podían entender a Ben y, al mismo tiempo, motivarlo de manera adecuada para no permitirle convertirse en víctima y renunciar a intentarlo?

Después de expresar estas preocupaciones al consejero del colegio de Ben, Deanne se enteró de que la Sección 504, un arreglo realizado por las escuelas públicas de Texas, permitía a los estudiantes con necesidades especiales o limitaciones de salud solicitar arreglos particulares para cada estudiante a fin de ayudarlo a mantenerse al mismo nivel de sus compañeros de clase en sus deberes. Gracias a la Sección 504, se le permitió a Ben recibir los apuntes sobre los temas tratados en clase, directamente del profesor y no de sus compañeros de clase. Podía contar con tantos días como necesitara para cumplir sus deberes en lugar de contar sólo con unos cuantos días para hacerlos. Se le permitía pasar por alto cualquier tarea que requiriera "mucho trabajo" siempre que pudiera responder la prueba corta o el examen. Esto no resolvió todos sus retos académicos pero, definitivamente, fue un medio para permitirle continuar en el juego.

La universidad sería una consideración compleja. Buscar un título superior al de la escuela secundaria asistiendo a una universidad no era una de las prioridades más altas en la lista de Ben. Pero durante toda su vida, Shawn y Deanne siempre habían hablado como si dieran por hecho que cada uno de sus hijos iría a la universidad o asistiría a alguna entidad de educación superior. Eso se daba por descontado; todos en la familia suponían que Ally, Ben y Jake continuarían su educación después de la secundaria.

Cuando llegó el momento de que Ally fuera a la universidad, se le partió el corazón de tener que dejar a Ben. Desde que se convirtieron en los mejores amigos durante sus primeros años, los dos habían compartido la vida juntos día tras día. A Ben le empezó a hacer falta Ally tan pronto como se fue, pero se escribían por la computadora casi todos los días y hablaban por teléfono todas las semanas. Cuando Ally venía a casa para las vacaciones, era como si nada hubiera cambiado y como si no hubiera pasado el tiempo. Ben le hacía sus confidencias y ella lo aconsejaba desde la perspectiva femenina. Su estrecha relación jamás cambiaría con la distancia.

• • •

Ben enfrentó nuevos retos a medida que se iba acercando el momento de entrar a la universidad. ¿Podría soportar la carga de los estudios universitarios aún cuando tuviera que faltar la mitad del semestre? El centro educativo que probablemente elegiría sería la Universidad Estatal de Texas en San Marcos. Tenía un buen currículo, quedaba cerca de su casa y estaba ubicada también cerca de un equipo de médicos y trabajadores de la salud como los que él necesitaba. Ben también se sentía atraído hacia la Universidad del Estado de Texas debido al parque de esquí acuático por cable, ubicado en las proximidades. ¡Era evidente que Ben pensaba divertirse durante sus años de universidad!

El inconveniente de la Universidad Estatal de Texas para Ben era que el pintoresco campus quedaba sobre una hermosa colina y desplazarse por el campus significaba subir lomas todo el día, para lo que Ben ya no era físicamente apto.

Por lo tanto, ni él ni sus padres habían decidido todavía cuál sería el plan para su universidad. Seguían considerando opciones. Debido a la afición de Ben por grabar videos, una alternativa para él podría ser mudarse a Los Ángeles, descansar un año antes de empezar la universidad y trabajar como interno en la industria cinematográfica con su mejor amigo de la secundaria, Grant Hamill, cuyo tío escribía el guión y actuaba en el programa Scrubs en ese entonces. No estaba seguro de cómo serían las cosas, pero Ben siempre hablaba como si estuviera convencido de que tenía un largo y emocionante futuro por delante.

CAPÍTULO 14

EL ESPECTÁCULO CONTINÚA

Está bien, vamos, el espectáculo continúa.

—"THE SHOW GOES ON" (LUPE FIASCO)

Tanto la familia de Ben como sus médicos buscaban constantemente formas de ayudarle a lograr su meta de llevar una vida más normal, pero la CMH no siempre cooperaba. Poco antes de Navidad, en 2008, el Dr. Rowe sugirió que Ben se internara en el laboratorio de cateterismo, un quirófano especializado equipado con los elementos utilizados por los cardiólogos para insertar un catéter en el corazón en un procedimiento quirúrgico relativamente rutinario para medir las presiones cardiacas. El examen determinaría si Ben era candidato para un trasplante de corazón o si ya había pasado la ventana de oportunidad para ser receptor. Cuando las presiones del corazón se elevan demasiado, un trasplante de corazón es insuficiente y, a partir de entonces, el paciente requiere un trasplante cardio *pulmonar*.

Someterse a este procedimiento no era exactamente lo que Ben quería hacer durante sus vacaciones de Navidad. La cirugía se programó para la semana siguiente a la Navidad y justo antes del Año Nuevo, la que típicamente era una semana de diversión y descanso para la mayoría. Sin embargo, Ben pasaría los días de fiesta en el hospital.

A pesar de la desalentadora situación, Ben entró al laboratorio de cateterismo con una enorme sonrisa y actitud de "¡Háganmelo! Terminemos con esto para poder salir otra vez a hacer cosas mejores".

En cirugías anteriores se le había permitido a Ben permanecer con sus padres en la sala del preoperatorio y se le habían administrado medicamentos para dormirlo antes de ser llevado a cirugía. Rara vez había visto la sala de cirugía. El protocolo era distinto para los pacientes adolescentes. En esta oportunidad, se le pediría a Ben que entrara solo, directamente al quirófano, sin ningún medicamento para calmar su ansiedad.

Con su bata de hospital, Ben se despidió de sus padres y entró por las gigantescas puertas a un lugar donde se le pidió que se acostara en la mesa quirúrgica. Cuando lo hizo, lo dominó la ansiedad. Su corazón comenzó a latir al galope y se sintió mareado. El personal de la sala de cirugía podía ver en el monitor cómo se había acelerado drásticamente la frecuencia cardiaca de Ben, por encima de doscientos latidos por minuto. Todos discutieron si deberían proceder con la cirugía, pero pronto la ansiedad de Ben se calmó con la anestesia.

Durante el procedimiento en el laboratorio de cateterismo, la presión de Ben descendió a un nivel peligroso. Su corazón no bombeaba suficiente sangre. Los doctores tuvieron que hacerle cardio-versión para reanimarlo, utilizando corriente eléctrica para restaurar la frecuencia normal del corazón. Habían medido las presiones de un lado de su corazón y habían visto que aún estaba dentro de un rango razonable para un trasplante, pero cuando la presión de Ben cayó, tuvieron que abortar el procedimiento sin haber tenido la oportunidad de medir las presiones del otro lado de su corazón.

Deanne estaba sola en la sala de espera cuando le dieron la noticia de que la presión de Ben había bajado de forma muy drástica. Su preocupación por Ben fue inmensa. Se suponía que ésta era una prueba relativamente de rutina. El Dr. Johnson, el cardiólogo tratante encargado de la cirugía, la llamó de inmediato desde el quirófano y se reunió con Deanne en el pasillo para explicarle la situación en más detalle. Hablándole en un tono profundamente compasivo, el Dr. Johnson le dijo que el corazón de Ben era demasiado sensible y reactivo al procedimiento que estaban haciendo, por lo que no continuarían. Le explicó que lo que había ocurrido era un evento grave, pero la tranquilizó diciéndole que Ben se había recuperado y que parecía estar bien, aunque aún estaba bajo los efectos de la anestesia.

Pasó media hora antes de que Ben recobrara el conocimiento y Deanne pudiera entrar a la sala de recuperación a verlo. Afortunadamente, estaba bien. Pero fue una dura evidencia de que para Ben no había lo que podría llamarse un "procedimiento de cirugía rutinario".

• • •

El viernes siguiente, Ally condujo hasta la casa de su mejor amiga Rachel para pasar con ella un rato. La mayoría de sus amigos se habían ido de vacaciones fuera de la ciudad durante las fiestas, por lo que las muchachas pasaron la noche hablando y disfrutando su mutua compañía en la casa de Rachel. Tarde en la noche, estaban sentadas sobre la cama de Rachel navegando en la computadora portátil cuando Rachel notó una pequeña y silenciosa lágrima que rodaba por la mejilla de Ally.

—¡Ally! ¿Qué te pasa? —preguntó Rachel preocupada. La había sorprendido el repentino cambio de ánimo de Ally. Hacía apenas unos minutos ambas habían estado riendo.

Cuando Ally, con los ojos llenos de lágrimas, volteó a mirar a Rachel, le temblaban los labios.

—Lo siento, Rachel —dijo, mientras se le formaba un nudo en la garganta—. Sólo estaba pensando en Ben. Ya sabes que la semana pasada le hicieron una pequeña cirugía, y casi no la resiste —Ally repitió las palabras como para sí misma—. Le pregunté a mamá cómo le había ido cuando ella y Ben volvieron del hospital. Obviamente algo salió mal, algo salió mal con Ben. Mamá no me contó mucho, fuera de que tuvieron que interrumpir la cirugía, entonces le dije: "Mamá, yo sé que algo malo le pasa a Ben. Sé que esa cirugía no debía haber sido tan grave", y le pedí que me dijera por favor qué pasaba con el corazón de Ben... y si él iba a estar bien. Por fin logré que me dijera que Ben está teniendo una falla cardíaca. Eso no quiere decir que su corazón vaya a fallar justo ahora, sino que poco a poco está comenzando a fallar. Este año tuvo un período de crecimiento muy rápido, ahora que está en la secundaria, y su cuerpo comienza a ser demasiado grande para su corazón. Ahora su corazón está teniendo que trabajar el doble. Su corazón es demasiado débil para su cuerpo.

Ally se detuvo como si quisiera absorber la realidad de todo lo que acababa de explicar. Miró a Rachel con miedo en sus ojos.

—Rachel... creo que Ben va a morir —antes de que Ally pudiera respirar, Rachel la abrazó y ambas lloraron.

Las dos se durmieron tomadas de la mano mientras Rachel hacía una oración pidiendo paz y sanación para sus vidas.

• • •

Para la primavera del primer año de Ben en la secundaria, su arritmia se había vuelto tan persistente que sus médicos sugirieron que era hora de considerar el implante de un marcapasos en su tórax para regular automáticamente los latidos de su corazón.

Normalmente, Ben estaba muy dispuesto a aceptar los planes de los médicos y las preocupaciones de sus padres, pero topó con pared cuando se trató del marcapasos. Por primera vez, expresó su opinión acerca de los tratamientos médicos y se negó rotundamente a que le implantaran un marcapasos. Otros tratamientos eran internos; el marcapasos sería evidencia visible de su estado. El marcapasos sería concreto, tangible, un constante recordatorio para Ben y para todos los que estaban con él de que su enfermedad cardiaca había evolucionado de ser un concepto a ser una realidad de todos los días. Lo que antes no se podía ver, ahora se vería; lo que había sido la batalla privada de Ben, estaría ahora a la vista del público. Y Ben rechazaba esa idea.

La idea del marcapasos fue difícil para Deanne y Shawn y puso a prueba su compromiso de permitir que Ben decidiera el mayor número posible de cosas relacionadas con su vida. Pensaron que era importante que Ben se sintiera dueño de su propio cuerpo. Pensaron que era esencial para su dignidad permitirle tomar la decisión final en este caso. Era su cuerpo, era su vida y sería su dolor y su incomodidad si el marcapasos llegaba a producir efectos adversos. Sinceramente lo consideraron *¿Debemos atrevernos a permitir que él tome la decisión, sabiendo que no tiene la experiencia suficiente para saber qué tan importante es que reciba el marcapasos?* Se sostuvieron conversaciones detalladas, serias, maduras, alrededor de la mesa del comedor, mientras repasaban las ventajas así como las posibles desventajas y consecuencias de esta decisión.

Este tiempo de contemplación parental combinado con la ambivalencia de Ben, siguió retardando la decisión, posponiéndola de un mes a otro. Entre tanto, los médicos prescribían otro medicamento, Sotalol, para ayudar a controlar la arritmia de Ben, que seguía afectando negativamente su calidad de vida. El medicamento obró por corto tiempo, despertando en la familia la falsa esperanza de que la decisión sobre el marcapasos podía ser materia de discusión, pero la arritmia demostró ser persistente.

Durante las múltiples citas médicas de Ben, el doctor recordaba siempre a la familia la gravedad de la fibrilación auricular.

—Durante la fibrilación, el corazón no puede bombear la sangre efectivamente, y existe el riego potencial de que la sangre acumulada en el corazón forme coágulos que podrían desplazarse al cerebro y producir embolias.

Ben sabía que por su CMH estaba en riesgo de muerte súbita, pero ahora se le recordaba que el riesgo de un accidente cerebrovascular que podría afectar todas las funciones básicas de su cuerpo, como el movimiento, el habla, la deglución, la visión, las capacidades cognoscitivas y muchas otras cosas, era mucho mayor. Las razones para controlar la arritmia eran múltiples; sin embargo, Ben no aceptaba aún la idea de tener que depender de alguna extraña máquina interna para funcionar bien.

Varias personas, incluyendo Lois, tía de Ben, sugirieron que él debía hablar con alguien a quien realmente le hubieran implantado un marcapasos de desfibrilación, y sabían que Matt Nader sería el indicado para compartir con Ben algunas experiencias de la vida real. Matt era un ex alumno y un futbolista defensor estrella del equipo de Westlake High School, el mismo colegio al que iba Ben. Matt era joven, con una estatura de seis pies seis pulgadas y trescientas libras de puro músculo, que contaba con la simpatía de todos en Westlake.

Una caliente y húmeda noche de Texas en septiembre de 2006, con la perspectiva de obtener una beca y continuar en el futuro su carrera con la NFL, Matt había trotado lentamente hacia las líneas laterales después de un largo pase del segundo cuarto durante un partido de fútbol americano de secundaria entre Westlake y College Station. Se dejó caer en la banca y luego tuvo un colapso. Luego cayó hacia atrás. No respiraba y su corazón había dejado de latir.

Con Matt agonizando en el campo de fútbol, algunos de los padres de los estudiantes de Westlake —incluyendo el suyo propio— que tenían experiencia médica, fueron corriendo desde las graderías y empezaron a practicarle RCP. Un cardiólogo salió de entre la multitud y afortunadamente encontró un DEA cerca, justo en las líneas laterales. El doctor utilizó el desfibrilador para administrarle un shock eléctrico al corazón y normalizar su frecuencia, reanimándolo. Matt fue llevado de urgencia al hospital, donde se descubrió que había sufrido fibrilación ventricular, un evento potencialmente catastrófico. De no haber sido por el desfibrilador, que se encontraba disponible, la vida de Matt habría terminado. Tres días después del angustioso episodio durante el partido de fútbol, los cirujanos le instalaron en el tórax un desfibrilador interno.

La ironía era que Matt ya había recibido la oferta de una beca completa de fútbol americano para jugar con los Longhorns de la Universidad de Texas y la había aceptado, pero con su actual estado de salud, no podía cumplir su parte del contrato. La universidad cumplió su oferta y le dio un cargo de estudiante asistente para que pudiera seguir conectado al equipo sin tener que jugar. Matt pudo asistir a la Universidad de Texas y colaborar con el equipo. Aparentemente, todos en Austin admiraban a Matt Nader; era conocido como el muchacho que había muerto en el campo de fútbol y había vuelto a la vida.

Matt aceptó hablar con Ben acerca de lo que significaba tener un marcapasos. Se conocieron en Texas Honey Ham, un lugar donde se reunían los estudiantes, y mientras compartían muchas similitudes por su problema cardiaco, el contraste visual entre los dos muchachos fue un evidente alivio. Matt era corpulento, sano y lleno de energía; Ben era pequeño, frágil y débil. Además, su piel era pálida, un efecto más de la arritmia.

A pesar de sus diferencias, tenían mucho en común, por lo que Matt estaba satisfecho de poder ayudar, y Ben escuchaba con atención todo lo que Matt podía decirle acerca de las ventajas y desventajas de tener implantado en el tórax un desfibrilador, incluyendo los detalles que causaban más temor.

Por ejemplo, Matt contó a Ben que se sintió tan bien después de que le pusieron el marcapasos, que estaba convencido de que aún podía jugar fútbol americano a nivel universitario. Comenzó a entrenar de nuevo, restaurando su fuerza. Sabía que estaba aumentando su velocidad y su resistencia. Durante el verano de su primer año en la universidad, Matt estaba entrenando en carreras rápidas durante un entrenamiento no oficial con algunos jugadores de línea de Texas, cuando todo se oscureció y sólo veía negro. Pero el desfibrilador detectó el problema y envió una descarga eléctrica al corazón de Matt. Aunque esta experiencia a la vez angustiosa y esperanzadora puso fin a los sueños de Matt de seguir su carrera como futbolista profesional, un desfibrilador le había salvado de nuevo la vida.

Matt le contó a Ben otro incidente, no tan positivo.

—El desfibrilador es bueno; te salvará la vida. No tienes más alternativa, amigo, pero te seré muy franco: en una oportunidad, se disparó y falló. Estaba haciendo ejercicio cuando algo no funcionó. Sentí la descarga, y me dolió tanto que pensé que había recibido un disparo. Miré a todos lados para ver quién me había disparado; luego sentí otra descarga y, debido a que había comenzado a llover, imaginé que había sido alcanzado por un rayo. Después, me di cuenta de que era el desfibrilador que se estaba disparando y no lo podía detener, se disparó unas ocho veces y me dolió del modo más horrible —le dijo a Ben que su desfibrilador había tenido que ser devuelto al fabricante y reemplazado por otro, pero que valía la pena a pesar de estos problemas.

Unos días después, Ben anunció a su familia que pensaba que debía someterse al procedimiento. Se fijó la fecha para el 5 de mayo de 2009. El Dr. Arnold L. Fenrich, el que había entrado a formar parte del equipo de médicos que atendían a Ben más recientemente, le implantó en el tórax un marcapasos/desfibrilador.

El primer comentario que hizo Ben después de la operación, cuando ya lo habían llevado a su habitación en el hospital, fue:

—¿Todos los que reciben un marcapasos se sienten tan frescos?

Todos los que rodeaban a Ben rieron a carcajadas, aliviados de que la operación ya estuviera teniendo un efecto positivo en él. Ben se sentía bien; estaba optimista acerca de su futuro y dispuesto a continuar con su vida.

CAPÍTULO 15

VIVE TU VIDA

Deja de mirar lo que no tienes.
Comienza a agradecer lo que sí tienes.

—"LIVE YOUR LIFE" (T.I. CON RIHANNA)

—¡Le daré cien dólares al primer miembro de nuestra familia que aprenda a hacer un salto hacia atrás en la tablaestela! —dijo Deanne con una gran sonrisa.

Ben estaba listo para aceptar el reto. Después de que le implantaron el marcapasos, había rejuvenecido con una nueva energía recién descubierta, y estaba dispuesto a gastarla. Ben se convirtió en el primer Breedlove en hacer un salto hacia atrás en la tablaestela ese verano y, después de que lo logró la primera vez, no había quién lo detuviera.

Para septiembre, Ben no sólo era ya un muchacho de dieciséis años que había vuelto a hacer deporte en la tablaestela en el lago, sino que se sentía mejor que nunca. Utilizando una cuerda de esquí y el trampolín que estaba cerca al árbol grande del jardín de atrás, el novio de Ally, Cameron Thompson, le enseñó a Ben todo tipo de maniobras. Ben practicaba saltos simulados en el trampolín, que esperaba realizar después en el agua, e incluso aprendió a hacer un giro hacia atrás —primero en el trampolín, luego en la tablaestela—. Todo esto fue posible gracias al marcapasos que controlaba su frecuencia cardiaca y ayudaba a su corazón a bombear bien la sangre, lo que permitía a su cuerpo darle el oxígeno necesario para tener energía. Poder practicar como atleta estos saltos y giros hacia atrás en la tablaestela fue uno de los logros favoritos de Ben. Estaba tan entusiasmado que le enseñó también a Jake cómo hacer una serie de saltos complejos en el trampolín. Para cuando terminó el verano, Jake parecía un gimnasta olímpico realizando tremendos giros, volantines y saltos en el trampolín.

Durante ese verano, Ben había tomado clases con Billy Garcia y Chase Hazen, deportistas profesionales en tablaestela y surfing. A los atletas profesionales les fascinaba el Lago Austin, por lo que las frescas y tranquilas aguas eran un lugar popular para hacer competencias de tablaestela, así como para filmar comerciales. Ben entabló amistad con el deportista profesional Holland Finley, y le encantaba ir al lago con él.

Ben había recibido su tablaestela como regalo de cumpleaños ese verano. Era una tabla Liquid Force, con sus botas favoritas Shane Bonifay, llamadas así por otro profesional de tablaestela. Después de cada salida, Ben llevaba la tabla a su casa y la recostaba contra la pared de su habitación.

La tablaestela y el surfing fueron la liberación de Ben. Podía dejar todas sus preocupaciones en el agua. Podía librarse de su angustia, de sus fechas límite, de sus citas y de sus listas de cosas por hacer. Podía pasar tiempo con sus amigos, compitiendo con sus compañeros al mismo nivel y superándolos, lo que aumentaba su

confianza en sí mismo y compensaba en gran medida las oportunidades que había perdido por no poder practicar otros deportes
de contacto. Deslizándose sobre el agua o montado en la tablaestela, Ben se sentía libre. Podía sentir su cuerpo en acción, doblán-
dose, moviéndose, estirándose. Desafiaba los límites máximos de
lo que su cuerpo podía soportar. Estaba viviendo al borde de sus
limitaciones físicas y le fascinaba.

Dos semanas antes, Ben había estado practicando tablaestela y
se había lesionado la rodilla derecha. La tenía tan hinchada que
no podía estirar la pierna. Acababa de dejar de usar las muletas,
por lo que realmente no estaba en condiciones de practicar todavía
tablaestela. Aunque se sentía revitalizado con su marcapasos, todavía no estaba seguro de sus nuevos límites físicos.

Sin embargo, cuando Ben y su amigo Grant Hamill tuvieron la
oportunidad de invitar a Holland Finley para un día de tablaestela
en el lago, no estaban dispuestos a perder la oportunidad. Con
Grant manejando la lancha y Holland haciendo el "spotting",
Ben saltó sobre una estela y cayó mal. Se le fracturó la tibia justo por
encima de su bota. Pudo sentir la fractura tan pronto como ocurrió.
Más tarde dijo que mientras estaba flotando acostado sobre el agua
esperando a que lo rescataran, podía sentir cómo el hueso se movía
dentro de su pierna cuando las olas la desplazaban.

Al ver el accidente, Holland se lanzó de inmediato en el agua
y subió a Ben a la lancha y luego a la plataforma. Había visto numerosos accidentes similares en la tablaestela, por lo que sabía que
a pesar del dolor de una pierna rota era necesario quitar de inmediato la rígida bota de la tablaestela, antes de que la pierna comenzara a hincharse.

Shawn había salido de la casa y estaba conduciendo por City
Park Road cuando recibió una llamada de Grant.

—Señor Breedlove, estamos llegando al muelle y creo que Ben se rompió una pierna.

—Bien, Grant. ¿Ya le avisaste a la Señora Breedlove? Ella está en casa.

—Llamé a la casa y nadie respondió.

—Bien. Ya estoy devolviéndome a la casa —dijo Shawn—. Intenta llamar de nuevo a la Señora Breedlove —Shawn volvió a la casa y salió directamente al muelle.

En ese momento, Deanne miró por la ventaba de su alcoba y vio la lancha flotando en el agua cerca del muelle. *¡Asombroso! ¡Parece que se están divirtiendo de lo lindo esta mañana!*, pensó.

En ese momento sonó el teléfono.

—Señora Breedlove —dijo una voz familiar.

—¿Sí?

—Habla Grant.

—¡Hola, Grant! Los puedo ver en el muelle —dijo Deanne mirando por la ventana—. Parece que se divierten ¿Qué pasa?

—Señora Breedlove, lamento decirle esto pero pensamos que Ben se rompió una pierna.

Los tres deportistas estaban todavía en la lancha, justo detrás de la casa de los Breedlove, de manera que a los pocos segundos de haber recibido la llamada de Grant, Deanne llegó al muelle. Encontró a Shawn ya allí y a Ben sentado en la banca posterior de la lancha observando cómo su pierna y su tobillo comenzaban a inflamarse y a cambiar de color. Temblaba porque el agua estaba muy fría en esa época del año, y tenía un gesto de dolor. Deanne lo envolvió en una toalla y llamó una ambulancia. Mientras esperaban la llegada de los paramédicos, no intentaron mover a Ben sino que todos se agruparon en la parte de atrás de la lancha a su alrededor para intentar que dejara de temblar y mantenerlo abrigado. De pronto, Ben dejó de temblar, volteó a mirar a su madre y le dijo muy serio:

—Sólo bromeo. Mi pierna no está rota.

¿Qué? Deanne miró fijamente a Ben, sorprendida, sin saber si sentía alivio o ira.

—¡Ben!

—No, sólo bromeo, sí está rota, mamá ¡y duele muchísimo! —Ben comenzó a temblar nuevamente. Satisfecho de la broma que le había jugado a su madre y de que, por un momento, le había aliviado el dolor.

Más tarde ese día, Grant fue a visitar a Ben al hospital. Ben tenía la pierna enyesada y lamentaba no haber podido asistir al baile del colegio. Para acompañar a su amigo en su desgracia, Grant tampoco fue al baile y se quedó con Ben en el hospital. Pero eso no significaba que no se pudieran divertir. Pronto convencieron a la enfermera de que les trajera una silla de ruedas para poder hacer piruetas con ella en el corredor. Ni siquiera una pierna rota iba a mantener a Ben quieto por mucho tiempo.

La silla de ruedas de Ben fue un objeto de interés cuando volvió a Westlake. Le encantaba intentar hacer piruetas por el corredor. Sus compañeros disfrutaban viéndolo, por lo que, naturalmente, Ben estaba dispuesto a compartir con ellos su silla de ruedas, permitiéndoles que intentaran hacer maromas por los corredores y en el estacionamiento del colegio. Al poco tiempo, él y sus amigos destruyeron por completo la silla y Ben tuvo que conseguir otra.

En unas semanas dejó la silla de ruedas y comenzó a usar muletas. Esperaba poder dejar las muletas antes de la fiesta de regreso a casa, pero no fue así. No le importó. Ben se puso su traje de fiesta y se unió al grupo de sus amigos, en el que se encontraban Katelyn

Brooks, Alex Fanglie y Grant Hamill y fue a la fiesta de regreso a casa de todas maneras. Ben no pudo bailar por su pesado yeso, pero bromeando entró a la pista de baile y se movió hacia adelante y hacia atrás en sus muletas.

· · ·

Grant y Ben eran íntimos amigos, pero siempre dejaban campo para Alex, una talentosa bailarina que esperaba poder desempeñarse profesionalmente. Ben y Grant solían asistir a sus recitales de baile para apoyarla y animarla. Los tres estaban siempre juntos, en todas partes. Cuando los muchachos hablaron de mudarse a California e intentar obtener un internado con el tío de Grant en el set del programa de televisión *Scrubs*, naturalmente imaginaron que, en algún momento, Alex se uniría a ellos y desarrollaría su carrera como bailarina en Los Ángeles.

El sentido del humor de Alex compaginaba tan bien con el de Ben que frecuentemente bromeaban diciendo que ella era la versión femenina de Ben. Ambos coincidían en muchos aspectos, tanto significativos como mundanos.

· · ·

—¿Mamá podemos ir a Wally's a traer pollo frito para Alex? —preguntó Ben.

Deanne había ido por Ben al colegio para una cita con su cardiólogo a mediodía y acababan de subir al automóvil para regresar a Westlake.

—Ben, Wally's queda del otro lado de la ciudad —respondió Deanne.

—Ya lo sé, mamá, pero es que no entiendes. Alex estaría feliz si fuéramos a Wally's. Literalmente, le arreglaría el día —Ben miró a Deanne con una sonrisa tan grande que ella no pudo negarse.

—Está bien, tú ganas —dijo, reprendiéndolo con su dedo—. ¡Pero será mejor que esto la haga realmente feliz!

Ben y Alex habían descubierto que un buen pollo frito podía hacer que el peor de los días se tornara bueno. Siempre que Alex tenía un mal día, Ben la llevaba a su restaurante de comidas rápidas favorito, donde hablaban de sus problemas y preocupaciones. A medida que la confianza mutua se fue profundizando, Alex le confesó a Ben que le faltaba confianza en su capacidad de llegar a ser algún día una artista profesional de danza, y que uno de sus mayores temores era no poder lograr lo que para ella era su pasión. Siempre que iban allí y se sentaban en su lugar favorito, disfrutando deditos de pollo y leche malteada, Ben y Alex hablaban con total sinceridad. Estando juntos comenzaron a darse cuenta de lo que debían hacer para librarse de sus preocupaciones y a comprender lo que realmente era importante en sus vidas.

CAPÍTULO 16

QUIÉN DIJO QUE ESTAMOS LOCOS

¿Quién dijo estamos locos?
¿Dijiste que estábamos locos?

—"WHO SAID WE'RE WACK" (THE LONELY ISLAND)

Las bromas eran parte integral de la personalidad de Ben. Ben Breedlove rara vez hablaba en serio; por el contrario, le encantaba hacer reír a la gente. No le costaba ni un poco cambiar su expresión seria por una sonrisa, y su mente siempre estaba inventando alguna nueva broma que él y sus amigos podían practicar.

Unas semanas antes de Halloween, durante su penúltimo año de secundaria, Ben encontró una aterradora máscara de payaso hecha de caucho que le llamó la atención. Dado que la mayoría de los miembros de su familia no eran admiradores de los payasos *ni remotamente,* les pareció que la fascinación de Ben por la horripilante máscara de payaso era aún más horrible. A pesar de sus protestas, Ben se enamoró de la máscara y solía ponérsela durante la época de Halloween.

Naturalmente, su objetivo no era asustar a nadie sino evocar una reacción. Por ejemplo, un día Ben se puso la máscara y después se sentó en un asiento en una concurrida intersección en Westlake. Mientas estaba allí, con el rostro totalmente cubierto por la máscara, una mujer detuvo su automóvil justo a su lado y preguntó en voz alta por la ventanilla:

—¿Podría decirme dónde está la estación de gasolina más cercana? —como si se tratara de algo completamente normal. Sin quitarse la máscara de payaso, Ben le hizo caso y le dio las instrucciones necesarias. La mujer se alejó sin pensar que era posible que alguien que usara una máscara de payaso no sería la fuente de información más confiable.

Además, Ben recibió un mensaje de texto de una de sus amigas que decía: "¡Ben! ¡Acabamos de verte sentado en la intersección con tu máscara!", todos lo reconocían, aún con la máscara puesta.

El día de Halloween, volvía a su casa desde la de un vecino. Mientras conducía por el vecindario, decidió ponerse la máscara. Un automóvil lleno de muchachas adolescentes iba adelante de él muy despacio; entonces, Ben encendió la luz interior del techo de su automóvil para iluminar mejor la máscara. Cuando las muchachas vieron que un horrible payaso venía siguiéndolas ¡empezaron a gritar y a agacharse dentro del auto! Justo la reacción que Ben esperaba.

* * *

Ben, Justin y sus amigos, a veces se ponían los disfraces de gorila y conejo de tamaño natural y simulaban "incidentes" en distintas partes de la ciudad. Por lo general, Ben era el que manejaba la videocámara y grababa el evento y la reacción de las personas que pasaban. En una oportunidad, él, Justin y su amigo J.P. simularon un round de boxeo entre el conejo y el gorila justo frente a la puerta de la tienda de víveres Randalls, tambaleándose frente a la entrada y saliendo hacia el estacionamiento. Ben simulaba ser un desprevenido transeúnte, sorprendido por el desorden. En realidad, permanecía muy cerca de donde se desarrollaba la acción para poder grabar todo el incidente con su teléfono.

La pelea continuó mientras los conductores pitaban y otras personas observaban la escena riendo a carcajadas o aterradas. Por último, el gorila —Justin— siguió su pelea con el conejo —J.P.— hacia la calle, bloqueando el tráfico y produciendo un desorden aún mayor. La pelea culminó con el gorila rompiéndole el cuello al conejo y dejándolo descabezado en la mitad del cruce de las dos calles mientras los transeúntes trataban de pasar. Naturalmente, Ben captó toda la broma en video.

En el mismo centro comercial, Alex Faglie estaba copiando unas fotografías en Kinkos para su trabajo en un proyecto, cuando recibió un mensaje de texto de Ben. "¿Dónde estás?", preguntaba Ben.

"En Kinkos", le respondió Alex con otro mensaje de texto y continuó sacando sus copias.

Unos minutos después, alguien en un enorme disfraz de conejo entró corriendo por la puerta de Kinkos, se echó a Alex al hombro y se la llevó, dejando sus útiles escolares en la copiadora.

—¿Qué pasa? —gritó Alex riendo histéricamente, suponiendo que Ben tenía algo que ver en esta situación. Alex comenzó a patalear y a retorcerse tratando de librarse del abrazo del conejo, sin lograrlo. El conejo la ignoró y la llevó a toda velocidad a un almacén lleno de clientes de Kinkos totalmente asombrados.

Cuando salieron, Alex vio a Ben que grababa el "secuestro", mientras reía a carcajadas.

En otra oportunidad, Ben y Justin condujeron por la ciudad en sus disfraces, hablando a todo el que quisiera detenerse y escucharlos. Vestidos como el conejo y el gorila, iban a restaurantes de comidas rápidas con servicio al auto, ordenando comida como si no hubiera nada fuera de lo común. Sorprendentemente, la mayoría de las personas que los veían reaccionaban como si lo que estaban haciendo fuera absolutamente normal, ¡como si no fuera nada raro que un enorme conejo blanco y un gorila estuvieran pidiendo tacos!

Claro está que Ben siempre estaba listo para un taco, con o sin disfraz. En su álbum de recortes del último año de colegio —que nunca tuvo tiempo de terminar— Ben expresó su amor por su comida favorita. *¡Taco Bell! ¿Dónde debería empezar? Definitivamente, es mi lugar favorito para ir a comer. Toda mi familia me da bonos de regalo para Taco Bell en mi cumpleaños y en ocasiones así. Llevó sólo dos meses en la universidad ¡y ya he gastado allí el equivalente a $60 dólares! Voy casi todos los días a Taco Bell después del colegio y a veces almuerzo allí también. Mis amigos piensan que es algo extraño ¡pero no me importa!*

Ben también hizo que sus visitas a Taco Bell fueran todo un evento, cantaba su pedido con ritmo de rap, en estilo libre, por entre el micrófono del servicio al auto:

> *Quisiera dos tacos*
> *Con pollo y queso,*
> *No necesito lechuga*
> *Ni tampoco tomates, ¡por favor!*

El sentido del humor de Ben no conocía límites. Él y un amigo iban conduciendo por la ciudad un día cuando de repente llegaron al club local de Ferrari. Los dueños de los Ferrari tenían sus automóviles limpios, brillantes e inmaculados estacionados en una larga y bien ordenada fila con los capós abiertos para exhibir los sorprendentes motores. Cada orgulloso dueño de un Ferrari estaba de pie frente a su automóvil, dispuesto a hablar con otros dueños, admiradores o aficionados a estos autos.

Ben y su amigo no resistieron la tentación. Se dirigieron al último lugar de la larga fila de hermosos carros, y Ben estacionó allí su lujoso auto: el Acura Legend de veinte años de edad, ahora más dilapidado que cuando lo conducía Ally. Ben abrió el capó y orgullosamente se ubicó en el lugar correspondiente con su mano en la cintura, su cabeza ligeramente inclinada a un lado y frente a su auto. Varios dueños de Ferraris quedaron encantados con su sentido del humor, ¡por lo que vinieron y le hicieron preguntas y hablaron con él acerca de su viejo carromato! Uno de los dueños de los Ferrari tomó incluso una fotografía de Ben con su "automóvil antiguo".

• • •

Ben podía ganarse casi a cualquier persona con su sentido del humor, aún a los grupos más estoicos. Por lo general, sus compañeros de fútbol estaban siempre demasiado ocupados con sus prácticas y sus tareas escolares para hacer planes, pero un fin de semana en el que se había cancelado la práctica, todos terminaron reuniéndose. Aunque Ben se alegró de ver a algunos de sus amigos más íntimos, no tenían mucho en común con la mayoría de los otros miembros del equipo y ellos no tenían mucho que hablar unos con otros.

Habían pasado esta noche particularmente aburrida, todos sentados en el sofá, quejándose de no tener nada que hacer, cuando Ben recibió un mensaje de texto de una de sus amigas.

—Oigan —dijo Ben a los otros—. Puedo invitar a algunas niñas para que vengan si les parece.

—Sí, hazlo —respondió alguno de los futbolistas. Unos diez minutos más tarde, se detuvo un enorme autobús a la entrada de la casa. Se abrieron las puertas, salieron veintiún chicas, todas con vestidos blancos, y entraron.

—¡¿*Qué* está pasando?! —gritó el mismo futbolista, mirando incrédulamente a Ben—. Amigo, ¿tú lograste que *todas* estas chicas vinieran?

Ben nunca dijo a ese futbolista que no tenía la menor idea de que se fueran a presentar veintiún chicas. Había invitado a la amiga con la que había estado intercambiando mensajes de texto, pero ella nunca le dijo que simplemente venía hacia su casa de un retiro en un autobús colectivo con todas sus mejores amigas. De cualquier forma, Ben se sintió feliz de poder llevarse el crédito. Como si para él eso no tuvieran nada de extraordinario, respondió:

—Ah, sí. Fui yo.

CAPÍTULO 17

LA VIDA SIGUE LLEGANDO

Me estoy cansando de que mi motor siga funcionando,
Siento que me estoy recalentando, porque mi vida no deja
de llegar

—"SAD SAD CITY" (GHOSTLAND OBSERVATORY)

Aún con el marcapasos, la arritmia de Ben seguía apareciendo ocasionalmente, lo que decepcionaba a Ben y era también una amenaza para el espíritu de todos los miembros de la familia. Durante la Navidad de 2010, el corazón de Ben golpeó durante nueve días seguidos, obligándolo una vez más a faltar a clase. El Dr. Fenrich decidió llevarlo a cirugía y utilizar el mismo marcapasos implantando en Ben para enviar descargas eléctricas a su corazón y restaurar su frecuencia normal. El procedimiento dio resultado. Sin embargo, tanto los doctores de Ben como su familia estaban desanimados de comprobar que el marcapasos no lo resolvía todo.

En muchos aspectos, Ben fue un muchacho excepcionalmente maduro para su edad en todas las etapas de su vida. Tal vez el tener que enfrentarse constantemente a una enfermedad que ponía en peligro su vida lo llevó a tener una visión más adulta que la que tenían otros muchachos de su edad. Tal vez por eso, rara vez se obsesionaba por el equipo que ganara uno de los grandes juegos ni por lo que lo preocupara en la actualidad. O tal vez porque las bases espirituales de Ben eran muy sólidas. Cualquiera que fuera la razón, nunca se dejaba llevar por reacciones emocionales impulsivas. Manejaba sus emociones con madurez, de forma adecuada. Nunca salía a divertirse en exceso simplemente para liberar energía. Disfrutaba salir con amigos, escapando temporalmente del mundo de horarios, médicos y medicamentos.

A veces, Ben luchaba contra el deseo de sus padres de protegerlo, pero siempre de buena manera. En lugar de desobedecer abiertamente sus instrucciones, Ben les pedía su opinión acerca de ciertas actividades que deseaba practicar. Si se quedaba al otro lado de la ciudad a pasar la noche en casa de un amigo, y se olvidaba de llevar sus medicinas, preguntaba si podía dejar de tomar su medicamento sólo por esa noche. Agradecía la protección que le daban Shawn y Deanne.

A medida que fue creciendo, fue cuestionando los consejos y las prohibiciones protectoras de sus padres con mayor intensidad. *¿Qué tendría de malo comer algunos rollitos chinos con salsa de soya? ¿Qué tiene de malo hacer tablaestela temprano en la mañana cuando la temperatura del agua es vigorizante, a unos sesenta y cinco grados Fahrenheit? ¿Cómo me ayudará este tratamiento o en qué forma cambiará las cosas?*

Mientras que hasta entonces su actitud había sido de aceptación y obediencia en cuanto a los protocolos médicos que se le administraban, pronto fue cambiando y deseando tener más control sobre su destino con una mayor participación en las decisiones que se tomaban a su nombre.

Por su parte, Shawn y Deanne se esforzaban constantemente por mantener un control prudente en las actividades de Ben y permitirle desarrollar las más arriesgadas y potencialmente peligrosas que le fascinaran.

Durante sus últimos años de adolescencia, Ben se inscribió en el gimnasio Gold's Gym, con el pleno conocimiento de Shawn. ¡Su padre fue incluso a ayudarle a pagar su cuota de miembro! Sin embargo, a Deanne no le gustó la idea, y así nos los dijo a todos esa noche durante la cena.

Ben iba al gimnasio casi todos los días después del colegio, insistiendo en que conocía su cuerpo y que estaría atento a cualquier signo de estrés. Se encontró con un amigo, Shaddy, un levantador de pesas que practicaba varias veces por semana en el gimnasio. Con frecuencia, Ben prolongaba su tiempo de programa de ejercicios, contra los deseos de sus padres.

Deanne y Shawn sospechaban que Ben exageraba a veces los límites de las pesas prescritos por su médico, que eran sólo de veinte libras. El doctor advirtió que ejercitarse con más de ese peso sometería el corazón de Ben a una presión excesiva, y el hecho de levantar pesas podía hacer incluso que se moviera su marcapasos dentro de su tórax, alejándose de su corazón. No obstante, Ben decidió poner a prueba *todos* estos límites.

En un momento dado, inclusive tomó clases de jujitsu brasileño. Aunque sus padres desaconsejaban estos entrenamientos extenuantes, y las prácticas de ejercicios que involucraran contacto a alta velocidad, a Ben le encantaban las técnicas de autodefensa que había aprendido, especialmente las que, a pesar de su tamaño, le daban una definitiva ventaja en una lucha física. Aunque no pensaba que tendría que pelear con alguien alguna vez, el hecho de saber cómo defenderse en una situación semejante le daba confianza y un mayor sentido de logro.

Permitir que Ben se sometiera al más mínimo riesgo era más de lo que muchos padres podrían haberle aconsejado a Shawn y Deanne. Ellos sabían que algunas de las actividades de Ben eran riesgosas, pero también sabían que no podían microadministrar cada movimiento de su vida. Sí, querían que estuviera seguro, pero también querían que pudiera *vivir su vida*. Armados de frecuentes actualizaciones e información obtenida de las conversaciones con su médico, Shawn, Deanne y Ben abordaban cada decisión de forma individual, intentando determinar la mejor alternativa con base en el conocimiento que tenían a su alcance.

• • •

Cuando las presiones de la vida lo abrumaban, Ben se refugiaba en su música. Se tomaba un tiempo, se iba a su habitación, se acostaba en la cama con los ojos cerrados y la escuchaba. Le encantaba todo tipo de música. Skrillex, Coldplay, Empire of the Sun, Muse, Johnny Cash y Kid Cudi, eran algunos de sus intérpretes favoritos.

Aunque Ben controlaba sus emociones en relación con los riesgos y peligros que amenazaban su corazón, y mantenía permanentemente una actitud estoica acerca de los aspectos médicos, cuando se trataba de otras cosas, no escondía su miedo. Por ejemplo, no le gustaba montar en avión ni encontrarse en condiciones climáticas peligrosas, ni siquiera en tierra. Cuando viajaba en avión, se ponía nervioso por todas las cosas que había aprendido acerca del 9/11. Había cumplido nueve años el mes anterior al 9/11 y al igual que tantos otros, tenía grabadas indeleblemente en su mente las imágenes de ese horrible ataque, que nunca dejaron de afectar su nivel de tranquilidad cuando viajaba en avión. Cada vez que la familia programaba un viaje, Ben preguntaba si podían ir en automóvil y no en avión.

Además, a veces no podía controlar su angustia si se pronosticaba mal tiempo. Cuando Austin estuvo en alerta por un tornado, Ben corría de un lado al otro de la casa esforzándose por mirar por la ventana y mantener a la familia actualizada sobre cualquier cambio que observara en el cielo. Encendía todos los televisores en el canal meteorológico para que la familia pudiera estar actualizada en cuanto a las más recientes alertas climáticas. Su nivel de ansiedad permanecía al máximo hasta cuando cesaba el mal tiempo. Por irónico que parezca, cuando un año vio un verdadero tornado a las afueras de la costa de Destin, permaneció sorprendentemente tranquilo, y le encantó la experiencia.

CAPÍTULO 18

EL ORIGINAL

Vamos, muéstrales cuánto vales

—"FIREWORK" (KATY PERRY)

Durante sus primeros años de secundaria, Ben no tuvo una amiga con la que saliera habitualmente, pero solía hablar abiertamente con Deanne sobre sus sueños de casarse e ir de luna de miel a Venecia en Italia o a Grecia y cómo imaginaba que sería su familia. Su única preocupación en ese sentido era si sería prudente para él tener hijos, puesto que su CMH era una enfermedad altamente hereditaria. Le decía a Deanne que si él y su esposa decidían no tener sus propios hijos debido a su enfermedad cardiaca, ¡adoptarían muchísimos! Y, naturalmente, pensaba en lo bueno que sería llevarlos a todos algún día al Lago Powell.

Sin embargo, Justin Miller comenzó a salir con una chica llamada Megan Parken durante su primer año de secundaria. Megan había desarrollado un gran número de seguidores en YouTube, en donde regularmente publicaba videos relacionados con maquillaje, modas y peinados para chicas y otros temas de interés para jóvenes adolescentes. Desarrolló su propio canal y, para el verano de 2010, contaba con cerca de sesenta mil suscriptores —que veían normalmente sus videos— y la cifra continuaba subiendo. Su canal atrajo publicistas y Megan estaba recibiendo un ingreso constante mientas producía videos divertidos e informativos.

Una noche, cuando Megan estaba viajando a la ciudad de Nueva York, Ben y Justin pasaban el rato en el varadero de los Miller cuando Megan subió un video diciendo que su novio y su amigo estaban en Austin y que tal vez podían hacer un video para ella y para sus seguidores. Justin y Ben aceptaron el reto e hicieron un video tonto de ellos dos bromeando, comiendo helado y simplemente pasando el rato. Aparentemente, no había cubiertos en el varadero, pero encontraron unas galletas de soda viejas que usaron a modo de cucharas. A los seguidores de Megan les encantó y comenzaron a enviar sus comentarios y a hacer preguntas a los muchachos.

Megan animó a Justin y a Ben a desarrollar su propio canal, donde podían responder las preguntas de las muchachas. Aunque ya habían hecho algunos videos y los habían subido a YouTube anteriormente, con la ayuda de Megan, los muchachos aprendieron la "técnica" de hacer mejores videos y de manejar mejor el canal. Justin y Ben lanzaron su propio canal de YouTube, GuyAdvice-4Girls, el 23 de julio de 2010. Pronto comenzaron a atraer suscriptores. Megan les ayudó muchísimo animando a sus suscriptores a ver el canal de Ben y Justin.

—Sin embargo, no olviden que cualquier cosa que ustedes suban ahí es un reflejo de mí porque estoy enviando a mis suscriptores a su dirección —les advirtió.

Ben y Justin grabaron sus primeros videos con la pequeña videocámara flip de alta definición, la misma que habían utilizado para grabar algunas de sus piruetas con la bicicleta y los monopatines, así como sus bromas favoritas. Al comienzo, les tomaba a los muchachos hasta tres y cuatro horas hacer un video corto de cinco o diez minutos, pero pronto aprendieron a mejorar su productividad y su capacidad de hacer videos. Al principio, los videos tenían que ver únicamente con Justin y Ben sentados frente a la cámara hablando, haciendo bromas y ofreciendo opiniones y respuestas a las preguntas que recibían de sus suscriptores, en su mayoría mujeres.

Debido a un problema técnico, en noviembre de 2010, Google cerró GuyAdvice4Girls. Si querían seguir en el negocio, Justin y Ben debían crear un nuevo canal. Apareció entonces en YouTube OurAdvice4You. Los muchachos pidieron a sus antiguos suscriptores que los buscaran en el nuevo canal y muchos lo hicieron. Ofrecían su opinión sobre toda clase de temas, desde "diez señales de que le gustas a un muchacho" hasta "excelentes regalos de Navidad" y "cómo mantener una relación" y "el tema del día". Las preguntas eran desde graciosas y frívolas hasta tristes o delicadas.

Pero en esta ocasión, los muchachos empezaron a recibir preguntas de muchachas de todo el mundo. Decidieron responder con más frecuencia las preguntas que les hacían. Por ejemplo, Justin y Ben hicieron un video sobre el tema "¿Importa el tamaño?", después de que muchas de sus suscriptoras habían preguntado si a los muchachos realmente les importaba el tamaño del sostén que usaran las chicas. Sin importar los temas de las preguntas, Ben y Justin respondían con franqueza, aunque lo hacían con gran tacto y sensibilidad y rara vez ofendían a alguien. La mayoría de las jóvenes apreciaban las respuestas directas de Ben y Justin. Además, generalmente sus respuestas fortalecían la confianza de quienes las hacían en lugar de denigrar su autoestima.

Sin embargo, en una oportunidad, uno de los videos de Ben en YouTube no recibió tan buena retroalimentación. Se había grabado sentado en un sillón que estaba tapizado con la piel del primer venado que había cazado. Recibió comentarios condenatorios de todo el mundo, de personas que se oponían al uso de las armas y a la práctica de la cacería. Aunque las críticas no cambiaron sus opiniones, sí le sirvieron para estar más atento a las sensibilidades de otros al crear sus videos.

En un determinado momento, Ben y Justin estaban grabando y subiendo al menos un video por semana. Dedicaban la mayoría de su tiempo libre a producir videos, pero no lo consideraban un trabajo, ¡les encantaba! Cambiaron a una cámara de mejor calidad que les prestó el padre de Justin y la calidad de sus producciones mejoró significativamente. Después de tantos años de confiar en la generosidad del Sr. Miller, que les prestaba su equipo de video, Ben finalmente recibió su propia cámara como regalo de Navidad de sus padres durante su penúltimo año de secundaria. Comenzó a ahorrar dinero para comprar trípodes, micrófonos y otros accesorios que guardaba en su habitación y en su automóvil. Megan le regaló a Ben una pantalla verde, una pantalla plana de pared que se utiliza en la producción de programas de televisión y en la producción de películas, en la que se proyectan imágenes digitalizadas de computador o imágenes de video como mapas meteorológicos y otras escenas "en locación". Con esta tecnología de pantalla verde, Ben podía aparecer como si estuviera trasmitiendo desde el centro de Austin, desde Nueva York, Washington D.C. o la Torre Eiffel en Paris, sin salir de su habitación, donde grabó y produjo muchos de sus videos de ahí en adelante. A Ben le encantaba interactuar con la audiencia y comenzó a imaginar posibilidades de trabajar en la industria cinematográfica, ya fuera como figura de la farándula o como productor.

Uno de los videos favoritos de Ben y Justin se titulaba "Preguntas a la Ciudad, Primera Parte". Para este video, Ben y Justin, junto con sus entrevistadoras, Megan Parken y Devyn Brown, fueron "en locación" al Parque Zilker, en el centro de Austin, un domingo en la noche, durante el final de Austin City Limits, un festival musical de tres días con la participación de más de cien bandas, incluyendo artistas tan diversos como Arcade Fire y Muse, Wilie Nelson y Ghostland Observatory, Coldplay, Damian Marley y más. Al final del concierto, Justin y Ben eligieron personas del auditorio al azar para hacer entrevistas a "transeúntes" acerca de las relaciones. Megan y Devyn hicieron lo mismo. Mientras la enorme multitud se dispersaba al salir del parque, los muchachos y las muchachas llamaban a un lado, aleatoriamente, a adolescentes y adultos jóvenes para entrevistarlos. Hacían desde preguntas tan mundanas y poco significativas como "¿Prefiere las rubias o las morenas?", hasta preguntas más serias como "¿Si le fuera infiel a su novio (o novia), sólo en una oportunidad, se sentiría obligada a decírselo?".

Los muchachos duraban más de tres horas grabando y luego varias horas más editando el video esa misma noche. Justin hacía un trabajo estelar agregando música y efectos especiales. Hasta Megan quedaba muy impresionada con los progresos de sus pupilos.

Con el tiempo, el canal OurAdvice4You de Justin y Ben atrajo más de sesenta mil suscriptores. Debido al gran número de visitantes, también llamaron la atención de algunos publicistas y, en febrero de 2011, Ben y Justin recibieron su primer cheque por los avisos en OurAdvice4You, unos treinta y cinco dólares en efectivo para cada uno. Habrían podido trabajar cortando el césped de los vecinos y ganar mucho más, pero para ellos lo importante no era el dinero. Se estaban divirtiendo y estaban a la vanguardia de una forma totalmente nueva de llegar al mundo. En especial, Ben estaba fascinado con el potencial de este nuevo medio de comunicación.

Antes de que Ben terminara el penúltimo año de secundaria, Shawn le preguntó:

—¿Has considerado dónde quieres trabajar este verano?

—¿Trabajar? ¡Ninguno de mis amigos tiene que trabajar! —respondió Ben con intencionado tono burlón.

Shawn sonrió.

—Tal vez no, pero tú sí. Puedes conseguir un trabajo para el verano y ganar siete dólares por hora trabajando para alguien, haciendo lo que otros quieren que hagas, y sin tener tiempo de divertirte...

Al hacer referencia al trabajo que Ben había conseguido el verano anterior, Shawn le trajo recuerdos difíciles a Ben. Como ambicioso quinceañero, Ben había aceptado un trabajo de ayudante en Ski Shores, el café al pie del lago, en el vecindario, antes de que tuviera licencia de conductor. Responsable de levantar cajas pesadas y sacar la basura, Ben pronto se dio cuenta de que su trabajo era demasiado pesado para su corazón y se vio obligado a renunciar. Ni Shawn ni Deanne querían poner a Ben en posición de comprometerse con un empleador, para después darse cuenta de que no podía cumplir con sus responsabilidades por no ser capaz de levantar cajas y ni siquiera de llegar a trabajar todos los días. Eran conscientes de que muchos de los trabajos de verano que conseguían los muchachos adolescentes requerían alguna forma de esfuerzo físico.

—O podrías trabajar por tu cuenta —continuó Shawn—. Podrías aumentar tu éxito en YouTube y llevarlo al siguiente nivel.

Esto despertó de inmediato el interés de Ben.

—Pero tendrías que trabajar en tu canal tiempo completo —le dijo Shawn—. Sería un trabajo que disfrutarías y podrías convertir tu canal de videos es una fuente de ingresos que recibirías durante todo el año, no solamente durante el verano. Es algo que puedes incluir en tu hoja de vida para trabajos futuros o para solicitudes de admisión a la universidad. También te podría dar una idea de lo que quieres hacer algún día para ganarte la vida.

Shawn se dio cuenta de que Ben ya había aceptado la conveniente oportunidad de centrarse en lo que lo apasionaba, de manera que incluyó también la realidad de un cheque.

—Puedes trabajar según tu propio horario, pero si decides trabajar para ti, tienes que considerar tu canal de YouTube como un trabajo real, no simplemente como un pasatiempo. Necesitas comprometerte a trabajar de seis a ocho horas diarias cinco días a la semana.

Unas semanas después, Shawn le pregunto a Ben si ya había tomado una decisión. No se sorprendió cuando Ben le dijo:

—Creo que me gustará trabajar para mí.

—Eso pensé —respondió Shawn con una ligera sonrisa en su rostro—. Está bien, comienza a trabajar.

Ben lo hizo. Trabajó intensamente haciendo videos y disfrutó de la retroalimentación que recibía de su audiencia. A medida que se fue haciendo más creativo en su enfoque, se dio cuenta de que el número de sus suscriptores aumentaba días tras día y pudo ver un aumento mensual en sus ingresos y en su satisfacción personal. Ben había encontrado su nicho.

Justin y Ben siguieron haciendo videos, a veces con Megan. Su éxito en YouTube convirtió su canal en algo muy atractivo para los publicistas. Era tal su éxito que invitó a Justin y a Ben a unirse a ella y a Devyn y a los padres de las chicas para tomar un crucero por el Caribe con todos los gastos pagados.

Fue una de las semanas más divertidas de sus vidas. Ben y Justin dormían en el mismo camarote y Megan y su amiga Devyn dormían cada una con sus padres. El crucero hizo escala en puertos de Gran Caimán, Jamaica y Cozumel. Hicieron jet ski en Jamaica y para-navegación en las Islas Caimán. Ben y Justin hacían bromas diciendo que ¡era la cita doble más extravagante en la que jamás habían estado!

Pero, debido a un dramático rompimiento de las relaciones entre Justin y Megan más adelante durante el año, la pareja prefirió no aparecer más juntos en cámara. Ben y Megan siguieron siendo buenos amigos pero ella continuó con sus canales independientes de YouTube, separada de los muchachos.

Cuando la familia de Justin se mudó a una casa más cercana al colegio, éste ya no pudo trabajar con Ben en la pantalla con la misma frecuencia, por lo que Ben consiguió a algunos de sus otros amigos y continuó haciendo videos para OurAdvice4You. Justin y Ben siguieron trabajando juntos y creando videos ocasionalmente, pero Justin sentía que Ben quería hacer algo más.

Una noche, cuando trabajaban en un video, Ben sorprendió a Justin.

—Hemos hecho una cantidad de videos que tienen que ver con nuestra relación y con los consejos que damos, tal vez deberíamos hacer algo más serio, más significativo.

Justin estaba muy satisfecho con los videos sobre sus relaciones y sobre los consejos, aunque tanto él como Ben sabían que no tenían verdaderamente experiencia en ese campo. Pero mantenían a su audiencia entretenida. Por consiguiente, el comentario de Ben acerca de hacer algo más serio cogió a Justin fuera de base.

—¿Qué dices? —preguntó.

—Bien, no lo sé; tal vez deberíamos hacer algo para contarles más a nuestros suscriptores acerca de nosotros —respondió Ben.

Más tarde, Justin se dio cuenta de que Ben tenía un deseo genuino de transmitir algo más que simples consejos sobre las relaciones. Por esa razón, Justin no se ofendió cuando Ben finalmente decidió desarrollar su propio canal, BreedloveTV, que lanzó el 23 de mayo de 2011. En sus videos, Ben aparecía sentado frente a un escritorio con un micrófono estacionario de mentira, ofreciendo sus opiniones, en un escenario similar al del escritorio de noticias de *Saturday Night Live*. Ben miraba regularmente este programa cuya estrella principal era su ídolo, el comediante Andy Samberg.

Empezó a hacer los videos de consejos él sólo, ofreciendo sugerencias en temas de confianza, apariencia, lo que las chicas deben esperar de los muchachos, cómo deben tratar los muchachos a las chicas, qué es lo que atrae a los muchachos en las chicas y toda una serie de otros asuntos relacionados con sus contemporáneos. Muchos de sus consejos eran sorprendentemente maduros, sobre todo si se tiene en cuenta que Ben no salía mucho con chicas y nunca había tenido una relación romántica duradera. Pero se veía muy bien en cámara y sus profundas consideraciones sobre los sentimientos de otros así como su actitud amigable y alegre eran palpables en cada video, obteniendo una respuesta positiva de su audiencia.

Apartándose notablemente del formato de OurAdvice4You, Ben se lanzó a un territorio nuevo, analizando aspectos más profundos, incluyendo su familia y su fe. Cuando Gina Corbet, una vecina de edad avanzada que vivía cerca de ellos, un poco más abajo en la misma calle, falleció, Ben no dudó en tratar el tema de la muerte. En un conmovedor momento en la pantalla, Ben expresó una apreciación de Gina que jamás había compartido con ella mientras vivía. Terminó el video recomendando a su audiencia que se tomaran un tiempo ese mismo día para decirles a sus amigos lo que sentían por ellos y cuánto los apreciaban. Presentador excelente, aunque aún novato, Ben tenía una forma natural no sólo de hacer reír a la gente sino de hacerla reflexionar.

CAPÍTULO 19

BUSCANDO UNA RAZÓN

Ahora estoy buscando una razón para entender
Por qué haces mover mi mundo

—"BLACK AND GOLD" (SAM SPARRO)

En el primer día de las vacaciones del verano de 2011, Ben engañó a la muerte por segunda vez.

Ally sintió que había alguien en la puerta de su dormitorio, abrió los ojos y vio allí la silueta de Grant Hamill en el marco de la puerta.

—Ally... creo que Ben tiene una crisis convulsiva —Grant mantuvo su compostura, pero Ally podía detectar el nerviosismo detrás de su voz.

Antes de que Grant le pudiera decir una sola palabra, Ally saltó de la cama y entró al cuarto de Ben. Lo destapó retirando las mantas que lo cubrían para evaluar su condición física.

—Ally ¡no lo hagassssss! Me *cocococongelo* —Ally miró a Ben extrañada, preguntándose cómo podría congelarse en una mañana de verano en Texas.

Ben se había despertado sorprendido por su propio temblor esa mañana, hacía casi tres horas. El frío era paralizante; no le permitía siquiera moverse la corta distancia que lo separaba de Grant para despertarlo. El temblor lo sacudía con tanta fuerza que ni siquiera podía hablar sin tartamudear y los dientes le castañeteaban. Su piel no tenía el tono normal del verano y sus dedos estaban helados y azules hasta los nudillos.

—No es una crisis convulsiva, porque está consciente —dijo Ally a Grant, procurando no perder la calma—. Quédate aquí con Ben mientras voy a buscar a mis padres.

—Ally, estoy bien —protestó Ben.

—Ben, no estás bien —le respondió Ally. Mantuvo la calma, pero su mente estaba desbocada. Subió corriendo las escaleras y fue a la alcoba de sus padres, abrió despacio la puerta—. Mamá, papá... Ben tiene un temblor muy fuerte. No es una crisis convulsiva, no sé qué le pasa —sin decir una palabra, los padres de Ally salieron de la cama y bajaron la escalera. Cuando llegaron al lado de la cama de Ben, no sabían qué hacer. Ninguno de ellos podía explicar el intenso temblor de Ben.

—¿Qué pasa, Ben? —preguntó Shawn. Le preocupaba que Ben pudiera estar teniendo algún tipo de falla cardiaca.

Deanne estaba especialmente preocupada.

—Ben, ¿qué te pasa? —le preguntó mientras lo destapaba de nuevo para poder escuchar su corazón.

—Estoy bien; estoy bi-bi-bien —dijo Ben tiritando. Agarró la manta y se tapó de nuevo—. Tápame otra vez ¡*por favor*!

Cuando Deanne puso su oído sobre el pecho de Ben, oyó que

el corazón latía regularmente, sin embargo quedó aterrada. Ben estaba yerto. Notó además que sus dedos estaban azules. Ben se tapó hasta el mentón. A pesar de la angustia de todos a su alrededor, lo único que Ben quería era que lo dejaran en paz y que no lo destaparan.

Shawn llamó al 911 mientras Grant llamaba a su madre, una anestesióloga. La llamada de Grant la despertó. Él le explicó brevemente la situación y respondió una serie de preguntas que ella le hizo antes de llegar a una conclusión.

—Ella dice que por lo general la temperatura desciende a niveles muy bajos antes de que se produzca una temperatura realmente elevada. Dice que tal vez lo mejor sería llevarlo al hospital por si estuviera a punto de presentar una fiebre demasiado alta.

Conscientes, por experiencia, de que las ambulancias tardaban horas en encontrar su casa en la montaña, Shawn y Deanne llevaron a Ben caminando hasta el automóvil, mientras Grant y Ally los seguían. Grant se despidió y regresó a su casa contra su voluntad a esperar el diagnóstico. Shawn y los demás salieron a encontrarse con la ambulancia en la carretera principal. Después de diez minutos de andar por el camino curvo que descendía de la montaña, con Ben todavía temblando a pesar de tener su sudadera y estar metido en su bolsa de dormir, oyeron la sirena de la ambulancia. Shawn orilló el automóvil y Deanne salió del asiento de atrás para ayudar a Ben a subir a la ambulancia. Shawn y Ally los siguieron hasta el hospital, rezando todo el camino para que el estado de Ben no empeorara antes de llegar.

Ben estaba disgustado de tener que volver al hospital. Aunque nunca se quejaba, su sufrimiento y su frustración eran casi palpables. Debido a su constante arritmia cardiaca, asociada a un caso de amigdalitis, Ben ya había perdido varias semanas cruciales de clases antes de sus exámenes finales. La garganta le dolía tanto que su mamá no podía siquiera convencerlo de comer lo que le traían de Taco Bell. Para cuando terminó la semana, Ben había perdido siete libras. Con cinco pies ocho pulgadas y apenas 137 libras, no podía darse el lujo de perder ese peso.

Aunque era veterano en ponerse al día en sus estudios, Ben realmente se había puesto un reto al no aceptar los ofrecimientos de sus profesores de permitirle presentar los exámenes finales más tarde, y esto significaba que los estaría presentando sin prepararse y afectado por un virus. Sin embargo, su mejor amigo, Grant, había regresado de su programa de intercambio de un año en Alemania esa tarde y Ben *no* iba a dejar que su reunión de fin de verano fuera saboteada por exámenes extemporáneos. Los muchachos habían estado contando los días para el regreso de Grant después de hablar por Skype por horas y horas, haciendo planes para sus aventuras futuras y programando paseos al lago. Ahora, al fin, había amanecido el primer día de las vacaciones de verano, pero en lugar de pasar el día en el lago, un nuevo viaje a la sala de urgencias había arruinado los planes de Ben.

• • •

Al llegar a la sala de urgencias, Ben tenía una temperatura de 103°F. De inmediato, una enfermera le administró medicamento para bajarle la fiebre. Después de un rápido examen, uno de los doctores de urgencias determinó que la fiebre de Ben era el resultado de un absceso en su amígdala izquierda. Aparentemente, lo que un otorrino había diagnosticado como amigdalitis la semana pasada, era en realidad un horrible absceso infeccioso. Esa mañana, Ben había estado muy cerca de sufrir un shock séptico.

Ahora Ben estaba sudando por la fiebre, cubierto sólo de su delgada bata de hospital, preguntándose cómo podía haber estado pidiendo que lo taparan con más mantas hacía apenas poco tiempo. No había tenido ni siquiera un día para ponerse al día con Grant después de que éste había estado ausente todo un año, y ahora estaban de nuevo restringidos a enviarse mensajes de texto —y, lo que es peor, escritos con una sola mano, puesto que Ben tenía la mano izquierda conectada a una infusión intravenosa—. Y tenía que ser precisamente el primer día de verano, el que él tendría que pasar en el lugar que menos le agradaba en el mundo: el hospital. Para empeorar las cosas, el equipo médico había suprimido una de sus entretenciones más apreciadas en la sala de urgencias. Este no iba a ser un buen día. Pero en lugar de quejarse por su infortunio, Ben resolvió utilizar su brazo libre para jugar Angry Birds con una sola mano en su iTouch.

Tranquilo de que Ben no estuviera experimentando una falla cardiaca, y de que el absceso podía ser tratado fácilmente, Shawn se sintió lo suficientemente tranquilo como para volver al trabajo por un rato.

—No me demoro —dijo—. Estaré de vuelta en no más de una hora. Espero que no pase nada mientras tanto. Tomará ese tiempo para que acomoden a Ben —Shawn abrazó a su familia, se despidió y prometió volver tan pronto como hubiera arreglado algunos asuntos de negocios que había dejado abandonados esa mañana debido a la emergencia.

Pasó el tiempo y un auxiliar de enfermería se asomó por detrás de una de las cortinas blancas de privacidad.

—Señor Breedlove, quiere por favor seguirme a la sala de tomografía computarizada —dijo con naturalidad—. Puede venir acompañado por un miembro de su familia.

Ben obedeció, se levantó de su cama de hospital y siguió al auxiliar por el corredor. Ally acompañó a Ben, siguiéndolo callada detrás del auxiliar a la silenciosa sala de escanografía. Delante de ellos apareció un enorme y extraño aparato en el cual introducirían a Ben. El auxiliar llamó a Ally, indicándole que se ubicara detrás de un tablero de control con un panel de vidrio mientras Ben se quitaba sus pantuflas UGG y caminaba descalzo sobre las baldosas frías.

Ally contuvo la respiración mientras Ben se deslizaba dentro de la máquina que emitía un extraño sonido. Se maravilló de ver a su hermano, preguntándose cómo hacía para tener siempre el valor de soportar todas las cosas que le hacían en el hospital. Si tenía dolor, siempre lo soportaba en silencio. Si tenía miedo, nunca lo demostraba.

Cuando regresaron a la sala de urgencias, el médico a cargo programó una cirugía menor en el pabellón del piso de arriba para drenar el horrible absceso que le estaba produciendo fiebre. Mientras los médicos y las enfermeras se apresuraban a atender a otros pacientes, Ben por fin comenzó a sentir alivio. Cuando se estaba tapando con las mantas para descansar, su rostro se contrajo en un extraño gesto.

—¡Uy!, me pica *todo* —Ben levantó la manga de su bata de hospital para revelar una erupción roja que subía por su brazo izquierdo desde el sitio donde le habían puesto la infusión intravenosa—. Qué bien, ¿ahora qué? —Ben miró al techo con un gesto de desesperación.

Deanne, de nuevo con ojos de desesperación, volvió a salir de la sala ante la indicación de la enfermera. La enfermera regresó para evaluar de nuevo el estado de Ben.

—Parece que Ben está experimentando una reacción alérgica

al medio de contraste que se utilizó para la escanografía —observó la enfermera—. Le daremos una dosis de Benadryl y la erupción desaparecerá en un momento.

—¡No! —dijo Deanne enfáticamente—. No puede darle Benadryl. Está en la lista de medicamentos prohibidos para él.

—Bien, tendremos que dársela —respondió la enfermera mirando a Deanne con expresión de condescendencia, como para decir: *Lo hacemos todos los días, por favor no me diga cómo hacer mi trabajo.*

—Aún no ha comido nada —protestó Deanne, buscando cualquier disculpa para evitar que la enfermera le diera el Benadryl a Ben. La advertencia de Deanne cayó en oídos sordos. La enfermera insistió en que Ben tomara dos tabletas de Benadryl. Deanne se preocupó, sobre todo porque Ben acababa de comenzar a tomar un nuevo medicamento. Dicho medicamento combinado con el Benadryl, que ella sabía que él no debía recibir, podría resultar en algo complicado. Tenía la sensación de que el personal médico no le estaba prestando suficiente atención a los detalles relacionados con la historia médica de Ben.

Deanne y Ally miraron a Ben con expresión de lástima. Los esperaba un largo día en el hospital.

• • •

Después de que llegó el otorrino, Deanne y Ally se fueron con dos enfermeras mientras subían a Ben en su cama de hospital al quirófano. Con un beso de su mamá en la frente y una animosa sonrisa de su hermana, se llevaron a Ben a prepararlo para la cirugía.

En un pequeño cuarto del hospital, el anestesiólogo y la instrumentadora dieron una breve explicación del procedimiento a Deanne y a Ally. Todo parecía rutina. Sonriendo, la enfermera le entregó a Deanne una tabla sobre la que un gancho de presión sostenía una gruesa pila de papeles. Deanne los revisó uno por uno poniendo sus iniciales aquí y allá. Sus ojos pasaron por encima de las advertencias de daño cerebral, pérdida de extremidades, parálisis e inclusive muerte. Antes de devolver la tabla a la enfermera, dudó un momento y preguntó:

—Ahora, ¿cuáles son *exactamente* las probabilidades de que se presente alguna de estas emergencias aquí enumeradas en letras pequeñas? Siempre firmo estas cosas sin leer, para ahorrar tiempo, pero me parece que debo estar totalmente consciente de las circunstancias, puesto que no estamos preparados para este procedimiento de hoy —Deanne sabía que estaba haciendo preguntas que no eran bienvenidas, pero tenía la guardia en alto por la forma como habían manejado el problema del Benadryl con Ben.

La enfermera levantó la mirada del trabajo que estaba haciendo y con un gesto amistoso le dijo:

—No se preocupe, Señora Breedlove. Como parte estándar del protocolo tenemos que enumerar las emergencias que puedan presentarse durante cualquier procedimiento quirúrgico, pero son cosas muy poco probables. Rara vez se presenta alguna de estas emergencias en un paciente.

Deanne respondió con una sonrisa, no muy convencida.

—Está bien. Tenía que preguntar sólo para entender qué estoy firmando —Deanne siempre había confiado plenamente en el personal médico que había atendido a Ben durante toda su vida, sabía que Ben dependía de la habilidad y experiencia de sus médicos. Se consideraba privilegiada de tener acceso a uno de los mejores servicios médicos del mundo. Aunque Ben había recibido excelente tratamiento en esta misma institución anteriormente, Deanne luchaba intuitivamente con sus pensamientos y sus sensaciones. Algo no estaba bien. No sabía exactamente qué era.

Pronto terminaron el papeleo y el anestesiólogo y la enfermera dejaron a Deanne y a Ally en la habitación, cerrando la puerta tras ellos.

Para Ben, esto no era nada. Después de haber pasado por varias cirugías cardiacas mayores, que representaban un riesgo para su vida, una pequeña cirugía en la garganta era la menor de sus preocupaciones. Estaba tranquilo en la mesa de cirugía, entretenido viendo cómo se movía todo el personal lentamente por la sala mientras el anestesiólogo le administraba el sedativo. Lo único que le preocupaba era poder volver al lago al día siguiente.

Aunque Ben se sometería a un procedimiento "de rutina" relativamente corto, Deanne y Ally se sorprendieron cuando pasados apenas diez minutos oyeron un suave golpe en la puerta.

—Adelante—respondió Deanne.

El cirujano de Ben entró lentamente a la habitación y cerró la puerta. Olvidándose de su actitud generalmente fría, el cirujano se sentó sobre los talones frente a las dos mujeres, con la preocupación marcada en sus ojos. Deanne y Ally estaban ansiosas. En voz baja, el cirujano hablo con gran sensibilidad.

—No sabemos qué ocurrió, pero la presión arterial de Ben bajó mucho. Tuvimos que hacer compresiones de tórax para reanimarlo. Ahora mismo lo están llevando a la UCI.

¿Qué?, miró Deanne al cirujano, aterrada. Se suponía que sería una cirugía *de rutina*. Una cirugía *de amígdalas*. ¿Qué tenía que ver esto con el corazón de Ben?

—¿Por qué lo llevan a la UCI? ¿Qué pasó?

—Aún no lo saben. Lo sabremos cuando llegue allí.

Deanne sintió un enorme ardor en sus ojos, que de inmediato se llenaron de lágrimas; se le formó un nudo en la garganta y lo sentía cada vez más tenso, aunque intentaba mantener la calma.

—Está bien —fue lo único que pudo decir. Con lágrimas en los ojos, Ally tomó la mano de su mamá y contuvo la respiración para no llorar.

El cirujano salió rápidamente de la habitación y Deanne no pudo contenerse más.

—¡Tu papá nunca está aquí cuando estas cosas pasan! —se lamentó, llorando. Con Shawn siempre trabajando durante el día, estaba acostumbrada a enfrentar sola las situaciones médicas críticas de Ben sin la reconfortante fortaleza emocional de Shawn—. Siempre creemos que todo va a salir bien ¡y luego algo pasa! —Ally abrazó a su madre para consolarla, sin saber qué decir.

Unos minutos después oyeron otro golpe suave en la puerta. Un hombre de facciones ligeras y ojos bondadosos entró y se arrodilló frente a ellas.

—Buenos días, soy el capellán del hospital —dijo en voz baja—. ¿Puedo hacer algo por ustedes? ¿Puedo rezar con ustedes? —el capellán miró preocupado a Deanne.

Deanne miró a Ally con expresión de desconcierto.

Ally la miró sorprendida y frustrada. Por mucho que apreciara las intenciones del capellán, estaba prevenida contra cualquier comportamiento que se desviara de lo normal; un comportamiento anormal significaba circunstancias anormales.

La imaginación de Deanne reaccionó de la misma forma. En todas las hospitalizaciones de Ben, algunas de ellas en este mismo centro de salud, nunca había venido un capellán a hablar con ellos. ¿Ahora qué pasa? Deanne miró al capellán intentando descifrar su expresión.

—Bien, sí, yo quiero rezar —respondió—. Pero, ¿hay alguna *razón* por la cual debamos rezar? ¿Sabe usted qué ha pasado? —preguntó al capellán sin esperar realmente una respuesta médica—. El doctor que acaba de salir de aquí no pudo explicarlo, ¿Ben va a estar bien, no es cierto? —preguntó, y su voz revelaba su miedo.

El capellán miró hacia otro lado buscando las palabras adecuadas.

—Permítame ir a ver si puedo encontrar un médico que venga a hablar con usted —después de hacer una oración, el capellán se levantó y abandonó la habitación lentamente. Deanne y Ally permanecieron en un tenso silencio.

Después de lo que pareció una eternidad, el cirujano apareció de nuevo en la puerta de la sala de espera.

—Han estabilizado a Ben —les dijo—. Pero lo mantendremos en la UCI para controlar sus signos vitales. Deberá pasar aquí la noche.

Las incomodidades típicas de una noche en el hospital ni siquiera entraron a la mente de Deanne. Vencida de nuevo por sus emociones, su llanto ahora era de alivio. Ally sintió que podía volver a respirar.

—¿Cuándo podremos verlo? —preguntó Deanne.

—Pronto vendrá una enfermera para llevarlas a la UCI —respondió el médico. Con una inclinación de cabeza y una expresión en sus ojos que indicaba una mezcla de lástima y vergüenza (Deanne no pudo saber qué era exactamente), el médico salió de la habitación.

Cuando Shawn regresó, encontró a Deanne y a Ally verdaderamente preocupadas. Deanne le informó acerca del procedimiento de amigdalitis abortado.

—Ben está estable; está bien —le dijo, y luego comenzó a llorar—. Pero tuvo un paro cardiaco y tuvieron que hacerle compresión torácica. Está en la UCI.

Shawn quedó aterrado con las noticias. Cuando había salido del hospital, el plan era un rápido procedimiento de rutina. Ahora su hijo estaba pasando por otra peligrosa situación médica.

Un poco después, la familia fue informada de que Ben estaba bien, aunque todavía inconsciente por la anestesia. Shawn fue a traer cosas para que Ben y Deanne pasaran la noche en el hospital y para recoger a Jake en el colegio, mientras Deanne y Ally se quedaron esperándolo.

• • •

Cuando al fin las dejaron ver a Ben, Deanne y Ally bajaron rápidamente tres pisos y llegaron por el corredor a la UCI. Al llegar a la habitación de Ben, Deanne abrió suavemente la puerta. Lo encontró aún inconsciente y conectado a una serie de tubos médicos. La luz fluorescente acentuaba su piel pálida y su cabello húmedo por la transpiración. Tenía en la boca el tubo del respirador.

Deanne y Ally colocaron sus bolsos en el piso y se dejaron caer en los asientos para los visitantes, acercándolos al lado de la cama de Ben para poder sostenerle las manos. A ambas les dolía verlo en esa situación. Esforzándose por no prestar atención a toda la actividad que las rodeaba, Deanne hablaba a Ben con palabras suaves y alentadoras, preguntándose si se daría cuenta de que estaban con él. Un equipo de enfermeras de cuidados intensivos revoloteaba por la habitación, observando los monitores, anotando datos en las historias y cambiando conexiones intravenosas. En un día en el que Ben había esperado hacer un video rápido por la mañana y luego, con sólo un traje de baño y una chaqueta salvavidas, pasar el resto del día en el lago, estaba aquí amarrado a tres líneas intravenosas en sus brazos, con una línea en la arteria femoral en su ingle y una sonda urinaria, un enorme tubo de respiración insertado en sus pulmones y un ventilador para ayudarlo a respirar.

Deanne llamó la atención de la enfermera que estaba más cerca.

—Disculpe, ¿por qué no ha despertado aún? —recordaba que la recuperación de las cirugías anteriores había tomado mucho menos tiempo. Normalmente Ben ya estaría hablando.

La enfermera se detuvo súbitamente cuando estaba por graduar la infusión intravenosa de Ben. Después de pensarlo un momento, continuó con lo que estaba haciendo.

—Bien, señora Breedlove, su hijo acaba de pasar por una situación muy difícil. Pudimos estabilizarlo, pero su cuerpo necesitará tiempo para recuperarse antes de que despierte. No quisiéramos que se despertara antes de que el medicamento comience a hacer efecto, ni quisiéramos que se alarmara por tener el tubo del respirador en la boca cuando despierte y que su frecuencia cardiaca llegara a aumentar. Tenemos que mantenerlo lo más tranquilo posible. Esperamos que pueda respirar por sí mismo una vez que lo desentubemos.

Deanne consideró la respuesta de la enfermera durante un rato y su preocupación se fue reflejando en su rostro mientras trataba de entender lo que la enfermera realmente estaba diciendo y lo que había insinuado entre líneas.

—Bien, ¿qué pasa si no empieza a respirar por sí mismo?

La enfermera se detuvo de nuevo, indecisa, luego se ocupó de nuevo con los tubos.

—Esperemos que pueda hacerlo.

Sus palabras no fueron para nada tranquilizadoras. Mientras Deanne permanecía sentada en silencio, en espera de una explicación de los doctores, le venían cada vez más preguntas a su mente. *¿Por qué entró Ben en un paro cardiaco? ¿Fue la combinación de la alta temperatura, las semanas de enfermedad no diagnosticada y el Benadryl, combinados con la anestesia? ¿Fue todo esto demasiado para el sistema de Ben? Se suponía que ésta sería una cirugía de rutina ¿y ahora podría no despertar?* Ni el cirujano ni el anestesiólogo ni la enfermera jefe de anestesiología, ni el director de la unidad de cuidado intensivo pediátrico ni ninguno de los cardiólogos podía —ni quería— dar una respuesta satisfactoria a las preguntas de Deanne. Uno por uno, fueron saliendo de la habitación todos los miembros del personal médico, dejando a la familia con sus interrogantes sin respuesta.

Cuatro horas, dos cafés *latte* helados y siete llamadas telefónicas después, entró de nuevo a saludarlas la enfermera a la que Deanne había interrogado antes.

—Muy bien, señoras, creo que al fin podemos intentar despertarlo —todas las enfermeras, el director de la UCI pediátrica, un cardiólogo y un técnico en respiración observaban en intenso silencio. Muy cuidadosamente y poco a poco, la enfermera retiró el tubo del respirador de la garganta de Ben.

Un reflejo de rebote, un esfuerzo por tomar aire y las palabras:

—Oigan, ¡tengo que volver a trabajar!

Ally y Deanne no pudieron contener la risa al escuchar esa frase tan inoportuna de Ben pero, más que todo, la risa se debió a la alegría de verlo vivo y respirando. Deanne miró a su hijo a los ojos con amor.

—No tienes que preocuparte por nada por ahora, amigo.

Confía en mí: tendrás mucho tiempo para trabajar cuando vuelvas a casa.

Ben le devolvió la mirada, perplejo.

—¿Cuánto tiempo he estado aquí?

—Desde esta mañana. Y vas a tener que quedarte aquí esta noche.

Ben reaccionó de inmediato.

—¡Qué! No. *No* me voy a quedar aquí esta noche. Tengo que volver a trabajar.

Deanne sonrió al ver que la decidida personalidad de su hijo volvía a aparecer.

—Tienes que hacerlo, amor —le dijo—. Podrás trabajar de nuevo cuando vuelvas a casa.

Más tarde, Ben se enteraría de qué tan afortunado era de poder pasar una noche más en el hospital. Aparentemente sí tenía que trabajar, y mucho, mucho más de lo que se imaginaba.

• • •

El viaje anual de los Breedlove a Destin, Florida, estaba programado para el 4 de junio, sólo cuatro días después de que Ben había salido de la UCI. Llegó a casa del hospital con el absceso drenado, pero no se lo habían extirpado. La solución más sencilla habría sido extirpar las amígdalas, pero los doctores consideraron que una amigdalectomía era demasiado arriesgada. Dieron de alta a Ben con prescripciones para más antibióticos.

Una familia más precavida podría haber llegado a la conclusión de que debían olvidarse por un tiempo de las vacaciones, pero los corazones de los Breedlove dijeron ¡vamos! Lo pusieron a votación y todos los miembros de la familia, incluido Ben, decidieron que querían ir a Destin. ¿Por qué no habrían de ir? Estarían descansando, durmiendo, comiendo y reposando aún más. Tendrían acceso a ayuda médica en caso de necesitarla. Deanne hizo inclusive planes anticipados para asegurarse de la ubicación de los hospitales y si podrían o no manejar un problema de salud como el de Ben.

Con asombrosa confianza, salieron de la casa el 4 de junio temprano en la mañana. Condujeron trece horas hasta Destin sin ningún contratiempo, se registraron en su condominio en la playa y salieron al balcón a disfrutar del aire del océano. Fue una agradable sensación volver a un lugar familiar, donde podían disfrutar unos cuantos días sin torres de correo, deberes escolares ni mensajes telefónicos de negocios. Sería sólo la familia en la playa durante esa semana.

Ben pasó toda la semana absorbiendo el aire salado, recibiendo el sol y comiendo todo el cangrejo rey que pudo. Hizo inclusive unos cuantos videos de OurAdvice4You desde el balcón del condominio, con la fabulosa vista del océano como telón de fondo.

La familia decidió salir a hacer navegación en parapentes en tándem. Jake montó con Shawn y Ben con Deanne. Ally decidió permanecer segura en tierra. Una vez que se elevaron de la lancha, subiendo hacia el cielo azul sin nubes, Ben y Deanne quedaron sobrecogidos por la paz y la belleza de las que pudieron disfrutar por encima del ruido del gentío en la playa. A medida que fueron subiendo más, muchas cosas desaparecieron por completo, el ruido de las olas, las voces de la gente, el murmullo de las canciones en los radios, los gritos de las gaviotas e incluso el enorme terror de Deanne a las alturas. Deanne y Ben flotaron cómodamente en la cálida brisa; fue algo casi *celestial*. Podían ver distintas formas en el agua del océano y observar la curva del horizonte a la distancia. Permanecieron en silencio, cada uno envuelto en su propia tranquilidad y su propia paz. Fue algo tan especial que, cuando aterrizaron, Ben sugirió que volvieran el año entrante para hacerlo de nuevo.

—¡Hagámoslo una tradición anual! —dijo Ben mientras él y Deanne sellaban su acuerdo con un golpe de manos, diciendo—: Dame esos cinco.

CAPÍTULO 20

SENTIRSE BIEN

Es un nuevo amanecer
Es un nuevo día

—"FEELING GOOD" (MUSE)

Unas semanas después de regresar de su vigorizante viaje a Destin, Ben estaba completando su sexta tanda de antibióticos para sus problemas de amigdalitis, sin sentir mejoría. Pero cuando llegó el momento de su tan esperado crucero con su abuelo DDad, en julio de 2011, amigdalitis o no, Ben no estaba dispuesto a perderse ese viaje. Era el más reciente en una vida de aventuras y viajes que habían establecido una íntima unión entre Ben y DDad.

Ben y DDad fueron verdaderos amigos desde cuando Ben era muy pequeño. Debido a que la bisabuela de DDad era en parte India Cherokee, DDad registró a Ben en la tribu Cherokee de Oklahoma antes de que cumpliera un año. El porcentaje de san-

gre india de Ben lo certificó como 1/128 Cherokee. Eso era suficientemente bueno para DDad.

Ben era un Cherokee y DDad estaba orgulloso de ello.

Cuando Ben cumplió cinco años, DDad y Grammy llevaron a
la familia a Tahlequah, Oklahoma a un *powwow* Cherokee para
que los nietos pudieran familiarizarse más con esa parte de sus
ancestros. Cerca de cien indios vestidos con sus atuendos típicos de
adornos de plumas en la cabeza y vestidos bordados a mano con
canutillos, bailaban en un gran círculo. Aunque Ben apenas tenía
la mitad de su altura y no llevaba el atuendo de la tribu, no resistió
las ganas de unírseles. Llevando el ritmo a la perfección, Ben bailó
con los Cherokees al compás del tambor.

• • •

Más tarde, ese mismo año, Ben y Ally salieron corriendo de la
casa para ver entrar el familiar y enorme RV de DDad. Después
de dar una curva cerrada para estacionar su vehículo, DDad bajó
del vehículo y entró inmediatamente en acción. Le entregó un
walkie-talkie a su nieto Ben, quien apenas tenía cinco años, dándole instrucciones detalladas, subió de nuevo al RV para dejarlo
en posición correcta de estacionamiento.

Ben tomó muy en serio su responsabilidad, dándole a DDad
instrucciones precisas a través del walkie-talkie. EL RV estaba ya
prácticamente en su lugar, y DDad estaba concentrado en lo
que estaba haciendo cuando salió la pequeña voz de Ben por el
parlante.

Cshh, se escuchó estática en el walkie-talkie.

—¿DDad?

Cshh.

—¿Sí, Ben?

Cshh.

Cshh.

—DDad. Te amo.

Cshh.

Por un largo rato, DDad no pudo contestar porque lo ahogaba la emoción. Por último, le respondió:

—Yo también te amo, Ben.

• • •

DDad y Grammy vivían a más de seiscientas millas al oeste, en las Cruces, Nuevo México, y a Ben le encantaba ir a visitarlos. Disfrutaba sobre todo que su abuelo le enseñara a jugar cartas, póker y Texas Hold'Em, y pronto aprendió que no era la suerte lo que forjaba nuestro destino en la mesa de juego, sino la probabilidad y la estrategia.

Cuando Grammy murió, después de una batalla de treinta meses con el cáncer, Ben preguntó si podía recitar de memoria un pasaje de la Escritura en honor a Grammy en su funeral, lo que realmente hizo. Para DDad, significó muchísimo que Ben quisiera honrar a la abuela de ese modo.

Después de un tiempo, DDad conoció a Corine, con quien se casó. Ben tenía apenas nueve años cuando la conoció en Nuevo México. Ben entró a la cocina, se acercó a Corine y le dijo:

—Disculpe, pero sólo quiero saber cómo la debo llamar.

—Bueno, Ben —respondió Corine—, mis amigos siempre me dicen Corine.

Ben asintió.

—OK—de ahí en adelante siempre la llamó Corine.

Para la Navidad de 2010, toda la familia Breedlove celebró la fiesta en la casa de la tía Kim y el tío Dave, en Pueblo West, Colorado. Deanne animó a los niños a escribir cartas especiales para Corine y DDad como regalo, expresándoles cuánto significaban para sus jóvenes vidas. La carta de Ben para Corine revela tanto de él como de Corine.

Después de que Grammy murió y supe que DDad había encontrado a alguien que lo haría feliz, y a quien él quería, una señora realmente sorprendente que hace que él sea tan bueno como es, no estaba muy seguro de esta repentina adición de la vida, de alguien a quien yo no conocía y nunca había visto. Una parte de mí, en mi interior, se sintió secretamente entusiasmada, aunque no muy segura del resultado; tuve el honor y la bendición de conocerte al fin, y desde ese momento supe y pude ver lo maravillosa y dulce que eres, y me di cuenta, más que todo, de cuánto amor hay en tu corazón para poder aceptar una familia totalmente nueva y demostrar el grado de amor que siempre nos has tenido a mí y a todos, pero más especialmente a DDad. Le ayudaste a superar algunos de los momentos más difíciles de su vida y no creo que nadie lo habría podido hacer con toda la entrega y todo el amor que tú le demostraste.

Después de conocerte y de pasar más tiempo contigo, he sabido más de ti y de tu vida. Estoy verdaderamente fascinado y maravillado con tu determinación de enseñarme a hacer las cosas que me gustan en la vida y a hacerme feliz. Estoy bendecido por tener a alguien que me anime tanto como lo haces tú y que me haga sentir bien conmigo mismo y con lo importante que será mi futuro.

Me agrada decirte que me siento honrado de haber tenido la oportunidad de conocerte y que no la cambiaría por nada del mundo. ¡Te quiero!

Ben

• • •

A Ben le encantaba viajar con DDad. Además de los viajes con la familia al Lago Powell, DDad, Ben, Jake y Shawn hicieron varios viajes "de hombres" juntos. Asistieron al mundialmente famosos Festival de Globos de Albuquerque y montaron en globo subiendo por la falda de las montañas Sandia, a pesar de los fuertes vientos. Debido a que a Ben le encantaba la magia, DDad organizó un viaje a la ciudad de Nueva York a ver el show de magia de Steve Cohen en Waldorf Towers. DDad consiguió puestos en primera fila para que los muchachos no perdieran ni un sólo truco. Fueron a hacer esquí acuático a Austin e inclusive montaron en vehículos todoterreno en las montañas de Colorado.

Pero de todos los viajes que hicieron Ben y Jake con DDad y Corine, el crucero por Alaska durante el verano de 2011 fue el punto culminante. Deanne se aseguró de que Ben viajara con instrucciones médicas y formatos indicando que asumía responsabilidad por su condición médica y Ben visitó al médico y las enfermeras a bordo para darles instrucciones y ponerlos al corriente de su estado de salud.

Además de disfrutar el asombroso paisaje de Alaska alrededor de Glacier Bay y las comidas suntuosas a bordo, Ben, Jake y DDad hicieron un viaje en acuaplano hasta un lago en la montaña en donde el salmón nada una enorme distancia aguas arriba para desovar y morir. Los muchachos observaron asombrados cómo intentaban los osos negros sacar el salmón de las quebradas. Corine los acompañó en una salida para ver ballenas y, en otra excursión, fueron al campo de entrenamiento de perros de trineo en Iditarod. Ben y Jake pudieron experimentar cómo serían sus vidas si su principal medio de transporte fuera el trineo tirado por perros.

En su libro de recortes y apuntes de secundaria, Ben escribió:

Solía viajar mucho con mis abuelos, pero cuando mi abuela murió, mi abuelo dejó de viajar. Sin embargo, este verano tuve la oportunidad de ir a Alaska con mi abuelo, su esposa Corine y con mi hermano Jake. Lo disfruté realmente y me siento afortunado de haber pasado tiempo con él (con mi abuelo) otra vez. Hicimos muchas cosas maravillosas durante ese viaje. Montamos en un acuaplano y volamos hasta este lugar remoto donde vimos osos. Además, montamos en trineo tirado por perros y fuimos a ver ballenas.

La fiebre y los dolores de garganta recurrentes de Ben desaparecieron de forma sorprendente mientras estuvo en Alaska. Ya fuera que el medicamento al fin hiciera efecto, o por cualquier otra razón, las oraciones de la familia fueron escuchadas y la garganta nunca le volvió a molestar a Ben.

Al volver de Alaska, Ben, Jake, Corine y DDad estaban pasando por los puntos de seguridad del aeropuerto. Como Ben tenía un marcapasos, tenía que ser revisado manualmente. Todos los miembros del grupo pasaron la zona de seguridad y estaban recogiendo sus objetos personales, poniéndose de nuevo los cinturones y los zapatos. Corine miró hacia atrás y vio que Ben estaba todavía de pie en la fila esperando pacientemente a que los funcionarios de seguridad le permitieran pasar.

Corine y Jake estaban sentados en la misma banca, poniéndose los zapatos. Corine le dijo a Jake:

—¿Ustedes dos son muy unidos, verdad? Son muy buenos hermanos ¿Jake, te preocupa Ben?

Jake respondió afirmativamente de inmediato.

—Nada va a pasarle a Ben.

Corine interpretó esa respuesta como la forma de Jake de decir *No se hable más del tema. No más preguntas.* Ese era el mecanismo de Jake para hacer frente a la situación y, tal vez era también su forma de expresar su profunda tranquilidad y su fe absoluta. Lo que él creía era: *Hoy todo está bien, no nos preocupemos por mañana ni por pasado mañana.*

De hecho, Jake rara vez hacía preguntas relacionadas con la salud de Ben. Lo tomaba todo con naturalidad. Siempre que Deanne o Shawn le preguntaban específicamente a Jake si tenía alguna interrogante o alguna preocupación sobre la salud de Ben, Jake respondía confiado que no tenía preocupaciones ni preguntas al respecto.

Amaba a su hermano y, siendo un joven, Jake no pensaba en perder a su hermano y mentor en un futuro próximo.

Ben recibió otro momento especial en su último día en Alaska, que coincidió con el día en que cumplía diecinueve años, cuando se encontró con varios deportistas profesionales en tablaestela en el aeropuerto de Seattle. Todos posaron para una fotografía en grupo y no hubo otro regalo de cumpleaños mejor que ese. Atesoró las muchas fotografías tomadas durante ese viaje, pero ésta era la que más mostraba una vez que volvió a casa: aquella en la que posaba con los expertos de la tablaestela.

CAPÍTULO 21

ESTE NO ES EL FIN

Los recuerdos en mi mente
Son tan reales como el tiempo que pasamos juntos

—"THIS IS NOT THE END" (THE BRAVERY)

Grant sostenía las bolsas de basura que contenían las almohadas y Ben terminó de pegar el último trozo de cinta alrededor de ellas. No pasó mucho tiempo después del regreso de Grant de Alemania para que él y Ben volvieran a sus locuras de siempre.

—No creo que ésta sea una buena idea, muchachos —les advirtió Deanne, mirándolos con escepticismo mientras preparaban la escena para su más reciente locura—. Si algo pasa, yo no voy a ir a sacarlos de la cárcel.

—No te preocupes, mamá —le aseguró Ben—. Haremos que se vea gracioso

Deanne no estaba tan segura de que simular enterrar un cuerpo en el bosque al lado de una calle muy transitada pudiera convertirse en algo gracioso. Sin embargo, Ben y Grant metieron la "bolsa del cadáver" en la cajuela de la SUV de Grant y continuaron con su plan sin desanimarse.

Estaban seguros de que quienes presenciaran la broma reaccionarían con sentido del humor una vez que se dieran cuenta de que no se trataba de un muerto. Grabaron cada detalle mientras preparaban la "bolsa del cadáver" meticulosamente, pegando las bolsas blancas unas a otras, llenándolas con papel de almohadas y amarrándolas estratégicamente con cinta de seguridad plateada. Cuando sacaron la bolsa y la metieron en la cajuela del automóvil, parecía realmente como si estuvieran sacando algún tipo de carga clandestina.

Vestidos en shorts y camisetas deportivas —a plena luz del día, bajo el ardiente sol de verano en Texas— los muchachos llevaron una pala y la cámara de video de Ben. Encontraron el sitio perfecto al lado de City Park Road y estacionaron la camioneta de Grant cerca del bosque, desde donde podían ver los vehículos que subían por la colina y tomaban una curva. Pusieron la cámara en un trípode y la ubicaron detrás de una señal de tránsito, para que no se viera, captando la acción en el momento en que los automóviles reducían la velocidad para tomar la curva.

Luego esperaron. Cuando se aproximó el primer vehículo, Ben y Grant sacaron el "cadáver" de la cajuela de la camioneta de Grant, y sacaron también la pala, mientras sus caras estaban cubiertas por las chaquetas deportivas. Mientras se esforzaban por el supuesto peso del cuerpo que arrastraban, Grant y Ben parecían criminales. Quienes pasaban tenían la impresión de que su propósito era realmente enterrar un cuerpo. Al pasar, algunos conductores reducían la velocidad y abrían la boca asombrados, mientras que otros daban la vuelta y pasaban de nuevo varias veces para mirar otra vez. Nadie se detuvo para cerciorarse de que se tratara realmente de la escena de un crimen. Tal vez los vecinos tenían miedo o, lo que era más probable, las personas de la localidad reconocían el modus operandi de Grant y Ben.

Cada vez que veían venir un automóvil por la cima de la colina, Grant y Ben arrastraban el cuerpo desde la cajuela del auto hacia el bosque, llevando también la pala. Aunque sus capuchas no dejaban ver la expresión de sus caras, no podían contener la risa y se esforzaron al máximo por parecer verdaderos criminales.

Una mujer pasó varias veces, por lo que los muchachos supieron que había mordido el anzuelo. En una oportunidad, cuando la mujer volvió a pasar, Grant vio que estaba hablando por su teléfono celular.

—Ha pasado tantas veces que, probablemente, ya llamó a la policía —dijo Ben, mitad en serio, mitad en broma.

Durante una breve pausa en el flujo de tráfico, Ben se recostó contra la parte posterior del vehículo y, para no aburrirse, comenzó a lanzar piedras hacia el bosque con la pala. Cuando apareció el siguiente automóvil en la cima de la colina para tomar la curva, regresaron corriendo a la SUV. Fingiendo un enorme esfuerzo para sacar la bolsa del cadáver de la cajuela del auto, comenzaron a representar de nuevo la escena del crimen. Y de pronto pararon por completo. Repentinamente, una patrulla de la policía con sirenas y luces intermitentes frenó en seco detrás de la SUV de Grant, levantando una nube de polvo entre esta y los muchachos.

En lo que se refería a Ben y a Grant, la cámara de video estaba ubicada en el punto perfecto para captar el momento en el que la patrulla frenó. La cámara siguió grabando mientras el oficial de policía salía de su patrulla, desenfundaba su revólver y lo mantenía contra su cuerpo, en posición de disparar. Evaluando rápidamente la situación, el policía apuntó su arma hacia Ben y Grant y gritó.

—¡Suéltenlo!

Ben y Grant dejaron caer el "cuerpo" y levantaron muy alto sus manos.

—¡Es sólo una broma! —gritaron al unísono—. ¡No hay nada en la bolsa del cadáver! Es una broma.

El oficial no iba a correr riesgos. Con su arma levantada y apuntada hacia Ben y Grant, hizo una seña con la cabeza hacia la bolsa que se encontraba en el suelo.

—Ábranla —les ordenó.

Ben y Grant se movieron lentamente hacia las bolsas de basura pegadas con cinta de seguridad y, muy nerviosos, la abrieron por la parte de arriba, dejando caer las almohadas al suelo. El oficial los fulminó con la mirada y bajó su arma. Hablando por su radio, dijo disgustado:

—Sólo un par de muchachos haciendo una estúpida broma.

Luego les dijo, enfadado:

—Está bien, de pie —los regañó por su locura. De pronto, se le ocurrió lo que podía estar pasando, y preguntó—: ¿Muchachos, están grabando esto —debe haberse dado cuenta de que esto era exactamente lo que uno haría para obtener reacciones en un video.

Ben y Grant se miraron, esforzándose por contener un par de sonrisas delatoras.

—Sí, señor —respondió Ben, esforzándose al máximo por manejar la situación con seriedad. El oficial miró hacia atrás con un gesto de desaprobación.

—¡Le daremos la cámara, le daremos el video, lo que quiera! —dijo Grant sin pensarlo dos veces—. ¡Puede llevárselas!

¡Qué! Ben miró a Grant con expresión de incredulidad, decepcionado de ver que se había rendido tan fácilmente.

—¡Ni lo pienses! —le dijo Ben entre dientes—. Él *no* se va a llevar mi cámara.

El oficial no confiscó la cámara ni el video, pero siguió amonestando a Ben y a Grant, recordándoles todos los desastres potenciales que habrían podido ocurrir y advirtiéndoles que tuvieran más prudencia al elegir formas de divertirse.

Después llamó a sus padres.

Tan pronto como Deanne oyó la voz de un hombre que hablaba con tono severo, supo que la broma había salido mal. El policía dijo:

—Señora Breedlove, habla el Oficial Stone.

—Ay, lo siento —le interrumpió Deanne, levantando los ojos al cielo y totalmente avergonzada—. Permítame, voy a pasarle el teléfono a mi esposo —tapándose la boca con la mano para ocultar su propia sonrisa de complicidad, le entregó el teléfono a Shawn, evadiendo así el problema.

Riéndose ante la broma de Deanne, Shawn la miró como diciendo *Me deben una,* y tomó la llamada.

—Estos muchachos no están en problemas —comenzó a decir el Oficial Stone—, porque no estaban violando ninguna ley, pero simplemente quiero que sepa que lo que hicieron podría haber tenido graves consecuencias. Además de perturbar a algún conductor que pasara por aquí, yo pude haberles disparado al no saber qué ocurría. O alguien que pasara habría podido decidir actuar y hacer alguna locura para detener a los muchachos. No fue una buena idea.

Shawn escuchó pacientemente la corrección del oficial, comprendiendo el motivo de su preocupación, pero a la vez pensando que la situación era graciosamente predecible. Cuando al fin el oficial hizo una pausa para tomar aire, Shawn preguntó.

—Entonces, oficial, ¿necesita algo más de mí? —en su tono no había falta de respeto alguna, simplemente quería verificar que no tendría que ir a pagar la fianza para sacar a su hijo de la cárcel ese mismo día.

De nuevo, el oficial confirmó que no habían violado ninguna ley, y le deseó a Shawn que tuviera un día seguro. Ben y Grant tuvieron suerte esta vez.

Grant estuvo inclusive de acuerdo, después.

—Tal vez ésta no fue la mejor de las ideas... ¡pero estoy feliz de haberlo hecho!

El oficial tenía toda la razón. Pero Ben y Grant lograron el video que querían y, aunque no lo subieron a YouTube, lo veían con regularidad sin dejar de reírse cada vez de su diablura.

• • •

Como la mayoría de los muchachos de su edad, además de hacer videos, la actividad favorita de Ben y Grant era estar por ahí, paseando en el automóvil por la ciudad, bromeando y riendo hasta que se les ocurriera algo que hacer. Grant recuerda que: "Cuando estábamos en el auto, reíamos *todo* el tiempo. No éramos tan graciosos, pero nos dábamos cuerda uno a otro". Una noche, mientras Grant y Ben estaban dando vueltas por la ciudad, a Ben se le ocurrió la idea de que podían encontrar un "llamador de coyotes". Los coyotes eran relativamente comunes en las afueras de Austin, pero un llamador de coyotes no era exactamente un elemento de primera necesidad para la mayoría de las familias.

Ya tarde, después de haber ido a varios almacenes en busca de un llamador de coyotes, pasada la medianoche, encontraron uno en un almacén que permanecía abierto toda la noche. El llamador era un silbato corto con una lámina que, al soplarlo, producía un sonido parecido a un zumbido. Leyeron las instrucciones del silbato y, finalmente, aprendieron a producir el sonido. En ciertos lugares de Texas es legal matar coyotes si se encuentran en un vecindario, por lo tanto, Ben fue a casa a sacar un rifle.

—¿Qué vamos a hacer con eso? —preguntó Grant.

—Si vemos un coyote ¡le voy a disparar! —respondió Ben.

—Ah, ya veo, tonto —rió Grant.

Los muchachos salieron al bosque, cerca del lago, a llamar coyotes. Llamaron a los coyotes durante varias horas y realmente vieron uno, pero Ben no tuvo buena visibilidad para acertar el tiro.

. . .

Un día, mientras daban vueltas en el auto, Grant le mostró a Ben una canción que había descargado a su teléfono.

—Oye esto —le dijo—. Es lo que me despierta todas las mañanas —Grant puso la canción "Mr. Rager", una canción y un video de su rapero favorito, Kid Cudi.

A Ben realmente le gustó y quedó intrigado con algunas de las letras de Kid Cudi que se referían al cielo. Ben se preguntaba si Kid Cudi podría creer en Dios. Sin embargo, en el mismo disco, el rapero incluyó canciones con letras que para muchos eran ofensivas. Siempre tenía una mente muy abierta y una aguda capacidad de encontrar los aspectos buenos en las personas, Ben se conectó con algo que se traslucía en la música de Kid Cudi. Oyó el dolor y la tristeza en la letra de Cudi, pero también detectó esperanza. Por consiguiente, mientras Ben y Grant paseaban en auto por Austin, solían oír la música de Kid Cudi.

Grant y Ben tenían toda clase de planes que el sentido común indicaría que no eran buenas ideas para un muchacho con un problema cardiaco. Por ejemplo, querían hacer paracaidismo. Sin contarle a nadie, Ben compró dos billetes para hacer paracaidismo como regalo de grado para Grant. Sabía que el paracaidismo no era una "actividad adecuada" para él y que sus padres nunca lo aprobarían, pero siempre había querido hacerlo.

• • •

Las locuras de Ben y Grant se remontaban al comienzo de su amistad. Mientras Ben subía por la inclinada cuesta del estacionamiento de los estudiantes mayores en Westlake, a la hora de almuerzo, durante su penúltimo año de secundaria, sintió que se quedaba sin fuerza, experimentó vértigo y en un instante el cansancio lo abrumó. Se puso pálido y sus labios adquirieron un tinte azul mientras que su corazón golpeaba fuertemente contra su tórax.

—Estoy realmente cansado —dijo Ben, casi ahogado—. ¿Me puedes llevar el morral por un segundo?

Allen Cho, amigo de Ben, había estado demasiado ocupado bromeando con los demás chicos para notar el agotamiento súbito de Ben. Sin caer en cuenta de que Ben tenía problemas de corazón, Allen pensó que Ben debía estar bromeando.

—¿Quieres que lleve tu morral? ¡Ni lo pienses, tonto! —le respondió.

El morral se deslizó del hombro de Ben y cayó al pavimento. Ben no se movió para recogerlo.

—Ben, debemos irnos —lo llamó Grant—. Tendremos problemas ¡Thunder nos va a descubrir!

Uno de los privilegios de los estudiantes mayores de Westlake era que podían salir a almorzar fuera del campus; siempre que los de pregrado intentaban salir, eran inevitablemente atrapados por Thunder, la guardia de seguridad del campus. Thunder era bien conocida y todos los estudiantes de Westlake la apreciaban, pero no vacilaba en atrapar a los que causaban problemas, y Grant lo sabía muy bien.

—Creo que me voy a desmayar —dijo Ben en voz baja y cayó al suelo en el estacionamiento.

Grant no sabía a ciencia cierta si Ben estaba fingiendo o no. Los muchachos y Alex Faglie hacían tantas bromas que siempre era difícil saber si algo era verdad o no, por lo que habían inventado una palabra como código especial —*piña*— que decían cuando realmente era cierto o cuando algo estaba realmente mal. Habían establecido inclusive un pacto idealista en el que la penitencia por violar el código de *piña* era la muerte. A veces, sin embargo, para romper las reglas sin tener que cumplir la penitencia, alguno respondía, "Ñapi", mientras continuaba la broma.

Grant miró a Ben sobre el pavimento y dijo:

—¿Ben? ¿Bromeas? —no hubo respuesta—. ¿Ben? ¿Piña? —preguntó Grant, preocupado.

Haciendo un esfuerzo por respirar, Ben intentó decir "Piña".

Grant aún no estaba convencido, puesto que Ben realmente no había *dicho piña*.

Iker Uranga, otro de los amigos que se les había unido, vio lo que había ocurrido y llamó al 911. Intentaba describir el estado de Ben a la operadora mientras Ben perdía y recuperaba la conciencia para volverla a perder.

—Alguien se ha desmayado en el estacionamiento... Ay, espere... Ben ¿estás bien? Espere, sí, estamos en el estacionamiento; espere; ay, parece que está mejorando... no, no es así —Iker nunca llegó a contarle a la operadora que estaban en el estacionamiento de Westlake High School.

—Iker ¡sólo diles que vengan! —le gritó Grant—. Aunque Ben esté bien, diles que vengan.

Mientras Ben estaba aún en el suelo, uno de los estudiantes mayores pasó en su auto, bajó la ventana y les gritó.

—Oigan chicos, ¿están bien? ¿Necesitan ayuda?

—Sí, necesitamos ayuda —gritó Grant—. Este muchacho se desmayó.

El estudiante mayor miró a Ben, botado en el estacionamiento.

—Ay, debo ir a almorzar... Esperaba que me dijeran que no necesitaban ayuda. Lo siento —y se fue.

Grant marcó el número de teléfono de Ally.

—Ally, Ben se acaba de desmayar en el estacionamiento de los estudiantes mayores —le dijo. Al principio, Ally pensó que Grant bromeaba, pero pronto Grant le dijo que hablaba en serio. Ally iba camino a la entrada principal del colegio del otro lado del edificio, pero cuando Grant la llamó, dejó su morral lleno de libros y corrió loma arriba hasta donde ella y Ben habían dejado estacionado el automóvil esa mañana. Vio al grupo de muchachos alrededor de Ben, que estaba en el piso, y se apresuró. Sabía que en cualquier momento que Ben colapsara, su vida podía estar en peligro, pero se tranquilizó al ver que, aunque tenía los labios azules, se había despertado; tenía los ojos abiertos y estaba consciente.

Después de estar unos minutos en el piso, Ben comenzaba a recuperar sus fuerzas cuando llegó el equipo de servicio de emergencia, junto con Thunder. La operadora del 911 de alguna forma había interpretado las raras instrucciones de Iker y los había encontrado.

—Estoy bien, muchachos —dijo Ben, mientras se sentaba en el piso—. En serio, no necesito ir al hospital. Estoy muy bien.

Los miembros del equipo de servicios médicos de emergencia no estaban convencidos; tomaron los signos vitales de Ben y lo mantuvieron en la ambulancia hasta que llegó Deanne y lo llevó a casa. Ben estaba bien, pero ese día no fue a almorzar.

CAPÍTULO 22

AÚN NOS TENEMOS UNO AL OTRO

Ahora que llueve más que nunca
Quiero que sepas que aún nos tenemos el uno al otro

—"UMBRELLA" (RIHANNA CON JAY-Z)

B en no era el único miembro de la familia Breedlove afectado por su enfermedad. De hecho, todos los miembros de la familia inmediata y de la familia extensa —desde Shawn y Deanne, Ally y Jake, hasta DDad y Corine, las tías, los tíos y las primas y los primos— vivían con la CMH de Ben y adaptaban sus vidas de conformidad con su enfermedad; ya fuera alterando sus actividades diarias, modificando sus hábitos alimenticios o cambiando sus fechas de vacaciones. Todos querían estar cerca y ayudarle de cualquier forma que pudieran, o simplemente estar con él. Todos en la familia sabían en qué momento se dete-

Ben haciendo tablaestela en el Lago Austin.

Ben extremadamente feliz, sin dientes.

Ben, a los tres años, disfruta un trozo de su torta de cumpleaños.

Ben el "Oso Flotante" en el Río Frío en Garner Park.

DDad, Ally y Ben en un viaje por tierra en la RV de los abuelos.

Ben y Ally dan la bienvenida a su nuevo hermanito Jake.

Amigos íntimos, Ben y Ally, de dos y tres años.

Jake y Ben disfrutando uno de sus muchos momentos de pesca en el Lago Austin.

Ben, Jake y Shawn a las orillas del Lago Powell, con una lagartija.

Ben piloteando la casa bote de setenta y cinco pies de eslora en el Lago Powell durante las vacaciones de la familia.

Ben y Jake con su primer puesto de venta de limonada.

Ben durante su viaje anual de campamento a Garner Park.

La "cámara de casco" hecha en casa por Ben

Ben en una caminata a lo largo de la quebrada en el rancho Miller

Shawn, Jake, Ben, Deanne y Ally van a Universal Studios.

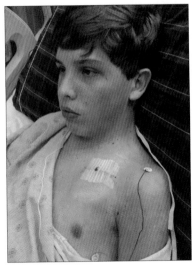

Todavía adormecido por la anestesia, Ben está a punto de darse cuenta de lo bien que se siente con su nuevo marcapasos-desfibrilador recién implantado.

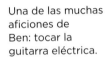

Una de las muchas aficiones de Ben: tocar la guitarra eléctrica.

Ben, Grant Agatston y Grant Hamill paseando en el auto en un día soleado... riendo.

Ben bromeando con la cámara de Grant.

Ben con fans de BreedloveTV en IHOP, disfrutando sus crepas favoritas: de banano y Nutella.

Vacaciones en familia en Destin, Florida, uno de los lugares favoritos de Ben.

Típica diversión
de verano
en el lago.

Ben enseña a
Jake a hacer
tablaestela.

¡Otro día en el lago!

Cameron Thompson y Ben divirtiéndose en el Lago Austin.

¡Es el turno de Ben para hacer tablaestela!

Ben y Grant invitan a Manu y Celia Kraus, estudiantes para intercambio de Alemania, a pasar un día en el lago.

Parte de la práctica diaria de Ben en el trampolín.

Ally y Ben durante un paseo en bote en la noche, el Cuatro de Julio.

Mark y Pam Kohler.

Ben y Jake se encuentran con sus expertos favoritos en tablaestela y deslizador, Rusty Malinoski, JD Webb y Danny Hampson en el Aeropuerto de Seattle, el día del cumpleaños de Ben.

Erik Ruck (profesional de tablaestela), Cameron Thompson, Ben, Grant Hamill, Parks Bonifay (profesional de tablaestela) y Nick Weinacker (profesional de tablaestela).

Foto tomada para BreedloveTV.

¡El primer salto hacia atrás exitoso de Ben!

Ben en su lancha
en el Lago Austin.

Ben y Justin en
el lago.

Grant Hamill, Ben y Grant Agatston después del colegio.

Alex Faglie y Ben con Parker Medford bromeando en el patio trasero.

Madeline Nick antes del baile escolar

Jamie Buchsbaum y Ben en un partido de fútbol del WHS.

Justin Miller, Megan Parken, Devyn Brown y Ben de regreso del WHS.

Ben y Jake durante un viaje a Colorado en cuatrimotos.

Cameron, Ally, Jake, Ben, la Tía Kim, el Tío Dave, Deanne y Shawn en unas vacaciones anuales en Destin, Florida.

Ben, Jake y DDad a punto de abordar un hidroplano en Alaska, 2011.

Ben y Jake toman un descanso frente a la quebrada donde observaron a un oso pescando salmón, en Alaska.

Jake, Shawn y Ben perfeccionan sus destrezas en los deslizadores de nieve en Brighton, Utah.

Ben, Ally, Jake y Chica. La última fotografía de los chicos en la Navidad de 2011.

rioraba la salud de Ben, y que estar con él por más tiempo era un lujo que tal vez no fuera siempre posible.

Ally y Jake vivían en la tensión constante producida por la CMH de Ben en la vida diaria, aunque nunca se quejaban. No se sentían menos importantes ni carentes de atención. No expresaban nada más que preocupación y amor por su hermano cuando, por necesidad, toda la atención de sus padres tenía que centrarse, en gran medida, en Ben. En vez de preocuparse por lo que no podían hacer debido a la enfermedad de Ben, Ally y Jake buscaban formas de ayudar en todo lo que pudieran. Aunque Ally estaba lejos de casa, en la universidad, durante los dos últimos años de secundaria de Ben, rezaba constantemente por su hermano, y con frecuencia pedía a sus amigos que se unieran a sus oraciones por Ben.

Jake fue testigo, día tras día, del proceso de empeoramiento de la enfermedad de Ben y siempre estaba listo a ayudarlo en lo que pudiera. Cuando viajaban, le llevaba las maletas. Hacía todo lo que Ben tuviera que hacer en el hogar cuando éste estaba pasando un mal día o simplemente necesitaba descansar. Era frecuente que Jake hiciera las tareas que le correspondían a Ben cuando éste necesitaba ayuda adicional.

Cuando la enfermedad de Ben comenzó a empeorar, ya no podía subir fácilmente las escaleras de la casa. Parte de sus obligaciones había sido desocupar los cestos de papeles y sacar la basura los martes por la mañana, pero cuando Ben no podía siquiera subir las escaleras para desocupar los cestos de basura, Jake se ofrecía a ayudar.

En lo que concernía a Jake, Ben era su héroe. Jake lo consideraba más inteligente, más fuerte y más sabio que cualquiera. Parecía tener todas las respuestas, en el mundo de Jake. Muchas de las frases de Jake solían comenzar con, "Ben dice...". Ben fue quien ayudó a Jake a aprender a montar en bicicleta; Ben era el que le traía el último video o le enseñaba a hacer tablaestela llevándolo con un jet ski en lugar de una lancha. Ben animaba a Jake en todos los aspectos de la vida. Su amor y apoyo era mutuo.

• • •

La enfermedad de Ben hizo que Shawn y Deanne fueran aún más unidos porque tenían que enfrentarse a decisiones difíciles tanto emocionales como físicas, espirituales y éticas, constantemente. Era una obligación que no podían evadir. La enfermedad de Ben no iba a desaparecer simplemente porque la familia saliera de vacaciones. La CMH siempre estaba ahí, como parte de todos los aspectos de sus vidas. No era una situación que se presentara "de vez en cuando"; estaba ahí días tras día, mes tras mes, año tras año.

Su matrimonio se fortaleció porque compartían el lazo común de querer ayudar a su hijo. Rezaban juntos, regularmente, pidiendo por Ben. Festejaban las victorias sobre la enfermedad, cada año, en el cumpleaños de Ben; después de la celebración, Shawn y Deanne rezaban juntos antes de dormirse, dando gracias a Dios por haberles permitido pasar un año más con su amado Ben. Naturalmente, querían a todos sus hijos, pero cada año que pasaban con Ben era para ellos una respuesta a sus plegarias.

CAPÍTULO 23

MUÉSTRAME LO QUE ESTOY BUSCANDO

No permitas que me confunda

—"SHOW ME WHAT I'M LOOKING FOR" (CAROLINA LIAR)

—**M**e gusta una chica.

—¡Ja! —dijo Ally riendo a carcajadas ante la tonta declaración de Ben, pero sabía que hablaba en serio. Ben había tenido siempre *muchísimas* admiradoras. Su fama entre los aficionados a YouTube le había llevado a recibir comentarios de admiración y de agradecimiento, como si se tratara de una celebridad local. Las niñas lo reconocían desde lejos ya fuera en el cine o en IHOP, uno de los lugares que le gustaba frecuentar, y todas querían tomarse una foto con él. Incluso Ally se había acostumbrado a que desconocidos le preguntaran: "¿Eres la hermana de Ben Breedlove?". Ben no le daba mayor importancia a toda la atención que recibía. Había salido con muchas chicas, pero siempre había mantenido con ellas una relación de amistad. Nunca había tenido una *novia*.

Ally acababa de llegar de la universidad para pasar unos días en casa y estaba ansiosa por ponerse al día con Ben. El hecho de volver al colegio en el otoño de 2011 para comenzar su último año de secundaria representó, para Ben, los retos de siempre. Pero parecía haber algo más que aliviaba la carga emocional, aunque no la carga física, de su corazón. Con gran curiosidad, pero esforzándose por actuar de la forma más natural posible, Ally le preguntó, sin demostrar mayor interés:

—¿Cómo se llama?

—Madeline —respondió Ben.

—¿Madeline qué?

—Nick —Ben, al igual que la mayoría de los adolescentes, era experto en responder con monosílabos.

—Bien... —terminó Ally—, ¿dónde la conociste?

—Español.

Ally trató de encontrar la forma de obligar a Ben a darle más detalles.

—¿Cómo es ella?

—Agradable.

—Oh —Ally desistió, por el momento—. Qué bien, eso me parece bien.

—Sí —respondió Ben.

• • •

En realidad, Ben quedó cautivado por Madeline desde el momento en que la vio por primera vez en la clase de Español. Tenía el pelo negro, largo, y brillantes ojos verdes, y afortunadamente para Ben, sería su *compañera* durante el año.

Aunque estuvieron uno al lado del otro desde el comienzo del semestre, sólo se conocieron oficialmente en octubre, cuando se les asignó su primer proyecto en grupo. Nacido y criado en Texas, Ben había tenido una inmersión considerable en la cultura hispana de ambos lados de la frontera con México. Sin embargo, a pesar de su brillante intelecto, todavía les costaba trabajo traducir un menú en el restaurante Tex-Mex. Aunque implicara un esfuerzo grande, se entusiasmó de trabajar en un proyecto de Español con Madeline. Como bonificación adicional, obtuvo su número telefónico.

Después de clase, Ben se reunió con Grant Hamill, como siempre, pero este día en especial, Ben estaba radiante.

—Oye ¡acabo de conocer a la mejor niña de Westlake! —Grant, al igual que Ally, quedó intrigado. Ben nunca había hablado así antes. No se podía contener, pero le preocupaba la nota que pudieran haber sacado él y Madeline en su presentación. Por lo general, Madeline sacaba siempre A, pero, hoy, con Ben como su *compañero,* sacaron B. Ben se preocupaba de que esto pudiera afectar sus posibilidades.

Esa noche, Madeline recibió su primer mensaje de texto de Ben, quien se disculpaba diciendo: "Siento mucho eso, que hayamos sacado una mala nota". Afortunadamente para Ben, a Madeline no le importó en lo más mínimo.

Aunque Madeline ignoraba lo que Ben sentía por ella, le llamó la atención su personalidad. Pensó que Ben era apuesto, y había visto algunos de los videos en YouTube que había grabado con Megan Parken. También había oído decir que Ben estaba enfermo del corazón, pero esto no afectó para nada lo que pensaba de él. Lo que realmente la atrajo fue la personalidad comprensiva de Ben. En varias oportunidades, Madeline lo había visto conversar con chicos de la escuela que tenían necesidades especiales y admiraba la consideración con la que los trataba. Claro está, también admiraba su sonrisa. Ben siempre estaba sonriendo.

Madeline vivía al otro lado del lago, frente a la casa de Ben y, para su sorpresa, había expresado interés en practicar tablaestela y surfing.

—Sólo lo he hecho pocas veces —admitió—, pero me encantó. Espero poder hacerlo el próximo verano

Wow, pensó Ben. *Es linda* y *le gustan los deportes acuáticos.* Estaba seguro de que había conocido a la chica de sus sueños.

Con su forma habitual de animar a cualquiera, Ben le había dicho:

—No te preocupes, te volverás una experta.

Ser *compañeros* en la clase de Español los llevó eventualmente a estudiar juntos en Barnes & Noble después de salir del colegio. Bueno, al menos sus planes habían sido estudiar. Cuando se conocieron, hablaban por horas sobre deportes acuáticos, películas y música. A medida que sus conversaciones y su confianza fueron profundizándose, comenzaron a compartir aspectos de sus vidas.

Ben le contó todo acerca de su enfermedad. Madeline le confió a Ben un conflicto que la afectaba profundamente, y Ben la escuchó.

—La gente realmente no sabe quién eres —le dijo Ben—. Y no conocen mi verdadera historia. No saben la verdad. Sólo han oído cosas y suponen que me conocen. Lo mismo te pasa a ti. No te preocupes, no tienes por qué ser popular con todos. Eres una excelente persona; sólo sé amable, única y sincera contigo misma

—aunque en ese momento Madeline no lo dijo, sabía que estaba ante una persona que poseía exactamente esas cualidades.

—Tienes razón —dijo Madeline—. Tengo la tendencia a preocuparme por todo.

Ben sonrió.

—Lo entiendo. Pero no te preocupes tanto; simplemente disfruta lo que eres.

• • •

—Oye, ¿qué pasa?

Un fin de semana, mientras Ally estaba en casa, en unos días de descanso de la universidad, se detuvo en la puerta de la habitación de Ben sólo para conversar.

—Estoy buscando algunas entrevistas con Kid Cudi —respondió Ben digitando en su laptop—. Ven y mira —Ben parecía estar sencillamente fascinado con los videos e interesado en compartirlos. Ally se acercó y se sentó en la cama junto a él—. Es gracioso —comentó Ben—. Kid Cudi habla de Dios y del cielo en algunas de sus canciones. Sé que hay muchas cosas malas en lo que escribe, pero creo que cree en Dios.

—¿De veras? —Ally se interesó realmente en lo que Ben le decía, y quedó aún más intrigada al ver su curiosidad por conocer la espiritualidad de Kid Cudi. Ben se mantenía actualizado con las noticias de sus artistas favoritos en los medios, pero no era común para él estar analizando a uno de ellos hasta esas profundidades.

—Como en "Mr. Rager", Kid Cudi habla de que hay tantas cosas malas en la vida —respondió Ben—, pero le agrada pensar en un día en el que ya no tengamos que enfrentarnos más a eso.

Para mí, eso me suena como el cielo. Y sé que Kid Cudi dijo en una entrevista que cree que su padre está en el cielo. Su padre murió de cáncer cuando él era apenas un niño.

—Wow, eso es verdaderamente interesante —comentó Ally.

—Sí —aceptó Ben—. Realmente creo que puede tener fe en Dios. Espero que así sea.

Durante el otoño de su último año de secundaria, Ben asistió regularmente a Young Life con algunos de sus mejores amigos, como Justin Martinez, y otros chicos del colegio. El grupo estaba dirigido por Andrew Hayslip, un joven ex alumno de secundaria que trabajaba como voluntario dirigiendo Young Life. Invitaba a los muchachos a su casa, principalmente para hablar de la vida y de aspectos de fe. Ben iba también a la Stone Community Church de Austin, con su familia, donde disfrutaba la música, dirigida por Aaron Ivey. A veces, Ben invitaba a sus amigos a ir a la iglesia con él, y nunca se ofendía si alguno rechazaba su invitación.

Ben cruzaba todas las líneas cuando se trataba de establecer amistades. No juzgaba, por el contrario, aceptaba a todos incondicionalmente y buscaba lo mejor de cada uno. No era ingenuo ni dejaba de advertir el hecho de que algunos de sus amigos estaban utilizando drogas o metiéndose en otro tipo de problemas, pero Ben decidía centrarse en las mejores cualidades de cada uno y llegaba a valorar esas relaciones. Ben sabía que no era inmune a tomar malas decisiones y por eso adoptó la posición de animar y no juzgar a los demás.

Andrew Hayslip entendió que la fe de Ben sería evidente a través de sus actos y le aconsejó ser simplemente un buen amigo.

—No te preocupes —dijo Andrew—. Encontrarás el camino.

CAPÍTULO 24

BORDEANDO
LA COSTA

Cuando la vida trae problemas,
Puedes luchar o huir.

—"COASTIN' " (ZION I)

A medida que se acercaba el Día de Acción de Gracias,
esta celebración se fue tornando cada vez más festiva,
mientras que Ben se sentía cada vez más desafortunado.
Podría decirse que había una tensión palpable en todo lo que
hacía.

—Deanne —dijo Shawn evidentemente preocupado—,
tenemos que hacer algo con Ben.

—Hacemos todo lo que podemos —Deanne estaba frustrada. Sabía que Shawn estaba realmente preocupado por su hijo,
pero con frecuencia sentía que le estaba dejando toda la responsabilidad a ella. Deanne reconocía también que, últimamente, no

había forma, por muchas citas que concertara con los médicos de Ben, ni por más investigación que hiciera, de poder hacer algo para cambiar el estado de salud de su hijo.

—Bien —continuó Shawn—, tenemos que encontrar algo que funcione. Las cosas van mal. No podemos permitir que su arritmia continúe así.

—Ya lo sé —respondió Deanne.

Unos años antes, Shawn y Deanne habían llevado a Ben donde un nutricionista, el Dr. Glen R. Luepnitz, en busca de un tratamiento alternativo para la enfermedad de Ben. Ben simpatizó de inmediato con el doctor y lo encontró interesado y atento a su estado, en contraposición a la fría naturaleza de algunos de sus otros médicos. El Dr. Luepnitz prescribió una serie de suplementos que esperaba que mejoraran la calidad de vida de Ben y tanto él como sus padres parecieron quedar contentos con el nuevo régimen.

Después de unas semanas de tomar aproximadamente veinte píldoras al día, Ben se cansó de la nueva rutina. Debía tomar suplementos a distintas horas del día y algunas de las píldoras eran tan grandes que eran difíciles de tomar. A veces, Ben sentía náuseas sólo por la gran cantidad de agua que tenía que tomar para pasárselas. Comenzó a saltar dosis y eventualmente dejaba de tomarse los suplementos por varios días.

Shawn animaba a Ben a continuar con el régimen y prefería que se tomara todas las píldoras al mismo tiempo. Shawn pensaba que Ben mejoraría de forma óptima si mantenía una rutina constante con una dieta más nutritiva, lo que mejoraría sus inclinaciones a consumir comida chatarra.

Por otra parte, Deanne entendía que su hijo se cansara de las píldoras y no le importaba si, ocasionalmente, dejaba de tomar una dosis. A diferencia de su prescripción de Atenolol, estas píldoras servían únicamente como suplemento para su salud y no eran esencialmente necesarias. Aunque los suplementos pueden haber mejorado el estado de salud general de Ben, nada parecía aliviar su insuficiencia cardiaca.

Ben había ensayado un medicamento tras otro y ninguno le había servido para la arritmia. El que le habían prescrito inicialmente lo hacía sentir tan débil que prácticamente no podía soportar todo un día de colegio. El sólo hecho de caminar desde el estacionamiento de discapacitados hasta la entrada del colegio, era un esfuerzo que lo llevaba casi al punto de desmayarse. Al esperar el ascensor para subir al segundo piso, sentía que el simple hecho de estar parado lo agotaba. Mientras trataba de concentrarse y prestar atención en clase, se sentía mareado. Simplemente no se sentía bien.

El medicamento de Ben estaba destinado a relajar su músculo cardiaco, pero le quitaba energías hasta el punto de impedirle caminar desde su habitación hasta la cocina —una distancia de apenas veinte pies— sin sentirse débil. La náusea le hacía perder el apetito. Ya estaba lo suficientemente delgado, especialmente con el reciente período de crecimiento que había llevado su estatura a cerca de cinco pies diez pulgadas sin ganar una onza de peso.

Los médicos no dejaban de decir: "Si podemos lograr que tu cuerpo se acostumbre a este medicamento, pensamos que será bueno para ti; podría ayudar a aliviar la arritmia".

Mientras la situación continuaba sin cambio, Ben fue interviniendo cada vez más en el análisis de su problema.

—Esto no está funcionando —dijo—. No seguiré tomando este medicamento.

A veces escribía mensajes a Deanne desde la escuela, diciéndole: "No me siento bien. Este medicamento es horrible, ¿puedes llamar al médico y preguntarle qué podríamos hacer?".

Comprendiendo su frustración, Shawn y Deanne intentaron defender el punto de vista de su hijo ante el equipo médico, animándolos a encontrar algo que diera mejor resultado. Agradecían los esfuerzos de los doctores y comprendían que su intención era evitar las drogas del siguiente nivel, que incluían efectos secundarios aún más negativos. Además de un posible daño hepático, los medicamentos más agresivos afectarían la apariencia y el estado físico de Ben, cambiando el color de su piel al darle un enfermizo tono azul.

Además, lo que más preocupaba a los médicos era lograr controlar su frecuencia cardiaca. La arritmia casi constante no era un estado seguro y podría llegar a ser catastrófica en un momento dado. Sabían que tenían que encontrar algo que fuera efectivo, y el tiempo no estaba de su lado. Analizaron otras dos alternativas con los Breedlove. En la primera opción, el plan consistía en anestesiar a Ben y utilizar su propio desfibrilador, administrarle un shock al corazón para volver a regular la frecuencia. Sin embargo, era una alternativa quirúrgica y desde los problemas del paro cardiaco durante el procedimiento "rutinario" de la amigdalotomía, no estaban dispuestos a anestesiarlo de nuevo.

La segunda opción también involucraba una cirugía que haría que el corazón de Ben quedara dependiendo totalmente del marcapasos, para que nunca pudiera volver a funcionar por sí mismo. Ese era un "punto sin retorno", una decisión difícil de tomar, y los médicos adoptaban una actitud tan seria al explicar esta posibilidad, que Deanne y Shawn decidieron no considerar esa alternativa hasta que no hubiera más remedio.

Ben le *rogó* a Deanne que convenciera a los médicos de quitarle este medicamento. Ya no lo podía soportar. Había llegado al punto en el que prefería la molestia de sentir el golpeteo de su corazón dentro del tórax que los horribles efectos del medicamento. Desconsolada al ver el sufrimiento de su hijo, Deanne lo aceptó.

—Tendremos que hablar con tu médico para encontrar alguna otra cosa que te sirva —le dijo. Pero aún después de intentar otros varios medicamentos, nada hacía que Ben se sintiera mejor. Se desanimó en gran medida cuando los médicos lo presionaron para que probara la prescripción original una vez más y viera si su cuerpo podría adaptarse a ella durante las vacaciones.

Por consiguiente, Ben siguió tomando el medicamento todas las mañanas y todas las noches y continuó sintiéndose muy mal.

DDad y Corine habían venido de visita para las fiestas, pero contrario a su entusiasmo habitual de tener compañía, Ben se encerró en su habitación la mayoría del tiempo, mientras su abuelo y Corine estuvieron allí. La familia no se sentía animada sin la presencia y el agudo humor de Ben, y sin sus habituales bromas impredecibles que tanto les gustaban a todos. Deanne estaba un poco avergonzada por la falta de consideración de Ben con sus huéspedes. No dejaba de insistirle en que estuviera con todos, pero simplemente Ben no era el mismo de antes.

Salía de su habitación pero tenía la piel amarilla y grandes ojeras bajo sus ojos hundidos. Se apartaba a un rincón de la sala y se sentaba desanimado y sin decir palabra. Cuando le hacían preguntas, respondía con un monosílabo.

La familia podía detectar su creciente intranquilidad y, con una actitud generosa, intentaban darle la libertad y el espacio para expresar su inconformidad. ¿Quién podía culparlo? Todos sentían su frustración y se preocupaban y simpatizaban con él viéndolo luchar y, cada uno, a su manera, intentaba animarlo, pero, en realidad, era muy poco lo que podían hacer.

Corine estaba muy preocupada. Dado que había sido decana de enfermería en su juventud, sabía que la apariencia de Ben indicaba algo más que un tratamiento médico inadecuado. Hacia el final de las vacaciones, Corine le dijo, con conocimiento de causa:

—Ben, debe ser horrible estar tan mal.

—Así es —fue su respuesta.

• • •

El sábado después del Día de Acción de Gracias, Ally fue al servicio nocturno de la Iglesia Comunitaria Stone de Austin con su novio Cameron. Los dos entraron al gimnasio de Austin High, donde se iban a celebrar los servicios y tomaron sus puestos en el momento en que las luces bajaban y la banda comenzaba a tocar. Conmovida por la voz y el sentimiento de Aaron Ivey, uno de los principales directores de música de alabanza de Ben, Ally cerró los ojos y dejó que se esfumaran sus pensamientos. Mientras Aaron cantaba la letra de "Tu Gran Nombre", las palabras empezaron a llegarle al alma.

Todos los débiles encuentran su fortaleza en el sonido de
tu gran nombre...
Los enfermos sanan y los muertos resucitan al sonido de
tu gran nombre.

Para cuando terminó el servicio, Ally sintió el calor de las lágrimas que rodaban por sus mejillas. Tomó a Cameron de la mano y lo levantó de su asiento antes de que se encendieran las luces, y salió con él hasta donde se encontraba su auto.

Cuando subieron al jeep, Cameron encendió el motor y puso la calefacción, después tomó las manos de Ally en las suyas y preguntó, confundido:

—Ally, ¿qué pasa?

Ella respiró profundamente.

—No lo sé, Cameron —le dijo—. La letra de esa canción realmente me afectó. Por alguna razón pienso... siento que... —Ally empezó a llorar antes de terminar su frase—. Ben va a morir.

Cameron la abrazó mientras escuchaba el profundo dolor que la embargaba y ella apoyaba el rostro sobre su hombro. Después de unos minutos, ella se sentó en su asiento y suspiró profundamente.

—Y no quiero decir que en un tiempo va a morir —dijo, secándose los ojos con la manga de su blusa—. Siento... —Ally hizo una pausa y su voz se convirtió en un susurro—. Siento que podría morir pronto.

Cameron no sabía qué hacer, miró hacia otro lado para no perder el control.

—No pienses eso —le respondió en voz baja.

—Tal vez deba pensarlo —respondió—. No sé, Cameron. Tal vez Dios esté preparando mi corazón.

Ambos permanecieron en silencio, en actitud contemplativa, mientras regresaban a la casa de Cameron. Cuando llegaron al garaje, Ally, en actitud pensativa, miró hacia el cielo lleno de estrellas.

—¿Cameron? —dijo al fin.

—¿Sí? —respondió él.

—¿Crees que podamos pasar gran parte del tiempo con Ben

durante las vacaciones de Navidad? Sé que estamos con él mucho tiempo en casa, pero, quiero decir, ¿podríamos invitarlo a hacer cosas con nosotros?

—Claro que sí —respondió Cameron.

Ally y Ben siempre habían disfrutado estar juntos, pero ahora, Ally sentía la urgencia de aprovechar al máximo el tiempo que tenían. Lo que le resultaba difícil era prestar más atención a Ben sin que él sintiera que estaba muriendo. La conocía y podía intuir cuando su familia lo trataba de forma especial. Con mucha frecuencia, Ally se cuidaba de decirle cualquier cosa que pudiera sonar demasiado sentimental, o se controlaba en los momentos en que quería abrazarlo. Y, en último término, no se arrepintió de haber actuado así. Sabía que, más que cualquier otra cosa, él quería llevar una vida normal, y Ally, más que cualquier otra cosa, quería que él simplemente viviera.

· · ·

Regresar al colegio después de las fiestas de Acción de Gracias representó para Ben un enorme esfuerzo. Ya estaba muy atrasado en sus clases y esperaba esforzarse al máximo la siguiente semana para ponerse al día y empezar a estudiar para los exámenes finales que serían dentro de dos semanas. Ben se exigió pero no pudo resistir toda la semana. Tuvo que volver a faltar a clases, se atrasó aún más y se desmoralizó en gran medida. En la mayoría de sus clases, la revisión para los exámenes finales estaba programada para comenzar al lunes siguiente, 5 de diciembre. Para esa fecha, Ben aún no estaba en condiciones de regresar al colegio. Estuvo en cama hasta las tres de la tarde ese día y no tuvo

apetito. Deanne y Shawn permanecieron en contacto con los médicos, quienes creían que si el nuevo medicamento daba resultado, podría controlar la arritmia, lo que evitaría que Ben se
sintiera tan débil.

Y si no daba resultado...

TERCERA PARTE

EL PROPÓSITO

CAPÍTULO 25

NO ME FALLES AHORA

Lo único que pido es que mis pies no me fallen ahora.

—"JESUS WALKS" (KANYE WEST)

Madeline Nick comenzó a preocuparse. Ben había dejado de ir al colegio durante casi una semana. El lunes 5 de diciembre, el día de la revisión para los exámenes finales, faltó de nuevo. Madeline no dejó de pensar en él durante todo el día y seguía pensando en él esa noche mientras hacía sus tareas cuando vio que tenía un mensaje de él en el que le preguntaba qué revisión había hecho la Sra. Albright ese día en la clase de Español. Se intercambiaron varios mensajes de texto durante un rato y Madeline le preguntó por qué no había ido a clases.

—No me he sentido bien —respondió. Madeline le contestó con algunas palabras de ánimo y luego, como siempre lo hacía

Ben cuando se enviaban mensajes por la noche, le envió otro deseándole buenas noches. Ella le respondió de igual forma y luego se recostó en su silla, impresionada una vez más por la amabilidad de Ben.

Cuando Madeline vio a Ben en su primera hora de clase de Español a la mañana siguiente, notó que se veía más casando que nunca. Tenía una abrigada chamarra negra North Face de cremallera, cerrada hasta el cuello, parecía sin fuerzas y letárgico cuando la Sra. Albright le pidió que se acercara a su escritorio a recoger algunas tareas para hacer en casa.

La siguiente clase de Madeline era en dirección opuesta, de forma que no fue con él. No era raro, dado que con frecuencia, después de la clase de Español, Ben se reunía con Grant de camino a su clase de filmación.

Ben caminaba despacio por el transitado corredor, sin prestar atención a los rostros de los estudiantes y de los profesores que pasaban a su alrededor, apurados por llegar a sus distintos destinos. Ya cerca de "The Commons", un gran atrio abierto donde los estudiantes se encontraban y entablaban rápidas conversaciones entre una y otra clase, notó que sus movimientos se hacían cada vez más lentos. Conocía bien esa sensación de debilidad; la había experimentado ya tantas veces. Debía llegar a un lugar donde pudiera descansar, y pronto. A lado y lado de este atrio había hileras de bancas, por lo que se dirigió a una de ellas y se dejó caer allí. Por unos momentos, permaneció solo, sentado, con su corazón saltando y a punto de perder el conocimiento.

Grant estaba buscando a Ben ese martes en la mañana, como lo hacía todos los días después de la primera hora de clase, mientras se acercaba al gran atrio. Lo buscó por todas partes, pero no lo vio. Luego lo vio de paso, acercándose por el corredor pero, en ese momento, alguien saludó a Grant y él volteó a mirar al otro lado. Cuando volvió a buscar a Ben, ya no lo vio. Pensando que él podría estarle jugando una broma, Grant salió al patio pero no lo encontró, por lo que volvió otra vez al atrio. Allí vio a un grupo de personas alrededor de una banca y se apresuró a ver qué ocurría. Se sorprendió al ver a Ben en el piso, estirado, de espaldas.

• • •

Holly Hubbell, la enfermera del colegio Wetslake High había sido enfermera de la sala de urgencias y de cuidados intensivos desde 1978, en California y durante varios años, antes de mudarse a Austin. Para cuando Ben estaba en el último año de secundaria, ella había sido la enfermera de Westlake durante más de seis años. Estaba acostumbrada a que la llamaran para ocuparse de emergencias en las aulas —emergencias de cualquier tipo, desde hemorragias nasales hasta crisis convulsivas— e incluso la habían llamado a ir a una aula en una ocasión para ayudar a Ben, en noviembre de 2008, cuando sintió que se iba a desmayar en clase durante su primer año. Esta fue la primera de muchas situaciones de urgencias en las que la enfermera Holly tuvo que ayudar a Ben. Conocía la enfermedad de Ben, pero Ben no era un paciente habitual de Holly en la enfermería del colegio. Ben no era el tipo de estudiante que fingía estar enfermo para ir a la enfermería con el simple propósito de no asistir a clase; si iba a la enfermería, era porque realmente lo necesitaba.

Cuando la enfermera Holly llegó al salón de clase en este primer encuentro con Ben, observó que tenía dificultad para respirar y que su cara estaba pálida, con un tinte azul y con los labios morados. Lo llevó a la enfermería del colegio, le puso oxígeno y vigiló de cerca sus signos vitales; su presión arterial estaba especialmente baja. El oxígeno reanimó a Ben y parecía estar bien, por lo que Holly llamó a Deanne, en lugar de llamar una ambulancia.

Deanne fue al colegio a recoger a su hijo. De inmediato se dio cuenta de que el corazón de Ben estaba saltando. Holly ayudó a Ben a sentarse en una silla de ruedas y lo llevó al auto. Deanne lo llevó a casa y, con un poco de reposo, su estado mejoró. Más tarde, Deanne le envió a Holly un hermoso ramo de flores en agradecimiento.

Ese fue el primero de varios incidentes en los que Holly Hubbell tuvo que atender a Ben. Esto, para Holly, nunca fue una rutina, pero tanto ella como Deanne habían aprendido a manejar la situación. Cada vez que Ben tenía problemas, Holly llamaba a la casa de los Breedlove y Deanne iba de nuevo al colegio a recoger a Ben y llevarlo al médico.

Mientras recorría la escuela, con su población de más de dos mil seiscientos estudiantes, Holly estaba siempre atenta para detectar a Ben. Sabía que su salud se estaba deteriorando y se lo había comentado a su colega, Marisa García.

—Me temo que de un momento a otro vamos a encontrarlo desmayado en un baño.

Para noviembre de 2010, la gravedad de su estado llevó a Deanne a decirle a Holly que incluyera en la historia de Ben una nota indicando que debían contactar un servicio médico de emergencia (SME) en primer lugar si él no respondía, inclusive antes de llamar a sus padres para cualquier emergencia cardiaca que pudiera sufrir. Ambas comprendían que si tenía otro incidente, el tiempo sería un factor determinante.

• • •

La semana de los exámenes finales, seguida por el entusiasmo de las vacaciones, daba al colegio un ambiente entusiasta, pero el jueves, 6 de diciembre, empezó como una típica mañana calmada en Westlake para Holly y Marisa. Estaban en la oficina de la enfermería cerca del atrio, cuando un estudiante entró gritando frenéticamente.

—¡Hay un muchacho desmayado en el piso en el atrio y está morado!

Holly y Marisa dejaron todo y salieron corriendo hacia el atrio. Estaba a punto de sonar la campana para la siguiente clase, de modo que, aunque el atrio todavía estaba lleno de gente, la mayoría de los estudiantes había comenzado a salir de allí. No obstante, quedaba un grupo de personas alrededor de una de las bancas y tenían la vista fija en el piso, por lo que Holly y Marisa fueron en esa dirección. Mientras corrían, vieron que Thunder venía hacia ellas. Por lo general, cada vez que había una emergencia médica, Thunder iba a llamar a la enfermera Hubbell: "¡Enfermera Holly, Enfermera Holly!", pero esta vez Thunder pasó por delante de Holly con una expresión de terror en su cara, mientras gritaba por entre un radio

—¡Que alguien consiga el desfibrilador! —fue corriendo directo a la oficina de enfermería y tomó un desfibrilador, regresando a toda prisa a donde estaban Holly y Marisa. El anuncio de Thunder por el radio alertó a los administradores del colegio de una emergencia en curso, de modo que la directora, Linda Rawlings y su principal asesor, Steve Ramsey, se apresuraron también a llegar al atrio.

Más tarde, una de las cámaras de seguridad del colegio confirmó que Holly y Marisa habían llegado a donde estaba el círculo de estudiantes rodeando a Ben en el término de cuarenta y cinco segundos. Holly se abrió camino por entre los estudiantes, miró al piso y vio la figura familiar.

—¡Ay, Dios mío, es Ben! —gritó. Holly vio el color morado de Ben y pensó: *Ha muerto.* Sin embargo, como instructora certificada en RCP, no perdió tiempo; inclinó hacia atrás la cabeza de Ben y le dio dos bocanadas de aire boca a boca, luego pasó directamente a hacer compresiones—. Traigan el oxígeno —gritó, a cualquiera que pudiera responder—. Está en la enfermería.

Thunder llegó corriendo a donde estaba el grupo, trayendo un desfibrilador. El oficial St. Clair, policía del colegio, vio la confusión y se unió a las enfermeras, que estaban arrodilladas en el piso.

—Puedo ayudarles con las compresiones —dijo—. Ustedes vigilen esto —hizo una señal con la cabeza hacia el desfibrilador. El oficial se encargó de bombear sobre el tórax de Ben.

Holly tomó el desfibrilador, lo ubicó en posición, pero cuando estaba a punto de aplicar la primera descarga a Ben, la pantalla mostró la indicación, "No se aconseja una descarga eléctrica". Holly sabía lo que eso significaba: el trazado cardiaco del paciente estaba plano. El desfibrilador debe poder leer algún tipo de movimiento del músculo del corazón antes de administrar la descarga, por lo que Holly sabía que había muy poca o ninguna fibrilación en Ben, o que Ben estaba muerto. Ella y Aaron continuaron administrando la RCP, de cualquier forma. Pasó otro minuto.

Linda Rawlings, la directora del colegio, llegó al lugar y comenzó a trasmitir los comentarios de Holly sobre el estado de Ben y las compresiones que estaban haciendo, al operador del 911 y al equipo de servicio médico de emergencia que estaba en camino.

En ese momento, el cuerpo de Ben pareció tener un ligero movimiento.

—¡Detengan la RCP! —gritó alguien—. ¡Se está moviendo!

Pero Holly sabía lo que pasaba. Había visto movimientos reflejos demasiadas veces como para interpretar el movimiento del cuerpo de Ben como una señal de vida. Gritó:

—¡Continúen!

Continuaron con las compresiones. Alguien trajo el oxígeno y Holly puso un tubo sobre la boca y la nariz de Ben y le administró oxígeno.

—¡Despejen el área! —dijo alguien a los estudiantes que estaban allí observando—. Vayan a clase.

Entre el bullicio, Holly escuchó el anuncio. "Profesores: estamos en situación de 'inmovilización', quédense donde están. Estudiantes: vayan de inmediato a clase y quédense allí hasta nuevo aviso". Durante todo este tiempo, Holly y el Oficial St. Clair y Marisa siguieron administrando RCP:

Llegó el equipo de servicio médico de emergencia y Holly les resumió la situación.

—Este estudiante tiene problemas de corazón ya reconocidos —les dijo—. Lo encontramos en paro cardiaco total y le hemos estado dando RCP durante varios minutos, no ha respondido —Holly, Marisa y el Oficial St. Clair se hicieron a un lado, dando paso a los paramédicos para que se hicieran cargo. Ben había estado inconsciente durante cerca de tres minutos.

Uno de los paramédicos cortó rápidamente la chaqueta negra North Face de Ben y su camiseta, para poder colocar en mejor posición el desfibrilador sobre su tórax. Con su propio corazón latiendo a toda velocidad, Holly se dejó caer en una banca cercana.

Habían hecho todo lo que habían podido, pero temía que habían perdido a Ben.

• • •

Grant había estado parado cerca, preocupado por su amigo, y no estaba dispuesto a alejarse de su lado. Escuchó cuando el asistente principal dijo que quería el número de teléfono de los Breedlove, por lo que, sacando del bolsillo su teléfono, dijo:

—Aquí lo tengo —y marcó *send*. Shawn respondió y, en su nerviosismo, Grant pasó por alto cualquier saludo protocolario—. No sé qué está pasando —le dijo Grant a Shawn—, pero Ben ha colapsado.

CAPÍTULO 26

EL MUNDO ESTÁ LOCO

Los sueños en los que estoy muriendo son los mejores que jamás haya tenido.

—"MAD WORLD" (GARY JULES)

El 6 de diciembre de 2011, Ben burló a la muerte por tercera vez. Despertó en el duro piso del atrio de Westlake High, con un borroso grupo de rostros sobre él. Mientras recuperaba sus sentidos, Ben se dio cuenta de que no podía moverse ni hablar. A medida que la imagen que tenía delante se le fue haciendo más clara, pudo distinguir las figuras de dos paramédicos que estaban agachados muy cerca de él. En la piel desnuda de su tórax, Ben podía sentir las dos paletas de un desfibrilador, forradas en gasa. Uno de los paramédicos presionó dos dedos contra la vena yugular de Ben, sosteniendo su mano libre frente a su nariz.

—No respira... y no tiene pulso.

Mientras Ben permanecía en un extraño limbo de conciencia, casi no podía creer lo que escuchaba. Prestó atención a sus últimos latidos del corazón, que resonaban con un aterrador golpeteo que parecía hacer eco dentro de su tórax, y luego silencio. *Este es el fin,* pensó. *Estoy muriendo.*

De alguna manera, Ben observó al paramédico que le había tomado el pulso poner las manos sobre las paletas eléctricas fijadas a su tórax. Volteó a mirar a su asistente, que con cierto temor manejaba la caja del desfibrilador. El paramédico gritó.

—*¡Ya!*

En ese instante, Ben sólo pudo anticipar el intenso dolor de la descarga eléctrica que estaba a punto de sacudir todo su cuerpo. Deseaba, con desesperación, poner su cuerpo totalmente rígido en preparación al esfuerzo que tendría que soportar, pero sus músculos no le respondían. Estaba indefenso y paralizado sobre el frío piso. Estaba a punto de experimentar el dolor de la muerte. Luego... oscuridad total.

Blanco. Totalmente blanco. No podía ver paredes, sólo blanco, un blanco más brillante que nada que pudiera describir, que parecía abarcar su entorno en todas direcciones. En esa blancura, Ben escuchó el mayor silencio que jamás había oído en su vida.

Mientras permanecía fascinado en esa habitación, Ben estaba lleno de una conciencia que superaba toda comprensión. Era la misma sensación que había experimentado ante la presencia de la luz brillante durante la crisis convulsiva que había tenido cuando tenía cuatro años. Era una paz absoluta.

Había frente a él un espejo de cuerpo entero. Ben miró al espejo y se vio elegantemente vestido en un traje oscuro, y una mano apoyada sobre su hombro. Sus ojos siguieron el reflejo de la mano hasta el rostro de su propietario. Detrás de Ben, también muy bien vestido, estaba su artista favorito de rap: Kid Cudi. *¿Qué?* Ben se preguntó cómo podía ser posible que estuviera viendo la cara de una celebridad. ¡*Kid Cudi,* ni más ni menos! Entonces Ben recordó: *Estoy muerto.*

Maravillado ante la elegancia y excelente apariencia de esos reflejos, Ben pensó para sus adentros: ¡*Caramba, nos vemos* bien!

Mientras miraba su reflejo, se sintió mucho más seguro de sí mismo de lo que jamás se había sentido durante su vida. No podía dejar de sonreír y su sonrisa era *realmente* enorme. Algo había cambiado. Ben miró con mayor intensidad al espejo, lo que veía no era únicamente su reflejo... estaba viendo su vida entera. Con un sentido de tiempo que Ben nunca pudo explicar, permaneció de pie frente a ese espejo y vio toda su vida, cada momento que había experimentado, representado ante él en tiempo real. Sin embargo, todo duró apenas un instante. En ese momento incomprensible, Ben se sintió orgulloso de sí mismo, de toda su vida, de todo lo que había hecho. Era la *mejor* de las sensaciones. Ben sabía que estaba listo para algo más importante.

Kid Cudi llevó a Ben lejos del espejo y lo condujo a un enorme escritorio de vidrio. Mientras estaban parados delante del escritorio, la habitación comenzó a resonar con música. Ben escuchó mientras la letra familiar de la canción "Mr. Rager" cantada por Kid Cudi resonaba por todo el recinto y al interior de su corazón.

¿Cuándo terminará la fantasía?
¿Cuándo comenzará el cielo?

Mientras sonaba la música, Kid Cudi le preguntó a Ben:

—¿Estás listo?

—Sí —respondió Ben. Estaba listo.

Kid Cudi animó a Ben:

—¡Vete ahora!

Ben pensó realmente que estaba yendo al cielo.

· · ·

En cambio, Ben se despertó para encontrarse nuevamente sobre el frío piso del atrio de Westlake High. Con el ruido familiar de las pisadas y el rechinar de las ruedas de la camilla que venía en dirección a él, hizo su entrada de nuevo al mundo.

Cuando volvió a respirar, esa primera respiración le produjo un dolor agudo en el tórax a medida que sus pulmones se expandían contra su caja torácica. Ben conocía esa sensación. *Deben haberme lastimado las costillas durante la RCP,* pensó para sus adentros, mientras recobraba el aliento.

Ben escuchó que alguien decía "¡Tenemos un latido!". Contra su voluntad, abrió los ojos. Vio arriba de él dos figuras borrosas que fueron enfocándose para revelar a los dos paramédicos que habían intentado traerlo de nuevo a la vida. En sus rostros se reflejaban las expresiones de alivio. El que le había tomado el pulso lo miró de arriba abajo con una mirada de asombro.

—¡Wow! ¡Qué gran sonrisa tienes en la cara! —exclamó el paramédico—. ¡Apuesto que estás contento de haber vuelto, amigo!

¿Vuelto? Eso era lo último que Ben pensaba en ese momento. *¿Volver?* Si sólo el paramédico hubiera sabido dónde había estado *realmente.* Ben nunca quiso irse de allí. Su sonrisa se desvaneció con su sueño. Ben había deseado no haber vuelto a despertar nunca.

Permaneció allí acostado en el piso por unos momentos, observando al equipo de paramédicos y a los profesores de Wetslake recuperándose del susto y recobrando el aliento.

—¿Dónde está mi teléfono? —preguntó Ben, fueron sus primeras palabras al volver de la antesala del cielo. El mar de rostros que tenía sobre él se llenó de sonrisas. La enfermera Holly lloró de felicidad. Antes había visto morir a algunas personas, y sabía lo extraño que era que alguien con una afección como la de Ben recobrara el conocimiento.

—Debe estar bien porque está buscando su teléfono —alguien comentó con alegría.

Ben permanecía inmóvil mientras los paramédicos levantaban su cuerpo para colocarlo sobre la camilla y comenzaban a llevarlo por el corredor iluminado por tubos de luz fluorescente. La luz directa lastimaba sus ojos y sus oídos resonaban con la estática de la electricidad. Su cuerpo parecía exageradamente pesado sobre la camilla. La enfermera Holly se agachó hacia Ben y le susurró

—Estuve rezando por ti todo el tiempo.

Ben le respondió con una débil sonrisa.

—Gracias.

Mientras el equipo llegaba a la salida del colegio que daba a la rotonda de la entrada, en donde esperaba la ambulancia, una figura que caminaba al lado de la camilla dentro de la periferia de Ben llamó su atención.

—Oficial St. Clair, hace días que quiero hablarle de todas esas multas que me ha estado poniendo —le dijo Ben con una maliciosa sonrisa—. Mire, todas las mañanas cuando llego al colegio, todos los puestos para discapacitados ya están ocupados. Es por *eso* que he estado estacionando en los puestos de visitantes. Y usted sabe que no puedo caminar todo el trecho desde el estacionamiento de los alumnos mayores —de nuevo, Ben sonrió con malicia, esperando la reacción del Oficial St. Clair.

El Oficial St. Clair miró a Ben con incredulidad.

—No nos preocupemos de eso por ahora —le dijo—. ¿Está bien? Sólo preocúpese por llegar al hospital.

Aún después de haber enfrentado la muerte y haber sido arrancado de la paz que su alma ahora añoraba, Ben no había perdido su sentido del humor. Estaba destinado a permanecer así por toda la eternidad.

CAPÍTULO 27

NO ME DEJES CAER

Hace un momento
Estaba tan arriba

—"DON'T LET ME FALL" (B.O.B.)

Durante la mayor parte de la vida de Ben, Deanne Breedlove se levantaba cada mañana preguntándose si Ben habría sobrevivido la noche anterior. Con frecuencia, con gran angustia, se asomaba a su habitación antes del amanecer, deseando contra toda esperanza que su hijo aún estuviera respirando. Sólo cuando veía que su tórax subía y bajaba con movimiento rítmico, podía volver a respirar tranquila con él. Luego se cercioraba de que Ben se sintiera lo suficientemente bien como para ir al colegio ese día. La misma rutina días tras día. *¿Está vivo? ¿Tiene fuerzas suficientes para levantarse de la cama?* Afortunadamente, casi todos los días Ben ya se había levantado y estaba en la ducha, alistándose para ir al colegio antes de que Deanne entrara a ver cómo estaba.

La mañana del martes 6 de diciembre fue una de esas. Deanne se sorprendió porque Ben había estado sintiéndose muy mal durante las últimas semanas, sin embargo, se tranquilizó al ver que se sentía lo suficientemente bien como para ir al colegio. Aunque, aún después de ducharse, no parecía que Ben se hubiera recuperado del todo; al menos no le parecía así a Deanne. Para ella, él se veía realmente cansado. Mientras tomaba rápidamente su desayuno, Ben dijo que su corazón estaba golpeando —la señal que indicaba normalmente que debía permanecer en casa—, pero dijo que se sentía lo suficientemente bien como para irse y que simplemente asistiría a sus revisiones finales y volvería a casa.

—¿Estás seguro de que te sientes bien para ir al colegio hoy? —le preguntó Deanne varias veces esa mañana.

—Estoy bien, mamá. De veras.

—Bien, por favor, prométeme que vendrás a casa apenas termines tus revisiones.

Ben le dio a su madre una de sus sonrisas traviesas.

—Lo haré, mamá. Lo prometo —Deanne y Ben se abrazaron y él salió.

Con Ben en el colegio, Deanne quedaba libre para el resto del día. Pensaba salir a hacer las urgentes compras de Navidad. Hacía más de diez días que no salía de la casa, por lo que hacer algunas diligencias sería un cambio agradable. Salió de la casa poco después de que Ben y Jake se fueran al colegio.

Aproximadamente a las nueve de la mañana, llamó a Shawn a la casa. Cuando Shawn contestó, ni siquiera la saludó. En cambio, en tono muy serio le preguntó directamente

—¿Dónde estás?

—Haciendo compras —respondió Deanne.

—Acabo de recibir una llamada de Grant Hamill, quien dijo

que estaban cuidando a Ben en el colegio y que deberíamos irnos para allá.

Deanne no necesitó más detalles. De inmediato cambió sus planes y se fue al colegio, que quedaba a unos treinta minutos de ahí. Por el camino, llamó a la oficina del colegio sólo para que le pasaran la llamada a un nervioso asistente del director que no le pudo dar mucha información. Fue muy amable, pero no supo qué decirle. Deanne se dio cuenta de que estaba buscando las palabras. Dijo que Ben se había desmayado, que le habían dado reanimación cardiopulmonar, que al fin estaba respondiendo y que lo llevarían en ambulancia al hospital. Le preguntó si ella prefería algún hospital en especial adonde debían llevar a Ben, porque la ambulancia aún no había salido del colegio.

—Llévenlo a Dell Children's —dijo Deanne—. Allá lo conocen —Deanne le dio al administrador algunas breves instrucciones, dio la vuelta y se dirigió al hospital. Justo en ese momento, la enfermera Holly entró a la oficina del director y el asistente le pasó la llamada.

—Sí, tuvo un paro cardiaco, pero está consciente y hablando y tiene frecuencia cardiaca —le informó a Deanne—. Voy de camino —respondió Deanne, y terminó la llamada.

Pitando constantemente y con los ojos nublados por las lágrimas, Deanne rezaba en voz alta mientras se abría camino por las congestionadas calles. "Por favor, consuela a Ben —rezaba—, y permítele vivir. ¡No lo dejes morir! ¡No así, no ahora! Permite que lo abrace y que le diga que lo quiero". Era una oración intensa y desesperada, como la que había hecho cuando Ben no respondía en la ambulancia a los cuatro años de edad.

Deanne llegó a la sala de urgencias antes de que llegara Ben, y de inmediato la llevaron a la sala de examen a la que llevarían a Ben cuando llegara en la ambulancia. Cuando vio a los paramédicos que traían a Ben hacia la sala de urgencias, quedó aterrada al verlo. Venía acostado y tapado en una camilla con varias líneas de líquidos intravenosos que traían detrás de él. Había visto a Ben muchas veces antes en situaciones similares en el hospital, pero nunca nada como esto. Estaba azul. Los lóbulos de sus orejas eran realmente de un morado oscuro, casi negro.

Ben hablaba, pero parecía dopado y no muy consciente. Cuando vio a Deanne, la reconoció, pero la expresión de su rostro era confusa, como si no pudiera entender dónde estaba ni qué ocurría.

—¿Mamá? ¿Qué haces aquí? —preguntó Ben.

Deanne tomó su mano e intentó abrazarlo por entre las líneas intravenosas con su otro brazo. Estaba muy frío. Las enfermeras cubrieron a Ben con varias mantas calientes, recién sacadas de la calentadora, y aún quería más calor. Para Deanne fue un alivio poder hablar con él y sostenerlo, aunque todavía estaba amarrado a la camilla de la ambulancia. Ben le sonrió y le dijo:

—No te preocupes, mamá. Estoy bien —¡no tenía la menor idea de lo azul que estaba su piel!

—¿Recuerdas lo que te pasó en el colegio?

—No...

—Te desmayaste y la enfermera Holly tuvo que darte reanimación cardiopulmonar.

Ben no lo recordaba. Sí recordaba haber saludado al Oficial St. Clair y esperaba que ya no le pusiera más multas.

• • •

Mientras tanto, en el colegio, el asistente del director había encontrado a Grant Hamill y lo llamó para que saliera de clase.

—Ben se fue —le dijo a Grant.

—¡Cómo! —al principio, Grant pensó que lo que le decía el director era que Ben había muerto y el corazón de Grant por poco se detiene.

—Se fue al hospital, y si quieres, también puedes ir.

Grant no perdió tiempo. Se fue al hospital, donde encontró a Ben todavía en la sala de urgencias. Para entonces, el color de Ben había recuperado casi totalmente su tono normal, y sin lugar a dudas, había recobrado su sentido del humor. Ben simuló darle un puño a Grant cuando lo vio. Grant golpeó su puño contra el de Ben. Aún antes de saludarlo, Ben le preguntó a Grant,

—¿Lo grabaste?

—¡No! *No* lo grabé —respondió Grant más tranquilo ahora al ver que Ben estaba bien—. Ve a que te arreglen. Aquí te espero.

Poco tiempo después llegó Shawn y Grant logró que le permitieran entrar a la habitación de Ben después de luchar por ello. Ahora, ambos estaban allí, acompañando a Deanne al lado de la cama de Ben. Ahora que ya estaba estabilizado en el patrón postincidente usual, Ben reflexionó aún más sobre lo que había experimentado durante su pérdida de conciencia, y durante su muerte técnica de más de tres minutos. Compartió su visión, o su sueño, en forma abierta y con entusiasmo —no sabía muy bien cómo explicarlo— con Grant y con sus padres. Lo escucharon atentamente, intrigados, pero sin saber qué responder. Grant quedó especialmente confundido, puesto que carecía del "contexto de fe" para poder procesar el relato de Ben. Ocasionalmente, él y Ben habían hablado de sus creencias, más específicamente de la creencia de Ben en Dios y de la decisión de Grant de no creer. Pero no habían ido más allá. Sin embargo, Grant podía ver, por la expresión de Ben, que su amigo era totalmente sincero. Aquí no había necesidad de confirmarlo con una *piña*.

Shawn quedó fascinado e intrigado. Sabía que Ben tendía a ser escéptico y no era de los que aceptara fácilmente historias similares de proximidad a la muerte. Deanne, por su parte, estaba convencida de que lo que Ben había encontrado había sido alguna clase de experiencia celestial. Había leído y había oído hablar de numerosas experiencias de cercanía a la muerte y de lo que algunos llaman la "vida después de la vida", episodios en los que una persona ve una luz brillante aparentemente en el límite del cielo. Desde su perspectiva, no tenía problemas para creer que Ben de hecho había tocado las playas del cielo, y el hecho de que hubiera vuelto de las garras de la muerte significaba que estaba vivo para algún propósito muy especial.

Al poco tiempo llegaron al hospital Holly Hubbell y Diane Carter, la asistente del director de Westlake, así como el padre de Grant.

—Ben —comentó Diane—, creo que te gustará saber que todas tus multas por estacionar en el lugar equivocado han sido eliminadas —el ambiente era casi festivo, y todos sabían, al mirar a Ben, que estaban viendo un milagro viviente.

CAPÍTULO 28

¿CUÁNDO TERMINARÁ LA FANTASÍA?

—"MR. RAGER" (KID CUDI)

Después de pasar día y medio en el hospital en observación, Ben deseaba regresar pronto al colegio para estar con sus amigos. El jueves por la mañana, se puso un traje de cirujano que le había regalado un médico del hospital cuando fue dado de alta y quería volver al colegio. En cambio, Deanne quería que Ben se quedara en casa y descansara un poco más. Realmente no lo quería perder de vista, por lo que decidió consultar con sus médicos. Para su sorpresa, dijeron que si él se sentía capaz, podía ir, Deanne le recordó a Ben que sus calificaciones no eran ahora la prioridad más importante y que no necesitaba esforzarse por asistir a las pruebas de revisión, pero de todos modos él estaba deseoso de ir.

Ben parecía agradecer a su mamá que le permitiera tomar esta decisión por sí mismo. Deanne quería más que cualquier otra cosa que Ben tuviera libertad y que se moviera en un entorno normal, pero insistió en que las personas adecuadas debían estar informadas de que volvería ese día al colegio, por lo que se lo notificó al director, al asistente del director y a la enfermera del colegio. Ben y Deanne tuvieron una larga conversación con la enfermera Holly en su oficina privada antes de que Deanne se sintiera lo suficientemente tranquila como para dejar a Ben en los corredores del colegio.

La enfermera Holly, Deanne y Ben estuvieron de acuerdo en que sería conveniente que Ben tomara las cosas con calma durante los primeros días de regreso al colegio: que usara el ascensor en lugar de las escaleras y que siempre tuviera un amigo con él, aún en el baño. Si en cualquier momento Ben decidía que no quería quedarse todo el día, podía terminar a cualquier hora e irse a su casa. La enfermera Holly le recomendó que simplemente fuera al consultorio de enfermería y descansara en uno de los sofás, si fuera necesario.

Ben estaba entusiasmado de regresar a la vida real —a su vida— fuera del hospital. Amaba a sus amigos. Le encantaba estar al aire libre con todos los demás. Además, quería mostrar su vestido de cirujano. ¡Se lo había ganado!

A mediodía, sonó el teléfono de la casa. Era Ben que pedía que lo fueran a recoger. Se le había agotado la energía. Estaba muy satisfecho de haber podido asistir aunque hubiera sido sólo medio día. Ese sería el último día que se sentaría en su pupitre en su aula de clase. No volvería nunca.

• • •

Aunque Ben no se sentía lo suficientemente fuerte como para volver al colegio el viernes, lo hizo, convenció a sus padres de que lo dejaran salir de casa por un momento a comprar un nuevo cargador para su teléfono, que estaba sin carga. Al volver a la casa por Westlake Drive, un carro que venía en dirección contraria invadió su carril. En un intento por esquivar el carro, Ben también invadió el carril y raspó el medio lado de un hermoso y flamante Jaguar XJL Ultimate.

Del asiento del conductor del Jaguar salió un hombre corpulento con vestido de paño, con las manos llenas de anillos dorados y una cadena de oro al cuello. Instintivamente, Ben metió la mano al bolsillo para sacar su licencia de conducir de su billetera cuando se dio cuenta de que estaba vestido con su ropa de cirujano. *Cielos,* pensó Ben.

—Lo siento, señor —se disculpó—. Voy a tener que llamar a mi mamá para que me traiga mi licencia de conducir.

El hombre estaba iracundo.

—¿Qué crees que haces? ¡Ustedes, adolescentes! Estabas enviando mensajes de texto, ¿no es así?

—No, no lo hacía, yo...

—¡Increíble! —gritó el hombre y siguió desahogándose.

Ben intentó calmarlo, pero no lo logró.

Batiendo sus brazos en todas direcciones con gesticulaciones sobreactuadas, el hombre profería apelativos e insultos mientras Ben llamaba a su mamá.

—Mamá, ¿todavía tienes mi billetera dentro de tu bolso, desde el otro día en el hospital?

—Sí, la tengo —respondió Deanne.

—Bien, voy a necesitarla —le dijo Ben—. Acabo de estrellarme. ¿Me la puedes traer, por favor?

—Ben, ¿estás bien? ¿Estás herido? —la mayor preocupación de Deanne era el bienestar de Ben. Aunque no estuviera herido, el estrés de verse involucrado en un accidente podría ser demasiado para él.

Ben le aseguró que estaba bien, pero dijo que la policía aún no había llegado y que el conductor del otro carro le estaba gritando, haciendo un uso prodigioso de cierta palabra altisonante.

—Guarda tu distancia —le aconsejó Deanne—, y sólo ignóralo. Voy en camino.

Cuando Deanne llegó a la escena del accidente, Ben y el otro conductor estaban cada uno de pie cerca de sus autos. Llegaba en ese momento un patrullero, quien detuvo su auto frente a ellos.

Deanne se acercó a ver cómo iban las cosas. Ben le explicó que el otro conductor había estacionado su auto al lado derecho del carril por el que él iba conduciendo. Estaba a punto de pasarlo, cuando se acercó rápidamente otro auto en dirección contraria. Ben decidió que tenía que ubicarse entre los dos autos: el que se encontraba estacionado a la derecha del carril y el carro que venía de frente. Al hacerlo, calculó mal la distancia y rayó el medio lado del auto que estaba estacionado.

Ben se disculpó una y otra vez, pero el dueño del Jaguar estaba enfurecido. En ese momento, su esposa asomó la cabeza por la ventanilla y comenzó también a hacer comentarios irrespetuosos.

Por encontrarse sólo a unos días de esa pacífica experiencia en el recinto blanco, Ben no encontraba en este lugar nada muy pacífico. Sus disculpas caían en oídos sordos y podía sentir que se estaba poniendo cada vez más nervioso. Para cuando Deanne llegó, Ben le dijo que simplemente quería golpear al hombre, pero que sabía que no lo podía hacer. Había sido acusado de ser uno de esos adolescentes irresponsables, maleducados, y de haber estado enviando mensajes de texto o hablando por teléfono mientras conducía, cuando no había hecho ni lo uno ni lo otro.

Ese pacífico recinto blanco estaba haciéndose cada vez más atractivo y Ben quería regresar allí.

* * *

Debido a que Deanne pensaba que la visión de Ben había sido una historia tan sorprendente, le había pedido que se la contara a algunas de sus amigas después de que saliera del hospital. Se sentía un poco avergonzado o incómodo a veces al hablar de su encuentro celestial, pero siempre aceptaba hacerlo. También Ally debía regresar de la universidad ese fin de semana y Deanne estaba ansiosa de que Ben compartiera su experiencia con ella. Más tarde, la familia se enteraría, por Ben, de que esta visión había sido tan poderosa y tan real que sabía que estaba despierto. De hecho, evitaba referirse a ella como a un sueño o una visión, porque sabía que realmente había estado allí, a un paso de entrar al cielo.

* * *

El desmayo de Ben en el atrio del colegio había hecho que los sentimientos de Madeline por Ben se hicieran más evidentes. Cuando una estudiante había entrado apresuradamente a su segunda hora de clase esa mañana, contándoles a todos que Ben se había desmayado, Madeline quedó profundamente preocupada.

Se dio cuenta de que su atracción por Ben estaba convirtiéndose en algo más significativo, supo que realmente le gustaba. Después de que supo que Ben estaba bien, quiso que supiera lo que sentía por él. Más tarde ese mismo día, le envió un mensaje de texto: "Espero que estés bien en el hospital", y le dijo que él realmente le gustaba.

Ben había respondido con otro mensaje de texto: "¡Ay! Muchas gracias. Ya veremos cómo sale todo".

Ben se quedó en casa sin ir al colegio durante todo el mes de diciembre, a excepción del medio día que asistió a clases después de ser dado de alta del hospital. Para el martes 13 de diciembre estaba a punto de enloquecer. Después de haber descansado todo el día, Ben se sintió lo suficientemente fuerte esa tarde para ir con Madeline a Barton Creek Resort & Spa, uno de los clubes campestres más importantes de Austin, donde estuvieron conversando por varias horas. Le dijo que deseaba contarle todo acerca de la experiencia que había tenido la semana anterior cuando se había desmayado en el atrio. Le dijo que él creía en los ángeles.

Ben y Madeline pasaron algún tiempo juntos, disfrutando de su mutua compañía, sin preocupaciones. Se reían de los que decían que su idea de la mujer perfecta era la que estaría dispuesta a hacerle un enorme sándwich a su hombre.

Más adelante esa noche, a las nueve cuarenta y seis, Madeline envió a Ben un mensaje de texto: "Eres el tipo de hombre para el cual yo prepararía un sándwich".

Él respondió, "Ja, ja, ja, no puedo creer que hayas dicho eso. Me gustaría poder grabar la pantalla con la cámara. Muy bien. Quiero un sándwich".

• • •

Después del accidente de tráfico, Ben se desanimaba con frecuencia. Deanne, Shawn y Jake parecían estar radiantes de felicidad de tener de nuevo con ellos a Ben, y los sentidos mensajes de sus amigos de Westlake no dejaba de bombardear su teléfono; aún muchachos de otros colegios de Austin que habían escuchado rumores inundaban a Ben con conversaciones por Xbox LIVE. Sin embargo, Ben continuaba desanimado.

Intentaba agradecer los intentos de todos sus amigos y familiares por levantarle el ánimo, realmente se esforzaba por hacerlo. Y cuando su fachada de buen humor lo abandonaba, se escondía detrás de un humor literal. Sin embargo, en su casa, Ben se dio cuenta de que su familia no se mostraba tan receptiva a verlo de nuevo actuar como una persona bromista, no en la forma en que él había imaginado que lo aceptarían.

Una tarde, mientras Deanne lavaba los platos, Ben entró sin propósito alguno a la cocina y en tono casual ella le preguntó si había estado estudiando para sus pruebas finales. En un intento por ofrecer una nota graciosa de alivio para otro día que le había exigido mucho esfuerzo, Ben bromeó.

—Oye mamá. Morí apenas la semana pasada; ¿aún tengo que estudiar?

Deanne levantó la cabeza y lo miró desde donde se encontraba, agachada, descargando la lavadora de platos.

—Sí —le respondió sonriendo—, debes hacerlo.

Shawn, que estaba buscando algo en la despensa, escuchó la conversación y se rio del no muy oportuno intento de Ben por evadir sus estudios.

Deanne sabía que Ben intentaba aliviar la situación. Dejando un plato sobre el mesón, abrazó a Ben.

—Ben, sé que bromeas —admitió, mientras lo mantenía abrazado—. Pero... —su voz se desvaneció porque las palabras se le atoraron y se le hizo un nudo en la garganta. Comprendió la realidad de lo que Ben había dicho. Deanne supo que, de hecho, su hijo *sí había* muerto la semana pasada. La idea de perder (de que había perdido) a su hijo era algo demasiado serio para ser objeto de broma.

Los ojos de Deanne estaban llenos de lágrimas.

—No quiero perderte —le dijo, por último, sollozando.

—¡Wow, mamá! —respondió Ben, sorprendido del intenso sentimiento—. Realmente estás dolorida. ¡No te preocupes tanto! —le dijo con una enorme sonrisa.

—Ben —intervino Shawn—, tu madre tiene razón de sentirse así. Debes permitirle que te demuestre el amor que te tiene, sobre todo después de un incidente tan grave. Y, además, Ben... —agregó Shawn, abrazándolo también él—, quiero que sepas que yo también te quiero.

Shawn miró a los ojos a Deanne, compartiendo en silencio su ansiedad. Ambos experimentaron la gravedad de la enfermedad de Ben, y se conectaron de una forma que Ben escasamente lograría imaginar.

CAPÍTULO 29

EN EL FILO DE LA CORNISA

Quisiera que retrocedieras de esa cornisa, mi amigo

—"JUMPER" (THIRD EYE BLIND)

Tarde, el sábado en la noche, Ally buscó a Ben por toda la casa. Sus padres le habían pedido que se quedara esa noche porque su corazón necesitaba descanso, de modo que cuando Ally no lo pudo encontrar, se preocupó de que tal vez se hubiera desmayado en algún lugar de la casa, por lo que buscó en cada habitación. Ben no estaba en ninguna parte. Ally lo llamó al celular, preguntándose si habría salido un momento. Respiró hondo cuando Ben le contestó.

—¿Dónde estás, Ben? —le dijo.

—Aquí atrás, sentado en el muelle —respondió Ben.

Ally miró por la ventaba de la cocina y lo vio sentado en la parte de atrás de la lancha. Las luces del muelle estaban apagadas, por lo que su silueta apenas podía discernirse a la luz de la luna.

—¿Estás bien?

—Sí, estoy muy bien.

Durante estos últimos días Ben buscaba cada vez con más frecuencia la soledad del lago en la noche. La calma del agua, iluminada por la luz de las estrellas, rodeada por la naturaleza, era un buen lugar para pensar en la vida —y en la muerte— y para rezar.

Ally colgó el teléfono, se cubrió con su gruesa chamarra North Face poniéndola encima de su pijama y caminó hasta el muelle. En la noche silenciosa y tranquila, Ben se encontraba sentado al borde de la plataforma de su lancha, amarrada al muelle. Estaba suspendido a corta distancia del suelo, con sus pies casi rozando la superficie del agua. Su mente estaba invadida de pensamientos, pero el mundo estaba en silencio. Su corazón estaba inquieto, pero el mundo estaba en calma.

En ese momento, Ben no pensaba en las fiestas de sábado en la noche que transcurrían sin él, ni en que su hermana lo estaba buscando dentro de la casa. Su mente estaba tranquila; él estaba en paz.

Sólo cuando Ally se acomodó a su lado sobre la plataforma, Ben se dio cuenta de que no estaba solo.

—Has estado pensando mucho, ¿no es cierto? —le preguntó Ally.

—Sí... —respondió Ben, con los ojos fijos en la superficie del agua—. Últimamente he estado viniendo aquí a hacerle preguntas a Dios.

Ally se recostó rígida contra la popa de la lancha, con su oído inclinado alerta hacia Ben. En muy raras ocasiones él le había hablado acerca de Dios, y nunca le había dicho, ni remotamente, que él y Dios habían estado conversando de una forma prácticamente literal.

Ben rompió el silencio.

—¿Recuerdas cuando estuve en el hospital a los cuatro años? Bien, es extraño. No recuerdo nada de mi llegada ni de mi salida del hospital; sólo recuerdo haber estado en ese corredor y haber visto esa luz brillante encima de mí. Era como si nada más en el mundo importara —Ben permaneció muy quieto. En ese momento, *supo* que nada más importaba—. Yo simplemente no dejaba de mirarla, no podía dejar de sonreír —por un momento, una fugaz sonrisa apareció en su rostro—. Esa ha sido la sensación más pacífica que he experimentado jamás. No puedo describir la enorme paz que me invadió.

"Salir aquí, a medianoche, cuando todo está silencioso y el agua está tan quieta —continuó Ben—, es lo más cerca que puedo llegar a esa sensación de paz. Por eso salgo aquí y simplemente le hago preguntas a Dios.

Ally dudó por unos minutos antes de preguntar.

—¿Qué le preguntas a Dios cuando sales aquí?

—Bien —respondió Ben, yo sé que no debo decirlo, pero a veces pregunto por qué no me quedé ahí. No te he contado esto, tampoco se lo he contado a mamá, pero cuando tuve ese estrellón con el auto de ese hombre después de que salí del hospital, al volver a entrar a mi auto, empecé a llorar muy fuerte. Simplemente lloré a gritos —Ben dejó escapar una risa nerviosa y miró a su hermana con una sonrisa tímida. De inmediato volvió a fijar su vista en el agua y adoptó de nuevo su expresión solemne—. Y pensé "¿Por qué tuve que volver a esto?".

Comprendiendo su frustración, pero deseando que Ben quisiera seguir viviendo, ansiosa por hacerlo retroceder de esa cornisa, Ally no encontraba palabras. Tenía una sensación casi instintiva —como la que sólo una hermana puede tener con respecto a su hermano— de que Ben estaba listo para cruzar esa línea delgada que separa el mundo físico del mundo espiritual, que tal vez, de ciertas formas, ya la había cruzado, que de cierta manera ya estaba viviendo en un nuevo y elevado estado, que para Ben ya había comenzado la eternidad. Sabía que el destino de su hermano era seguro, pero no estaba lista para que él se fuera.

Mientras estuvieron allí sentados uno junto a otro, en silencio, la mente de Ally buscaba cómo resolverlo.

—¿Quieres hablar acerca de tu sueño? —se atrevió a decir—. Ya sé que se lo he oído a mamá pero no lo he oído todavía de ti.

Ben consideró la pregunta por un momento antes de responder.

—Bien, al principio, cuando me desmayé no podía hablar ni moverme ni nada, pero podía ver y oír lo que pasaba a mi alrededor. Por lo que cuando vi que los del equipo de servicios médicos de emergencia ponían las paletas del desfibrilador sobre mi tórax, pensé: "Ah, con que es eso, están a punto de darme una descarga eléctrica y aún estoy despierto". Y todo lo que podía pensar era cuánto me iba a doler —los ojos de Ben se abrieron desmesuradamente, como si sintiera temor de anticipar el dolor al revivir la experiencia—. Pero justo entonces entré en mi sueño. Y lo llamo un sueño o una visión, pero no sé realmente cómo llamarlo, porque yo estaba despierto.

—Fue real —afirmó Ally—. ¿No es verdad? —sabía que Ben lo creía así.

—Sí... —respondió Ben—. Fue real.

De nuevo, permanecieron sentados en silencio.

—Entonces —continuó Ben—, tú sabes, estaba ahí, en ese recinto blanco...

—Correcto —afirmó Ally—, pero, ¿no había muros?

—Era un espacio infinito. En realidad no puedo explicarlo. Y sentí esa misma sensación de paz que sentí cuando tenía cuatro años.

Ally quedó maravillada.

—¿Exactamente la misma sensación?

—Sí —respondió Ben—. Y fue algo muy extraño... nunca había escuchado tanto silencio en mi vida —Ben bajó el tono de su voz—. Era tan tranquilo, como si nada más en el mundo importara.

A medida que la mente de Ben se fue desviando de la conversación, Ally lo miró directo a los ojos, con la esperanza de seguirlo en sus reminiscencias.

—Entonces —prosiguió Ben—, de pronto lo vi en ese espejo y... —pausó para mirar a su hermana, como diciéndole *no sé, no preguntes*—. Kid Cudi estaba de pie detrás de mí. En realidad no he podido entender por qué estaba ahí, pero ahí estábamos ambos, vestidos con trajes realmente hermosos, y (sé que esto suena extraño) nos veíamos *realmente* bien —dijo Ben con una risa nerviosa—. Y me sentí más *seguro de mí mismo* de lo que jamás me he sentido en la vida —hizo una pausa y se sumió en un ensueño. Después de meditar por un momento, su rostro se iluminó con una sonrisa de oreja a oreja—. Y yo no pude dejar de sonreír, tenía una sonrisa *realmente* enorme... y estaba orgulloso de mí —Ben miró de nuevo a Ally, intentando medir su reacción.

Ella le sonrió, con sus ojos iluminados por una expresión de aprobación. Ben volvió a fijar sus ojos en la tranquila superficie del lago.

—Y cuando estaba mirando al espejo, sé que me estaba viendo, pero no solo me veía yo; estaba viendo toda mi vida —Ben se detuvo, dudoso, evaluando la claridad de lo que acababa de decir—. Y me sentía orgulloso de toda mi vida y de todo lo que había hecho, y no podía dejar de sonreír. Y... —repentinamente se volteó y quedó frente a Ally con sus ojos intensos mirando profundamente a los de ella—. Supe que estaba listo para algo más importante.

Ally lo miró fijamente a los ojos con la misma intensidad, absorbiendo sus palabras en absoluto silencio.

Ben continuó.

—Luego, fuimos hacia este gran escritorio de vidrio y Kid Cudi puso su mano en mi hombro y me dijo "¿Estás listo?" y yo respondí "Sí". Luego dijo "Vete ya". Y comenzó a sonar la canción: "¿Cuándo terminará la fantasía? ¿Cuándo comenzará el cielo?" —Ben hizo una pausa mientras su animada sonrisa se desvanecía—. Y realmente creí que me iba al cielo.

Ally *no* esperaba esto. Permaneció sentada, inmóvil, mirando a Ben, asombrada por su confesión. Su falta de respuesta fue acompañada por una sinfonía de grillos.

De un momento a otro Ben comenzó a reír, sobresaltando a Ally y sacándola de su estado pensativo.

—Y luego recuerdo a esos tipos del servicio médico de emergencia que deben haber pensado que yo estaba loco porque me desperté y no podía dejar de sonreír. Y más tarde una muchacha me preguntó "¿Por qué tenías esa sonrisa tan enorme cuando despertaste?", y respondí "Estaba realmente feliz". Y me miró como si fuera un ser extraño —Ben y Ally rieron.

Ally miró a su hermano.

—¿Te alegra haberte despertado?

Con un profundo suspiro, Ben respondió:

—Creo que sí —tenía la mano apretada con fuerza sobre sus ojos; sollozaba.

Ally no pudo contener las lágrimas que repentinamente inundaron sus ojos. Abrazada a los hombros de Ben y acercandose a él aún más, intentó consolarlo. Pero en realidad lo que intentaba era convencerlo de su propio deseo de vivir.

—Ben, estamos tan felices de que estés aún aquí con nosotros. Y yo sé que es posible que no quieras estar aquí, pero debes saber que *esta vida* no es la nuestra. Nuestra vida es eterna y es el regalo que Dios nos ha hecho. Y *esta vida* es nuestro regalo para Dios.

"No sé por qué Dios te trajo de vuelta, y tal vez nunca lo sepamos. Pero lo que debes saber es que si Dios decidió traerte de nuevo a la vida, debe tener un propósito *muy* importante para que estés aquí.

Ally abrazó a Ben con más fuerza, llorando incontrolada. Durante varios minutos permanecieron en esa posición, comunicándose con sus lágrimas en un lenguaje que ambos entendían.

Cuando su respiración comenzó a normalizarse y sus tórax se movían más suavemente, Ben rompió el silencio.

—Creo que tienes razón. Y también pienso que Dios me permitió tener esa visión para que no tuviera miedo de morir.

Esta vez el silencio pareció hacer eco por todo el lago.

Después de un largo rato, Ally levantó la cabeza que había tenido apoyada en el hombro de Ben. Retirando sus brazos de los hombros de su hermano, con algo de incertidumbre, se inclinó hacia adelante para mirarlo cara a cara.

—Te quiero, Ben —le dijo en voz baja.

Ben retiró sus ojos del agua para mirar directamente a los de Ally.

—Yo también te quiero —respondió con todo su corazón. De nuevo se abrazaron.

En un intento por devolver a la atmósfera su habitual tono casual, Ally agregó:

—Lamento haber arruinado tu paz aquí afuera con mi conversación.

—No, por eso salgo aquí —respondió Ben—, para hablar.

Ally sonrió.

—Bien, volveré a la casa —dijo después de un momento, con el deseo de dejar a Ben en paz.

Sin pensarlo dos veces, Ben respondió:

—Voy contigo —se levantó de la plataforma lentamente y juntos, tomados del brazo, Ben y Ally caminaron por el muelle por última vez.

CAPÍTULO 30

ESTOY CANSADO

¿Es de sorprenderse que esté cansado?

—"IS IT ANY WONDER?" (KEANE)

Una semana antes de Navidad, Ben engañó a la muerte por última vez.

Ben, Ally y Jake salieron todos medio adormecidos de sus habitaciones, bostezando. Aún no había amanecido y un viaje de dos horas y media al medio de la nada, Texas, esperaba a la familia Breedlove.

Deseosos de pasar un tiempo de calidad juntos, los Kohler habían invitado a toda la familia a acompañarlos para un día de manejo seguro de armas y un curso de autodefensa en un campo de tiro cerca de su casa. Ben siempre había aprovechado cada minuto que podía pasar en el rancho de los Kohler, por lo que estaba ansioso de adquirir alguna capacitación táctica profesional para su práctica de tiro al blanco. Con sus tulas, sus escopetas y sus balas cargadas en la SUV familiar, los Breedlove salieron de viaje en una helada madrugada decembrina.

Al despertar, Ben había vuelto a sentir que su corazón golpeaba una vez más. Había estado en una arritmia prácticamente constante desde el Día de Acción de Gracias. Al pensar en el pronóstico meteorológico de frío, viento y un día potencialmente lluvioso, Shawn y Deanne pensaron seriamente cancelar el viaje. Pero Ben no quería perderse de un día de tiro al blanco e insistió en que se sentía bien. Realmente quería ir y, debido a su enorme deseo, Shawn y Deanne aceptaron. Sabían que era uno de esos momentos en los que habría preferido quedarse en casa para mayor seguridad. Pero eso habría continuado aislando a Ben, manteniéndolo alejado de las cosas que le encantaba hacer. Parecía que lo correcto era dejar que Ben decidiera. Necesitaba gozar de la vida. Esta sería una excelente forma de tener a toda la familia unida, con buenos amigos, especialmente si Ben se sentía lo suficientemente bien como para hacerlo.

Una vez que salieron de Austin, atravesaron grandes trechos de pastizales tejanos cruzando cercas de alambre de púas, terrenos cercados y de ganado Longhorn en el resplandor azul de la madrugada. Mientras Shawn avanzaba en esta forma, sus cuatro pasajeros dormían recostados contra las puertas del auto y contra los hombros de unos y otros en el asiento de atrás. Cuando habían viajado aproximadamente una hora, entraron al estacionamiento de Buc-ee's, una de las tiendas de comida más grandes de Texas y la favorita de todos, donde cualquiera podía encontrar algo que comer.

Al pasar por la puerta, los recibió el agradable aroma de café recién molido, carnes en la parrilla y masa leudando. Dentro del enorme local había hileras interminables de todo tipo de delicias. Deanne y Ally se dirigieron a las cafeteras de café colado, mientras Jake y Shawn elegían unos panecillos de salchicha y huevos recién hechos, de una vitrina de vidrio.

Al darse cuenta de que Ben no había salido del auto, Deanne salió de nuevo para ver cómo estaba. Golpeó en el vidrio de la ventana y le hizo señas a Ben de que la abriera.

—Ben, ¿no quieres entrar a desayunar, ya que estamos aquí? Es la única parada que haremos, y sólo almorzaremos más o menos a las dos y media.

Ben permaneció inmóvil en su asiento, escasamente abriendo los ojos en respuesta a las palabras de su mamá.

—No, no tengo hambre. Gracias de todas formas —y en su rostro se dibujó una leve sonrisa de agradecimiento.

Ben estaba acostumbrado a despertarse en las mañanas sintiéndose totalmente agotado. Con frecuencia su cansancio le quitaba el apetito. Para él, era sólo otra de esas mañanas. Decidió no desayunar y descansar para el largo día que lo esperaba.

—Está bien —aceptó Deanne no muy convencida—. Pero realmente debes tomar agua. Te traeré un poco —Deanne volvió a la tienda a recoger las compras. Cuando compró el agua en botella para Ben, al salir, decidió comprar también un pan con salchicha y un jugo de naranja en caso de que decidiera comer algo más tarde. No quería que se le bajara el azúcar antes del pesado día que tendría en el campo de tiro. Pronto, los Breedlove estaban de nuevo en el auto y habían retomado su camino, llegando a las afueras del rancho antes del amanecer.

Apenas el horizonte comenzó a adquirir un color naranja, Shawn tomó un camino de tierra marcado por una pequeña caja de correo pintada de azul, a mano izquierda. Continuó por ese camino hasta llegar a un área cubierta, de reposo, donde los instructores de seguridad en manejo de armas y sus alumnos se encontraban reunidos. Todos estaban repartidos en grupos frotando sus manos para calentarse, y conversando de distintos temas antes de que todo el grupo se reuniera para la presentación inicial.

Shawn estacionó la SUV al lado de una línea de autos ya estacionados y apagó el motor. Tomando sus cachuchas y sus cajas de balas de nueve milímetros, los Breedlove salieron al aire frío de la mañana. A pesar del frío, era un hermoso día de cielo azul.

Al verlos desde el otro lado del campo, Mark y Pam Kohler se acercaron dejando atrás a un grupo de expertos tiradores para saludar a los Breedlove, abrazándolos y dándoles los buenos días. Cuando Pam, después de abrazar a Ben lo miró a los ojos, se dio cuenta de que no tenían su brillo habitual. Pensó que parecía estar muy apagado y era fácil ver que no se sentía bien esa mañana.

Mark vino a grandes pasos a donde se encontraban Jake y Ben, desempacando la SUV.

—¡Buenos días, muchachos! ¿Tienen todas sus cartucheras listas? —Ben y Jake levantaron sus abrigos para mostrar que tenían sus cartucheras puestas y estaban listos para empezar.

Ally, por otra parte, no estaba igualmente preparada. Llevaba puestas dos chaquetas de capucha North Face sobre su delgado cuerpo, contrastando con unos apretados jeans y botas vaqueras, convirtiéndose en un fácil blanco para la bromas de Mark.

Con el sarcasmo a flor de piel, Mark bromeó con ella en su habitual tono travieso.

—¿Crees que tienes suficientes capas encima de ti? ¿Eres de sangre fría o algo así? Pareces un reptil.

—¡Estamos felices de que hayan podido venir! —Pam gozaba de su compañía con una calidez y una amabilidad naturales—. Sólo vengan con nosotros a las mesas de picnic; nuestros instructores se dirigirán a todo el grupo y dividiremos a los tiradores novatos de los expertos.

Después de que los instructores explicaron los reglamentos, los Breedlove se separaron de los Kohler para empezar el primer curso de seguridad en el manejo de armas y en autodefensa que habían recibido en su vida.

Ally y Jake habían traído rifles iguales, Rugers calibre .22, unas pistolas más pequeñas que no producen reacción de culatazo, especiales para manos nerviosas, inexpertas. Por su parte, Shawn y Deanne habían traído escopetas Glock 19, una cada uno, y Ben tenía una Springfield XD. Los cinco estaban equipados con protectores contra ruido, orejeras y abundantes municiones. Estaban parados firmes con sus armas delante de ellos.

—Ahora bien, ¡atención todos! Ni *uno* solo de ustedes pondrá un dedo en un gatillo antes de que hayamos aprendido y practicado la rutina de seguridad con las armas, y haberlo hecho hasta que cada uno de ustedes se sienta a gusto manejando un arma", declaró el instructor en su inconfundible acento texano.

Mientras Ally y Deanne respiraban hondo, en señal de alivio, Ben y Jake intercambiaron miradas de decepción. No estaban interesados en los discursos; ¡querían disparar! El instructor se dirigió al grupo por lo que parecieron horas y horas, explicando la seguridad de las armas, la etiqueta de su uso y las maniobras que los que se entrenaran estarían realizando durante el día, demostrando cada técnica a medida que la explicaba. Después de toda una mañana de instrucción, los aprendices recibieron permiso de manejar sus armas por primera vez.

• • •

A la hora del almuerzo, hambrientos después de la larga actividad de la mañana, Shawn y Jake fueron corriendo al carro a buscar dentro del enfriador lleno de sodas y sándwiches de pavo que Deanne había empacado. Ben venía detrás de ellos, algo rezagado; después se dirigió en zigzag hacia una de las mesas de picnic bajo el área de descanso cubierta. Luego de haber esperado este día durante semanas, todo lo que quería era practicar su puntería una y otra vez, y correr con Jake a recoger los cartuchos. Quería reírse y bromear con Ally, hacer bromas a todos, como siempre, como lo solía hacer. Pero hoy simplemente no se sentía lo suficientemente bien.

Ally se dio cuenta de que la energía de Ben había disminuido en forma considerable después de estar de pie toda la mañana escuchando al instructor. Se acercó a donde estaba Ben y se sentó a su lado.

—¿Estás bien, amigo? —estaba preocupada por el desánimo de Ben y también por sus niveles de azúcar—. No has comido nada en todo el día. Ya son las dos y media.

Ben la miró de reojo sin molestarse por verla de frente.

—Estoy bien —dijo sin mucho énfasis—. Me duele un poco el estómago. Ya vuelvo —levantándose con esfuerzo, Ben se dirigió a los baños al otro lado del campo.

—Ally ¿crees que Ben esté bien? —también Deanne había notado la actitud de cansancio de Ben.

Ally, preocupada, no dejó de mirar a Ben, que aún estaba cruzando el campo.

—Creo que está bien —respondió, sin dejar de mirar a su hermano—. Dijo que le dolía el estómago, por lo que no debe tener nada que ver con su corazón. Parece que la medicina que está tomando ahora le está sirviendo. Con ésta no se cansa tanto como con la que estaba ensayando la semana pasada, por lo que creo que lo que lo tiene así es sólo su estómago —Ally parecía querer convencerse de lo que estaba diciendo, aún más que su madre.

Para cuando terminó el descanso de media hora para el almuerzo, Ben se reunió de nuevo con su familia para reanudar el entrenamiento. Estaba agotado y desesperado por sentirse mejor, pero también estaba decidido a gozar del día. Deanne encontró una silla plegable para Ben y, no sin protestar, se sentó en ella durante toda la parte de instrucción de la sesión hasta que llegó el momento de comenzar a disparar.

El instructor se recostó en ademán casual contra uno de los blancos del centro, esperando a que los últimos del grupo del almuerzo volvieran a las mesas.

—Está bien, amigos, *ahora* vayamos a disparar —los cartuchos de bronce saltaban en todas direcciones a medida que el grupo de alumnos disparaba hacia sus objetivos.

A pesar de su agotamiento físico, las primeras dos balas que disparó pegaron justo en el centro de su blanco. Al resto de los Breedlove tampoco les fue tan mal. Tanto Ally como sus padres dispararon también en el centro de sus blancos y uno de los disparos se desvió hacia un lado. Sin embargo, Jake aparentemente había nacido siendo un experto tirador. La primera bala disparada por su mano dio justo en el blanco. Nadie puso en duda su destreza, a pesar de su edad, por el resto de ese día.

Cuando el instructor dio por terminado el curso con otro discurso de despedida, los que habían recibido el entrenamiento comenzaron a buscar entre el pasto lleno de tierra los cartuchos utilizados para lanzarlos a un balde de desperdicios. Antes de que el campo de tiro quedara limpio, Ben volvió a las mesas de picnic y se sentó. Lanzando una última puñada de cartuchos en un balde, Ally lo siguió, con el presentimiento de que realmente no estaba totalmente bien. Mientras Ben se quitaba sus orejeras y sus anteojos, Ally se sentó junto a él.

—No me siento bien —murmuró Ben.

En una fracción de segundo, el tiempo que requirió Ally para mirar hacia atrás sobre su hombro, Ben quedó acostado en la banca de la mesa de picnic.

—Ben, ¿estás bien?

No hubo respuesta y la cabeza de Ben se deslizó de la banca en cámara lenta. Ally pensó inicialmente que estaba bromeando y que no se trataba de una broma graciosa, pero en un instante el rostro de Ben se puso morado. No se trataba de una broma. Ben tenía problemas.

Ally nunca había visto a Ben durante un paro cardiaco. Había oído hablar de cómo se había desmayado en Westlake, pero ahora lo estaba experimentando personalmente.

Antes de poder asimilar la realidad de la situación, Ally vio a su mamá allí, al otro extremo de la banca, con la cabeza de Ben en su regazo. Deanne había estado recogiendo cartuchos vacíos cuando vio que Ben iba hacia la banca de picnic. Lo vio cuando se acostó, por lo que se quedó inmóvil mirándolo. Contuvo el aliento cuando vio que su cabeza y sus hombros comenzaban a deslizarse de la banca. Deanne corrió hacia Ben, vio que su cara tenía una coloración entre morada y azul y ya tenía los ojos en blanco. Entró en pánico, tomó su cabeza entre sus manos y trató de sacudir a Ben y hablarle para despertarlo.

—Ben, ¿estás bien? ¿Me puedes oír, mi amor? No te preocupes, Ben. Estarás bien —pero no era así. Ben no estaba bien.

Deanne acunó a su hijo en su regazo mientras Shawn se apresuraba a levantar las piernas de Ben en el aire, en un intento por inducir flujo de sangre a su cabeza. Tomándolo firmemente por los hombros y los pies, lo pasaron rápidamente al piso. Deanne miró hacia arriba, con expresión frenética.

—¡Shawn! ¿Debemos hacerle RCP?

Se había reunido una multitud alrededor de la mesa de picnic para ese entonces, y todos miraban aterrados. El grupo de tiradores experimentados había notado la conmoción desde el otro lado del campo y se apresuró a venir. Pam llamó de inmediato al 911, alejándose a paso rápido del grupo para encontrar mejor recepción para su celular; Mark la seguía de cerca dándole la dirección y las instrucciones para llegar al campo de tiro.

Un hombre se abrió paso y se arrodilló frente a Ben listo para ayudar con la RCP. Mark vino detrás y le hizo señas al hombre.

—¿Quince-dos? —preguntó, para indicar quince compresiones torácicas y dos respiraciones, el antiguo método estándar de la RCP. El hombre asintió, pero sólo administró una compresión torácica, luego se sentó sobre los talones y esperó. No hubo respuesta.

—¡Continúe! —Deanne de pronto se dio cuenta de que estaba gritando lo que estaba pensando. A pesar de los muchos sustos por los que ya habían pasado y las múltiples veces que Deanne había ensayado las rutinas de emergencia en su mente, se sintió que no estaba preparada para manejar la situación y que no era apta para hacerlo. Había tomado clases de RCP. Inclusive había comprado y llevado con ella un desfibrilador externo antes de que le implantaran a Ben el marcapasos. Siempre estaba estudiando y practicando lo que debía hacer en caso de emergencia. Se había representado en la mente una y otra vez las distintas situaciones que podían darse, lo había hecho durante años, en preparación para un evento como este. Pero ahora, cuando el rostro de Ben estaba cada vez más oscuro y sus ojos parecían sin vida, Deanne se paralizó por su propio miedo. Se agolpaban en su mente pensamientos de indefensión. *¿Podrá Ben oírnos? ¿Podrá sentir algo? Por favor, Dios, ayúdale a no sentir dolor.*

A Shawn no le estaba yendo mucho mejor. Se veía prácticamente catatónico. Sus esperanzas de que Ben reaccionara tristemente se estaban desvaneciendo.

Ally se retiró del grupo sin saber cómo ni cuándo lo había hecho. Quería salir de allí para no ser una espectadora inútil en medio del trauma. Abrazó a Jake, que también había venido corriendo al lugar, y temblaba, llorando, desde una distancia prudente.

Ahora la piel del rostro de Ben era de un profundo azul púrpura. No estaba reanimándose. Estaban en la mitad de la nada. Indefensos, Ally observaba la escena que se desarrollaba ante sus ojos. No se movía, no respiraba, no pensaba, sólo permanecía allí, quieta.

Justo entonces, Ben se sentó. Obviamente desorientado, le preguntó a Mark:

—¿Oye, estoy bien?

—Estás bien —respondió Mark, aliviado al escuchar una vez más la voz de Ben.

Ben, que había estado allí acostado, inmóvil y azul sobre la banca de picnic, estaba ahora sentado, con su color de cara normal, como si nada.

—Estoy bien. Sólo déjenme quedarme aquí sentado por un minuto —dijo Ben. Miró a su alrededor como si no pudiera entender dónde estaba, luego vio las expresiones en las caras de

Shawn y Deanne—. Hola. Ya estoy muy bien —dijo, casi como si estuviera hablando del clima. Una ambulancia llegó a toda velocidad rodeando la berma y paró en seco en el camino de tierra.

Jake se zafó del abrazo de Ally y estiró el cuello para lograr ver a Ben, porque una de las personas que estaba allí parada no le permitía verlo. Lo miró ahí sentado, hablando, y salió corriendo a refugiarse de nuevo en los brazos de Ally.

—¿Estás bien, Jake? —preguntó Ally, mirando a Jake, quien tenía los ojos llenos de lágrimas.

—Sí —respondió Jake con voz temblorosa—. Sólo quería asegurarme de tener en mi cabeza una buena imagen de Ben, con su apariencia normal.

. . .

El equipo del SME comenzó a examinar a Ben, controlando sus signos vitales y escribiendo notas en sus tablas de datos. Uno de los paramédicos se dirigió a Deanne.

—Señora Breedlove, ¿quiere ir en la ambulancia?

Al escuchar la conversación, Ben interrumpió.

—¡Un momento, un momento, un momento! Esperen. Tengo dieciocho años. Soy adulto. Eso significa que no tengo que ir al hospital, ¿cierto? —Ben miró directamente a los paramédicos, contando con su afirmación. Después de toda una vida de seguir las estrictas reglas e instrucciones relacionadas con su cuidado médico, Ben ya no podía más. Por primera vez, insistió en tomar una decisión como adulto.

El paramédico, a quien Ben cogió fuera de base, miró a Shawn y a Deanne con una expresión de disculpa en sus ojos por la respuesta que se veía obligado a dar.

—Bien, ah... eso es correcto. Cuando tienes dieciocho años puedes negarte a recibir asistencia médica.

—Bien, no voy a ir —dijo Ben en tono cortante.

Shawn y Deanne intercambiaron miradas de asombro, sorprendidos por la osada actitud de Ben. Durante dieciocho años, Ben siempre había aceptado sus circunstancias sin mayores quejas. Esta vez, Shawn y Deanne pudieron intuir una determinación que nunca antes habían visto en su hijo.

Entendieron su renuencia a pasar otra noche en un hospital desconocido. Ya habían pasado por esa rutina antes. Lo comprendían perfectamente y sabían que no quería ir porque se daba cuenta de que estaría pasando la noche con varias líneas de infusión intravenosa en sus brazos, lo someterían a múltiples pruebas, luego lo dejarían allí acostado, aburrido, mientras lo "observaban", esperando a que un doctor lo diera de alta al día siguiente. Para empeorar las cosas, estaban fuera de la ciudad, lo que significaba que tendrían que enfrentarse a todo un nuevo equipo de médicos. Peor aún, en lo que a Ben se refería, no habría más amigos que Pam y Mark que lo visitaran para no aburrirse tanto. Ben conocía muy bien esta rutina y la rechazó. No quería que lo picaran, que lo auscultaran o que lo examinaran más. Quería estar en casa, en su propia cama.

Sin embargo, tal vez porque ésta fue la primera vez que Shawn y Deanne habían experimentado uno de los episodios de paro cardiaco de Ben directamente, consideraban sinceramente que debía ser examinado en el hospital.

—Ben, amor, vayamos a la sala de urgencias a que te examinen —le imploró Deanne—. Después nos iremos a casa.

—No voy a subirme a esa ambulancia —dijo Ben con un profundo suspiro.

—Bien, si no vas a subir a la ambulancia, ¿quién te va a llevar a casa? —le dijo Shawn con mucha astucia, contrarrestando el argumento de Ben. Shawn se dio cuenta de que Ben no quedó contento con su respuesta, por lo que le aseguró a su hijo que harían únicamente lo que fuera necesario en el hospital para asegurarse de que no estuviera en un riesgo importante, y luego lo llevarían a casa lo más pronto posible. Ni el padre ni el hijo querían entender plenamente hasta qué punto se encontraba Ben realmente en riesgo. Al final, Ben sucumbió a su destino, que siempre lo llevaría al hospital.

CAPÍTULO 31

¿QUÉ TAN LEJOS ESTÁ EL CIELO?

Sálvame de esta prisión
Señor, ayúdame a escaparme

—"HEAVEN" (LOS LONELY BOYS)

Contra su voluntad, Ben se encontró soportando otra noche monótona en la sala de urgencias. Afortunadamente, el médico de turno era de Austin y conocía bien al cardiólogo de Ben. No obstante, la discusión de si Ben debería permanecer en ese hospital o si debería volver al Dell Children's en Austin, o si simplemente lo podrían llevar a casa, no se había definido. Shawn y Deanne analizaron la decisión con ambos médicos por varias horas, mientras el personal del hospital monitoreaba a Ben.

Sólo se permitía que uno de sus familiares entrara cada vez a la sección donde se encontraba Ben en la sala de urgencias, de manera que Shawn y Deanne se turnaron para acompañarlo. Durante todo este tiempo, Ally y Jake se acomodaron en la destartalada sala de espera impregnada de olor a tabaco. Las paredes eran de color durazno y contra ellas había hileras de sillas tapizadas en una tela de flores de apariencia muy ordinaria. Ally y Jake se sentaron sobre las pegajosas cubiertas plásticas protectoras de los muebles y se esforzaron por no permitir que sus zapatos se pegaran al sucio piso de linóleo. Todo el lugar se veía muy poco higiénico.

• • •

De nuevo en urgencias, Ben estaba desesperado, acostado en una vieja e inestable cama de hospital. A diferencia de las camas de alta tecnología del Dell Children's Medical Center, si Ben quería levantar o bajar la cabecera de la cama, tenía que manipular una palanca detrás del espaldar de la primitiva cama, como si se tratara de una silla de extensión. Para hacer aún peor la situación, no pudo tener un momento de tranquilidad con el constante ruido y los constantes pitidos y zumbidos de las antiguas máquinas médicas que atiborraban el cuarto. Más tarde, entró una enfermera a través de la cortina para cambiarle la línea intravenosa. Era joven, con una cara hermosa y una expresión inocente. Sus ojos brillaron con sorpresa cuando vio a Ben.

—¡Amorcito!, ¡eres demasiado joven para tener un marcapasos! ¡Por lo general los viejitos muy enfermos tienen marcapasos! —dijo, con un dulce acento campesino.

Eso fue suficiente para Ben. Tomó su celular y en forma persistente empezó a enviar mensajes a sus padres en tono de *bromeo pero lo digo en serio*: "¡Vámonos a casa! ¡Sáquenme de aquí! ¡Por favooooooooooor!".

A pesar de que los intentos de Ben de escapar de la sala de urgencias no tuvieron respuesta, sí logró persuadir a su padre de que incumpliera las reglas en un aspecto: Ben diseñó un plan y reclutó a Shawn como su cómplice. Deanne, Ally y Jake también serían cómplices del crimen. Iban a traer contrabando a la sala de urgencias: Taco Bell.

De inmediato, Shawn ubicó la más cercana de estas franquicias en su celular inteligente y la misión comenzó. Pronto, Shawn, Ally y Jake volvieron con el alimento prohibido, dándole a Deanne la porción de Ben. Como si se tratara de contrabando de drogas, Deanne avanzó por el corredor hasta la sala de urgencias esperando que su perfume enmascarara el olor de los cinco tacos blancos de pollo y queso. Se deslizó detrás de la cortina y entre las visitas de la enfermera y del doctor, le fue pasando a Ben los tacos uno por uno, sacándolos de su bolso, luego arrugó los papeles donde venían envueltos y se deshizo de la evidencia. Ben quedó temporalmente satisfecho. Haber comido Taco Bell *casi* justificó su encierro en el hospital.

Ally y Jake se fueron preocupando más a medida que oscurecía. Por último, Shawn apareció de nuevo, después de una larga conversación con Ben en la habitación en la sala de urgencias. Para alivio de los hermanos, su padre les dijo que al fin regresarían a casa. Los doctores de Ben habían estado unánimemente en contra de trasladar a Ben, pero Ben insistió.

Ally supuso que Ben se había aprovechado de sus derechos de adulto y había negociado un viaje en ambulancia al Dell Children's Medical Center en Austin. Ally y Jake salieron corriendo al auto, felices de que Ben por fin pudiera volver a casa sin peligro. Pero cuando Ally abrió la puerta de atrás, casi se desmaya.

Ahí estaba Ben.

—¡*Qué!* —protestó Ally—. Ben *no* puede viajar dos y media horas a casa a medianoche por un lugar tan despoblado, con sus signos vitales inestables, contraviniendo las órdenes de los médicos ¡y sin forma alguna de revivirlo si algo le pasa por el camino! ¿*Por qué* no está en la ambulancia?

—Ally —dijo Shawn con firmeza, con una expresión sombría—, eso es lo que Ben ha decidido, y vamos a respetar su decisión. Esto ya lo discutimos.

A regañadientes, Ally se acomodó en el asiento de atrás, aterrada de pensar en el largo viaje que les esperaba. Ben se recostó, extenuado, contra la ventana del asiento trasero, notando la expresión de reproche en el rostro de Ally al tiempo que se sentaba junto a él.

—*No* iba a pasar otra noche en un hospital —aseveró Ben—. Y *no* me iba a subir a otra ambulancia. Sólo quiero llegar a casa.

Aunque Ally no estaba de acuerdo con la decisión, comprendía a Ben. Sabía que desde hacía ya tiempo estaba llegando al límite de su paciencia. Había sido hospitalizado demasiadas veces, ésta había sido la gota que había derramado el vaso y él quería dejarlo claro. Shawn salió de la rotonda del hospital hacia el camino de tierra. Ciento veintidós millas de autopista texana desierta se abrían ante ellos.

Mientras Shawn conducía en la oscuridad de la noche, Ben se quedó dormido. Pero su sueño significaba más tensión para los demás miembros de su familia. Era difícil, en la oscuridad, diferenciar entre el sueño reparador y la inconsciencia.

Ally estaba intranquila. Constantemente intentaba iluminar la cara de Ben con el débil rayo de luz de su teléfono celular para asegurarse de que estuviera respirando. De vez en cuando, Ben murmuraba algo entre dientes quejándose de que la luz lo despertaba, pero a Ally no le importaba. No estaba dispuesta a permitir que su hermano se le escapara.

En secreto, Deanne había utilizado su teléfono inteligente para mapear la ruta más rápida a todos los hospitales que quedaban por el camino. No queriendo molestar a Ben volteándose para mirar atrás a intervalos de unos cuantos minutos, posicionó estratégicamente el espejo retrovisor para poder observarlo constantemente, detectando cada elevación y cada descenso de su tórax. Con cada señal de la carretera, actualizaba sus rutas hacia los hospitales y miraba a Shawn a intervalos para asegurarse de que no se estuviera durmiendo. Había sido un largo día, habían salido temprano en la mañana y Shawn estaba física y también emocionalmente agotado.

Deanne, Shawn, Ally y Jake se sentían responsables de la seguridad de Ben esa noche. Sin embargo, de forma muy real, sabían que la vida de Ben no estaba en sus manos. Sería un viaje largo, pero Ben iba camino a casa.

CAPÍTULO 32

¿CUÁNDO COMENZARÁ EL CIELO?

—"MR. RAGER" (KID CUDI)

Ben se recostó en el sillón de terciopelo que estaba en la sala, abrigado en su pijama de franela. Más allá de la pared de puertas francesas con vidrio que abarcaba todo el ancho del salón, volaron unas de las últimas hojas secas de otoño del algodonero y fueron a caer a la superficie del lago. Afuera, el mundo estaba ya en reposo para el invierno.

La víspera había sido difícil para la familia Breedlove, y a pesar de que habían dormido en su casa, seguían extenuados. Habían hecho un acuerdo tácito de pasar por alto su asistencia habitual al servicio matutino dominical de la iglesia, y después de discutirlo al despertar, decidieron realizar un servicio religioso "en la iglesia doméstica", a su manera, en su sala. Después de que todos estuvieron reunidos, aún en pijama, la familia se acomodó en el sofá con sus tazones de chocolate caliente. Los padres de Ben habían llegado ya a ese momento que tanto habían temido durante toda la vida de su hijo: el corazón de Ben estaba fallando y un trasplante era inminente. Shawn y Deanne anticiparon las consultas con los equipos de trasplante para inmediatamente después de Navidad. No querían arruinar las vacaciones de Ben, por lo que acordaron esperar hasta después de año nuevo para decírselo. Al igual que con la mayoría de las decisiones relacionadas con su salud, tenían pensado analizar el tema a fondo y dejar que Ben dijera la última palabra acerca de si estaría o no dispuesto a someterse a un trasplante. Shawn y Deanne no sabían cómo respondería Ben. La tensión en sus corazones era cada vez mayor.

• • •

Con sólo unos minutos para pensar en lo que quería decir, Shawn reconoció que su familia necesitaba consuelo y esperanza. *Yo mismo, no tengo mucho de ninguna de estas cosas*, pensó Shawn, *por lo que tendré que confiar en una verdad en la que siempre he creído.*

—Creo que esta mañana estamos todos demasiado cansados para ir a la iglesia —comenzó Shawn—, por lo tanto, tengo algo que quiero compartir con ustedes. No estaba preparado para esto —se disculpó moviendo los ojos hacia todos lados con un gesto gracioso—, por lo que será corto. Esto está en Filipenses IV, versículos VI y VII —Shawn sacó la Biblia NET en su laptop, tecleó después la referencia en la barra de búsqueda. Leyó—: "No se aflijan por nada, sino preséntenselo todo a Dios en oración y en súplica; denle gracias también. Y la paz de Dios, que es más grande de lo que el hombre puede entender, cuidará sus corazones y sus pensamientos por medio de Cristo Jesús".*

Shawn hizo una pausa y miró alrededor de la sala.

—¿Alguno sabe qué significa súplica? ¿No? Bien, yo no estaba tampoco seguro antes de buscar esta palabra hoy por la mañana —agregó con una sonrisa—. Quiere decir "ardiente petición o humilde plegaria". Este es el tipo de sabiduría que necesitamos en momentos como los que hemos venido pasando. En lugar de angustiarnos por el corazón de Ben, debíamos, con una plegaria humilde, dar a conocer nuestras solicitudes a Dios.

Los ojos de Shawn se iluminaron mientras hacía un gesto con su mano, indicando hacia arriba como si se le hubiera ocurrido una idea.

—Él, *Dios del universo*, nos invita a hacerle nuestras peticiones. Y si el Dios del universo está vivo y se preocupa por nosotros, entonces tenemos su promesa de que su paz, que está más allá de toda comprensión o entendimiento humano, protegerá nuestros corazones y nuestras mentes —Shawn hizo una pausa, miró a cada uno de los miembros de la familia y continuó—. Para mí, esto significa que estamos invitados a hacer que Dios conozca lo que nos preocupa acerca del corazón de Ben y Él nos dará la paz, la tranquilidad y el consuelo que necesitamos en esta difícil situación. Todo lo que tenemos que hacer es pedir.

Shawn hizo otra pausa, pensativo. Sus ojos se enfocaron en Ben. Sin saber cómo explicar lo inexplicable, preguntó:

—Ben, tú sabes cómo es esta paz, ¿no es cierto?

---

* Filipenses 4:6–7

Con apenas un esbozo de sonrisa, Ben respondió con seguridad.

—Sí... lo sé.

—¿Querrías describirnos esa paz? —Shawn dirigió una intensa mirada a Ben y esperó.

—Bien —comenzó Ben—, es tal como lo dice el versículo. Es indescriptible. Deberías haber estado allí —sus ojos brillaron mientras agregaba—: Pero es algo realmente, realmente bueno.

La sala quedó en silencio mientras los demás intentaban visualizar la paz que Ben conoció. Inevitablemente, su imaginación se quedaba corta en comparación con la experiencia de Ben. Después de un momento, Shawn habló.

—Aceptemos la invitación que nos ha hecho el Dios del universo; démosle a Dios nuestra angustia y recemos por el corazón de Ben.

Inclinando sus cabezas, Shawn, Deanne, Ally y Jake se turnaron para expresar sus inquietudes a Dios y para rezar por Ben. Los miembros de la familia lloraron a medida que abrían sus corazones. Todos se turnaron para expresar sus súplicas a Dios, sin tratar de esconder su preocupación por Ben. Rezaron abiertamente: "Protege por favor a Ben. Dale la fortaleza y la sanación que necesita".

La familia había hablado frecuentemente con franqueza del estado de Ben, pero en las últimas semanas todos habían estado haciendo un gran esfuerzo por evitar tratar a Ben como si estuviera muriendo. Habían querido que cada día fuera tan normal para él como fuera posible, sin centrarse en su deteriorada salud. Ahora, esas barreras habían caído y podían expresar abiertamente sus oraciones y sus preocupaciones por Ben delante de él.

Luego, Ben presentó una súplica por su familia. Mientras hablaba, su voz no estaba tensa como la de los otros. No había tensión en su garganta y ofreció sus palabras a Dios.

—Dios, te pido que mi familia ya no se entristezca ni sienta miedo por mí, porque yo no estoy triste ni asustado. Te pido que tengan la misma paz que tengo yo —luego, con su cabeza aún inclinada, Ben rezó casi como si estuviera dirigiendo esta parte de su oración al resto de la familia, al igual que a Dios. Dijo—: Y en cuanto a mí, lo que Dios decida estará bien.

Todos permanecieron sentados, asombrados de que Ben, a pesar de su reciente sufrimiento, no hubiera expresado al menos una petición para él mismo, sino que, en cambio, hubiera expresado en su oración a Dios su preocupación por su familia. No estaba triste ni afectado. Estaba perfectamente bien y tranquilo. Todos los demás habían expresado su angustia y su desgaste emocional. No así Ben. Su despreocupación era sorprendente. No había pedido por su salud; no le imploró a Dios "Ayúdame, sáname, dame paz". En cuanto a él se refería, ya tenía todo eso.

Era evidente que Ben tenía ahora una nueva actitud. Sabía que estaba viviendo cada día de su vida de ambos lados de la línea que separa la existencia terrenal de la eternidad espiritual. De alguna forma, ya había cruzado el límite; había visto el otro lado y se había formado su opinión al respecto; lo aceptaba y, aunque no tenía expectativas acerca de irse pronto al cielo, estaba satisfecho ante esa posibilidad, casi contento de que así fuera. Había experimentado la paz eterna. De hecho, ya estaba *viviendo* esa paz.

A través de su oración, Ben recordó a los miembros de su familia que también ellos tenían que confiar en Dios y creer que Ben estaba en sus manos. Así, sus corazones experimentaron calma. Pasaría otra semana antes de que la familia comprendiera todo el significado de la oración de Ben: que la razón por la cual pudieron tener paz ante la adversidad fue porque Ben había pedido a Dios que les diera esa paz y Dios respondió a la oración.

• • •

Después de la "iglesia doméstica", todos continuaron con sus actividades. Deanne comenzó a preparar el almuerzo en la cocina. Jake salió a hacer gimnasia en el trampolín con su amigo Kenny, que había venido a la casa, y Ally fue a ducharse. Ben también entró a la cocina y siguió hablando con Deanne y Shawn de su experiencia en el cielo.

Shawn escuchaba atentamente, tratando de armar toda la historia y entender su significado, especialmente, el significado que tenía para Ben. Shawn quería conocer todos los detalles, por lo que le hizo a Ben varias preguntas sobre su sueño. Aunque Ben no parecía muy dispuesto a hablar de algunos aspectos de su visión, respondió sin demora las preguntas de su padre.

—¿Estaban Kid Cudi y tú vestidos con esmóquines negros? —preguntó Shawn.

—No —respondió Ben—. Eran sólo trajes oscuros y nos veíamos realmente muy bien.

Continuaron hablando y, un rato después, Shawn dijo:

—Ben, creo que realmente debes escribir esas experiencias —después de oír a Ben conversar con Deanne acerca de la paz que experimentó, Shawn pensó *Este es el mejor momento para documentar todo esto.* Le insistió a Ben—: Debes escribir tus experiencias ahora mismo, antes de que las olvides porque puede llegar a ser verdaderamente importante algún día.

Shawn supuso que Ben podría escribir algunos de sus recuerdos en un diario.

Ben tenía otra idea.

Entró de nuevo a su habitación y comenzó a trabajar en un video. Eso no era extraño; Ben siempre estaba trabajando en algún tipo de video y, en ese momento, nadie le prestó mucha atención. No le contó a su familia qué tipo de video quería producir, pero en varias ocasiones, mientras desarrollaba su proyecto, Ben salió de su habitación en busca de información.

—Papá, ¿qué tanto bajó mi nivel de azúcar sanguíneo cuando tenía cuatro años? —preguntó.

—Creo que fue catorce, Ben.

Ben asintió y volvió a su habitación. Un poco después, salió de nuevo con otra pregunta para Shawn.

—Papá, ¿ese nivel de azúcar en la sangre es peligroso?

—Bien, no estoy seguro —respondió Shawn—, pero creo que un nivel de azúcar de catorce está prácticamente al límite de la muerte.

Esa misma tarde, Ben salió de nuevo de su habitación con otra pregunta. Entró a la sala y se sentó en el sofá.

—Mamá, ¿por qué tengo una enfermedad cardiaca? —preguntó—. ¿Es algo hereditario?, ¿o sólo tuve mala suerte?

Eso fue lo más cerca que Ben llegó jamás a hacerse la pregunta de "¿por qué a mí?". No era una queja, simplemente quería saber. Ben nunca se lamentó diciendo "¿por qué a mí?", nunca adoptó esa actitud, nunca se quejó "¿por qué tengo que estar enfermo? ¿Por qué permitió Dios que esto pasara? ¿Por qué no puedo ser como los otros niños?". Ninguno de los miembros de la familia dedicó mucho tiempo a pensar por qué Ben tenía CMH. Todos comprendían que con frecuencia, la fortaleza sale de la debilidad y que de las dificultades suelen salir cosas buenas. Aún ahora, la pregunta de Ben no era tanto espiritual como estadística. A través de los años, había aprendido que la CMH afecta a una de cada quinientas personas. Sabía que había podido ser una de las 499, pero no fue así. A él le tocó.

Sin embargo, la forma como Ben expresó la pregunta entristeció a Deanne. "No sabemos si es hereditaria, pero pensamos que sí. Nunca te han hecho pruebas para el gen específico que a veces indica la presencia de CMH, por lo que no podemos estar seguros. Pero sí sabemos que tu vida es un regalo de Dios".

• • •

Más tarde, ese mismo día, Shawn le dijo a Deanne:

—Ben debe estar trabajando en algo. Me hizo varias preguntas sobre sus experiencias del pasado.

Deanne se sorprendió. Ben le había hecho a ella preguntas similares. El fin de semana anterior, Ben le había dicho a Ally que sabía que estaba listo para algo más importante. Ahora Shawn lo había animado a documentar sus experiencias porque algún día podrían ser importantes. Ben consideró el significado de todo eso mientras regresaba a su habitación a trabajar en el video.

CAPÍTULO 33

LAS PALABRAS SON IMPORTANTES

Por lo que siempre, hasta que ya no esté, haz importantes mis palabras
Para que así, si me voy, si muero hoy...

—"THE PRAYER" (KID CUDI)

Ben entró a su habitación y, sentándose en su escritorio, observó con atención su santuario personal. Le encantaba esta habitación que había heredado cuando Ally se fue a la universidad. Además de tener su "estudio" en un rincón, estaba rodeado de muchos objetos personales significativos: una pequeña cruz que le habían regalado unos misioneros de Tailandia estaba sobre su mesa de noche, justo donde la dejaron los misioneros para él años atrás; sus tablas de surf y tablaestela que tanto le gustaban y que tenía en su habitación en lugar de guardarlas en el garaje o en la lancha; las baquetas y varias fotografías personales. Este era el lugar de Ben o, al menos, este había sido su lugar.

Su escritorio, adornado aún con sus elementos favoritos de escenografía, estaba iluminado por un gran reflector en su estudio. La pantalla verde, gigante, colgaba aún de la pared de su habitación, trasformando un ambiente de adolescente en un espacio profesional. Esta habitación había servido de escenario para muchos de los videos que Ben había hecho, así como para este, su proyecto final. Por mucho que quisiera cada segundo de su vida en este mundo, tenía una fuerte sensación de que ya no sería su residencia principal. Ben se sentó en su estudio y se quedó allí en la candileja.

Abrió un cajón y sacó unas tarjetas blancas de notas de tres por cinco. Encontró un Sharpie negro y comenzó a escribir.

Había visto un video en YouTube en el que otro adolescente, Kieran Miles, utilizaba estas tarjetas para comunicar un mensaje sin decir una palabra. Kieran compartió la forma como había perdido de vista el valor de su vida, pero que sabía que iba a salir al otro lado, a pesar del dolor y la lucha. Ben quedó profundamente conmovido por el sufrimiento de Kieran. Decidió que tenía un mensaje que podría dar ánimo a aquellos que necesitaban recobrar la esperanza, y quería expresarlo de manera similar a como lo había hecho Kieran. En la producción de su propio video, Ben le dio crédito a Kieran como inspiración para la comunicación de su mensaje a través de estas tarjetas.

Jake y su amigo Nate vinieron a la habitación de Ben a ver lo que estaba haciendo. Jake estaba acostumbrado a ver a su hermano trabajando en algún video, por lo que no le sorprendió encontrar a Ben una vez más frente a su computadora. Nate y Jake estaban más interesados en lanzarle una bola a Chica, la perra maltés de cuatro años de los Breedlove, por lo que se fueron a la habitación que estaba al otro lado del corredor, frente a la de Ben y no le prestaron mucha atención a lo que estaba haciendo.

Sentado frente a su pantalla verde, en el mismo sitio en el que había creado videos desde varias "locaciones" alrededor del mundo, Ben se inclinó hacia la cámara de su computadora. Normalmente hacía sus videos con todo el equipo: el estudio, las cámaras, las luces, con su pseudo-micrófono encima de su escritorio, pero no fue así esta vez. Para este proyecto, Ben se arrodilló cerca de su cama y se inclinó cerca de su laptop. Utilizó la música de una versión instrumental de "Mundo Loco", una canción grabada originalmente por la Banda Británica de New Wave, Tears for Fears. El intérprete y compositor, Gary Jules, regrabó la canción para la película *Donnie Darko*. La versión de Jules de esta canción fue utilizada también docenas de veces como música de fondo para la telenovela clásica, *General Hospital,* así como para un programa trasmitido en *prime time* basado en un hospital, llamado *Private Practice,* que surgió como una idea sacada de *Grey's Anatomy*. Para Ben, esta canción era la elección natural. Aunque en el video no aparecía la letra, Ben se la sabía de memoria. La letra era la coreografía casi perfecta de su experiencia con el cielo.

Diría que es algo gracioso...
Diría que es algo triste...
Los sueños en los que muero...
Son los mejores que jamás haya tenido...[*]

Haciendo una clara referencia a su visión cuando estaba en el piso del colegio, Ben comenzó a mostrar las tarjetas de notas en el orden en el que las había escrito, sosteniendo cada una ante la cámara por unos segundos, apenas lo suficiente para que sus espec-

---

[*] "Mad World", letra y música de Roland Orzabal, interpretada por Gary Jules

tadores pudieran leer el mensaje, antes de pasar a la siguiente. Sin decir una sola palabra, contó su historia mediante las tarjetas escritas a mano, indicando su actitud y su apariencia.

Los gestos faciales de Ben se relacionaban con el mensaje en las tarjetas. Cuando la tarjeta mostraba un mensaje serio, que describiera su enfermedad de cardiomiopatía hipertrófica, la expresión de Ben era conmesuradamente seria. Pero cuando contaba una experiencia positiva, alegre, como la luz brillante que había experimentado a los cuatro años, o la "visión" en la que Kid Cudi lo acompañó en la blanca antesala del cielo, dejaba ver la sombra de una sonrisa que hacía que el espectador supiera que este había sido un buen momento en la vida de Ben. Ocasionalmente, sus ojos miraban hacia la esquina superior derecha como si estuviera buscando algo, pero no hacía ninguna referencia a lo que fuera que estuviera viendo ahí.

Cuando describió el hecho de haber recibido un marcapasos, Ben se puso de pie un momento y tiró hacia atrás el cuello de su camiseta, para mostrar la gran cicatriz roja en su pecho. Por lo demás, estuvo sentado durante las dos secciones del video, permaneciendo muy cerca de la cámara de su computadora.

En la segunda parte del video retomó la historia, comenzando con su desmayo en el colegio el 6 de diciembre, sólo unas pocas semanas antes. No le obsesionaba tanto la excelencia artística ni la forma de este video. Era obvio que a Ben le importaba más el mensaje que el medio. En una de las tarjetas había tachado un error en lugar de escribir una nueva. Casi al final de la segunda parte, se podía ver claramente la cola de Chica que se movía de uno a otro lado de la cámara detrás del hombro derecho de Ben. A Ben no pareció importarle.

Al llegar al final de su historia, Ben fue pasando más despacio las tarjetas, sosteniéndolas ante la cámara un poco más de tiempo. Después de describir su experiencia "en la antesala del cielo", Ben agregó en una de las últimas tarjetas una frase conmovedora: "Ojala NUNCA hubiera despertado".

Luego, antes de que el observador tuviera tiempo de descifrar el significado de esa afirmación, Ben hizo una pregunta en la penúltima tarjeta —una pregunta que impactaría de forma profunda el corazón de casi todos los que verían el video—. Preguntó: "¿Crees en los ángeles o en Dios?".

Sosteniendo una última tarjeta, Ben agregó el importante mensaje que quería compartir con sus amigos.

La última tarjeta decía simplemente: "Yo sí".

• • •

Ben no subió su video a su canal habitual, BreedloveTV. Decidió subirlo, en cambio, a su nuevo canal en YouTube: TotalRandomness512, un juego de palabras sobre el código de área telefónica de Austin. No incluyó publicidad ni ningún otro medio para obtener ganancias de este canal. Fue un regalo.

Mirando la pantalla de la computadora, Ben vio el video una vez más y presionó *upload*. El video de dos partes, que se encuentra en YouTube, se titula simplemente "This Is My Story" (Esta es mi historia) y ahora le pertenecía al mundo.

COMO SI MAÑANA FUERA UN REGALO

Pensar
Lo que harías con él

—"LIVE LIKE YOU WERE DYING" (TIM MCGRAW)

Cole Bednorz saltó sobre el capó de la camioneta de su amigo Zach mientras se estaba moviendo. A pesar de que Cole, sentado sobre el capó, le obstruía la visión, Zach condujo por el estacionamiento vacío del IHOP mientras sus amigos los miraban riendo.

Cole sintió que se estaba deslizando del capó, por lo que intentó saltar mientras Zach seguía conduciendo. En un instante, Cole cayó al pavimento, y los neumáticos pasaron sobre su cuerpo.

• • •

Cole y Ben eran buenos amigos y disfrutaban practicando tabla larga y tablaestela juntos. En los cálidos días de Texas podía vérseles haciendo tablaestela con el papá de Cole, que había sido surfeador profesional en Hawái. Aunque Cole era una persona amable y buena, tendía a llevar una vida arriesgada; y, de otras maneras, Ben hacía lo mismo. A través de lo que los identificaba y de lo que los hacía diferentes, a Ben le agradaba Cole y fue siempre muy leal a su amistad.

A pesar de sus propios problemas de salud recientes, Ben estaba empeñado en ir a visitar a Cole al hospital. La camioneta había perforado el pulmón izquierdo de Cole y la mayoría de sus órganos vitales estaban lacerados, pero había sobrevivido. Antes de entrar a la habitación del hospital, Deanne y Ben tuvieron que ponerse batas, tapabocas y guantes debido a que Ben estaba inmunocomprometido. Los muchachos se alegraron de verse, pero ambos quedaron sorprendidos de ver lo débil y pálidos que estaban. Sin embargo, los dos se animaron mucho con la visita e hicieron planes para volver a practicar sus deportes acuáticos tan pronto como empezara el verano. Dándole una última mirada a Cole, Ben salió de la habitación del hospital.

Después de visitar a Cole, Ben le pidió a su mamá que lo dejara en casa de Grant para pasar un tiempo con él. Deanne no estaba muy dispuesta a hacerlo debido a los recientes problemas de salud de Ben, pero él parecía estar bien y Deanne sabía que le hacía falta pasar tiempo normal con sus amigos, por lo que accedió. Sin embargo, antes de salir de la casa de Grant, Deanne les impuso condiciones específicas a Grant y a Ben: no debían esforzarse, no debían salir de la casa, no debían hacer nada que los agotara, como brincar en el trampolín. Sólo bromeaba a medias cuando le dijo a Grant:

—Si tienes cualquier duda, llama primero al 911 ¡después llámame a mí!

Grant le aseguró a Deanne que así lo haría y que su madre pronto llegaría a casa.

Debbie Hamill, la madre de Grant, llegó y le preguntó a Ben cómo se sentía. Sabía la experiencia que Ben había tenido el día que se desmayó en el colegio y lo había sabido en la casa de los Breedlove, cuando ella y Grant vinieron el día que Ben salió del hospital. Debbie quedó fascinada con la experiencia de Ben y le pidió que le volviera a contar la historia acerca de su visión.

Cuando Ben terminó, Debbie pareció intrigada por su encuentro celestial.

—No sé qué decir sobre esto —le dijo—, pero realmente me alegro por ti. Me alegro de que hayas tenido una experiencia tan agradable.

Como anestesióloga, Debbie estaba acostumbrada a tratar con ciertos aspectos de la mente, pero no necesariamente con la *vida después* de la muerte.

Ben no entendía cómo era posible que Grant y su familia no creyeran en Dios. Nunca permitió que su fe o la reticencia de Grant para creer interfirieran con su amistad, pero el tema había salido a relucir ocasionalmente.

—¿Cómo pueden ustedes no creer en Dios o no creer en nada?

—No lo sé —dijo Grant—. En mi familia nunca hablamos de eso.

Reconocían abiertamente sus diferencias en cuanto a la fe y, a veces, se hacían bromas al respecto. Por ejemplo, Grant tenía la costumbre de decir "¡Ay, Dios mío!", a lo que Ben se apresuraba a responder "¿Quién? ¿De quién hablas?". Ambos reían y continuaban respetando sus respectivas opiniones.

Ben sabía que Grant no se iba a disgustar con él por expresar su fe, pero entendía que aún Grant no podía relacionarse con sus creencias. Grant, por su parte, estaba convencido de que la fe de Ben era real y que era totalmente sincero con él cuando hablaba de sus creencias y de su visión.

Más tarde, ese mismo día, Ben y Grant estaban hablando de Madeline, y Grant le preguntó a Ben

—¿Qué vas a hacer entonces con esta muchacha? —Madeline se iba para Colorado con su familia, a esquiar durante las vacaciones.

—Después de las vacaciones de Navidad —dijo Ben—, voy a invitarla a salir.

La noche de Navidad, poco después de que el reloj dio las doce de la noche, Madeline le envió a Ben un mensaje de texto deseándole feliz Navidad. A las doce y trece a.m., Ben le envió un mensaje de texto a Madeline: "Feliz Navidad, Madeline. Me alegra que seas parte de mi vida".

CAPÍTULO 35

HERMOSO DÍA

Es un hermoso día
No lo dejes ir

—"BEAUTIFUL DAY" (U2)

—¡Oh! —Ben se despertó sobresaltado, abrió los ojos y vio a Jake despeinado y todavía en pijama de pie al lado de su cama, con una sonrisa maliciosa—. ¿Por qué me golpeaste en la cabeza con la almohada? —murmuró Ben, tapándose la cabeza con las sábanas—. Déjame dormir una hora más.

—¡No! es hora de que te levantes. ¡Feliz Navidad! —dijo Ally en tono alegre, desde la puerta.

Muy lentamente y con dificultad, Ben se levantó de la cama. Estaba ya vestido para la ocasión con su camiseta polo, sus pantalones de pijama de franela y unas pantuflas UGG. Mirando primero a Ally y luego a Jake, con una chispa de picardía en sus ojos, Ben dijo:

—*Cielos,* chicos, ¿por qué tardaron tanto en salirse de la

cama? —y salió corriendo por el corredor. Mirando hacia todos lados y riendo, Ally y Jake salieron corriendo tras él.

Toda la casa estaba impregnada del dulce aroma de canela y menta. Era el inconfundible y evocador aroma de la Navidad. El mundo estaba aún a oscuras, pero de la sala salía el leve resplandor de las luces del árbol. Ben miró a Jake y comenzó a avanzar con pasos exagerados, en puntas de pie hacia la luz.

—¡No, Ben! —gritó Jake—. ¡Debemos esperar!

—Bien, será mejor que mamá y papá bajen pronto, antes de que yo *veeeeea*! —respondió Ben, dando otro dramático paso hacia la sala.

—Vamos, muchachos —dijo Ally, asumiendo su papel habitual de pacificadora—. Son apenas las siete cero tres de la mañana. Mamá y papá bajarán de un momento a otro.

Justo a tiempo, se escuchó el sonido familiar del piso de madera del descanso de la escalera seguido de unos pasos. Shawn y Deanne aparecieron en el pasillo, afuera de la sala, también en pijama. Shawn bostezaba y sonreía, aún adormilado, mientras Deanne entraba apresuradamente a la sala a poner música y preparar la escena.

—¡Está bien muchachos! ¡Ya pueden entrar!

Ben, Ally y Jake llegaron todos al tiempo saltando al ritmo de la Suite Cascanueces. Contra las puertas francesas, al otro lado de la sala, estaba el árbol, enorme, presidiendo el escenario en toda su navideña gloria y esplendor. Sus ramas estaban repletas de bastones de menta y una serie de ornamentos brillantes y luces multicolores que producían deslumbrantes reflejos en los regalos hermosamente empacados. De la chimenea colgaban cinco medias de Navidad festivas, hechas a mano, que recibían a cada uno de sus dueños con su nombre. Cada media colgaba de un gancho plateado decorativo en forma de una letra diferente, y todos estos ganchos juntos formaban la palabra PEACE (PAZ). Bordada en la media de Ben en color rojo navideño brillante estaba la palabra "Creo".

Todos estaban de ánimo festivo pero tranquilo, muy cómodos en sus pijamas navideñas. Deanne puso unos quiches en el horno y un poco de azúcar blanca en los rollos de canela, mientras Ally servía el chocolate caliente. Ben se veía particularmente feliz. Había comprado algunos regalos especiales para toda su familia este año y estaba emocionado esperando ver sus reacciones. Sin fuerzas para salir a las tiendas de compras y enfrentarse a la muchedumbre de compradores, había buscado en Internet los regalos perfectos. Luego le pidió a Deanne que le ayudara a comprarlos, para toda la familia, dándole el dinero e instrucciones detalladas de lo que debía comprar. Era exuberante en sus regalos, siempre quería darle uno preciso a cada quien.

—¡Llegó Santa! —gritó Jake entusiasmado, corriendo por la sala para inspeccionar su media. Detrás llegaron Ben y Ally ansiosos por disfrutar su desayuno de dulces sacados de las medias, que sólo tomaban una vez al año. Después de que todos se habían acomodado al fin en el sofá y en los sillones con sus tazones de chocolate caliente, comenzó el intercambio de regalos. Como lo hacían todos los años, Ally, Ben y Jake abrieron cronológicamente sus primeros regalos, comenzando por Jake.

Cuando le llegó el turno a Ally, Ben buscó bajo el árbol hasta que encontró una pequeña bolsa de papel café llena de papel de seda color rosa. Se la entregó a Ally con una gran sonrisa. Ally sacó de la bolsa una pequeña caja amarilla decorada con tréboles blancos y amarrada con una cinta de tul color turquesa con un moño. Supo de inmediato que se trataba de los aretes Kendra Scott que había puesto de primeros en su lista de regalos de Navidad. Aunque Ben era generoso con sus regalos, Ally se sorprendió de haber recibido de él los aretes, y no de sus padres. Lo abrazó con emoción, preguntándose qué lo habría llevado a ser tan generoso con ella ese año.

Shawn y Deanne le dieron a Ben un certificado para Final Cut Pro, un programa de software avanzado de edición de video que le ayudaría con sus producciones. También regalaron a sus dos hijos una versátil cámara GoPro que podía llevarse fija con una banda, ya fuera en la cabeza, en el tórax o en los esquís, y que podía utilizarse inclusive bajo el agua. Tanto Ben como Jake quedaron fascinados con la GoPro.

—¡La usaremos hoy mismo! —dijo Jake.

Además, Sahwn y Deanne le dieron a Ben una cámara de video de alta definición que mejoraría dramáticamente la calidad de sus películas en YouTube. Cuando Ben la abrió, prácticamente gritó.

—Esto no lo esperaba chicos —permaneció sentado por largo tiempo mirando la cámara—. ¡Cielos, no puedo creerlo! —repetía una y otra vez.

Jake había creado una obra de arte especial para Shawn y Deanne, había pintado una escena del lago y los árboles contra los acantilados al borde del lago, desde el muelle donde amarraban la lancha. Durante las tardes, a lo largo de varias semanas, trabajó en la pintura, sentado solo sobre una manta que extendía al borde del lago, y sólo regresaba a la casa al atardecer. La pintura tenía colores vibrantes, incluyendo algunos tonos de amarillo dorado sobre el césped, con árboles que se reflejaban en el agua. Como detalle curioso, Jake incluyó un elemento que no estaba realmente en el paisaje. Entre los demás árboles, Jake había pintado un solo árbol blanco, sin hojas.

Cuando Deanne le preguntó a Jake qué lo había llevado a pintar ese árbol inexistente, él le dijo:

—Sólo pensé que debía estar ahí.

Shawn abrió un regalo que era un par de zapatos amarillos para atletismo, bordeados en verde, naranja y amarillo fluorescente, que él había diseñado y pedido y que Deanne había empacado especialmente para él. Para todos los demás, los zapatos parecían dos latas de bebida gaseosa Mountain Dew, pero Shawn estaba muy emocionado con ellos. Los sacó de la caja y los mostró orgulloso a toda la familia.

—¡Sólo imagínense que esto no lo venden en los almacenes! —exclamó, feliz.

—De veras, papá, no imagino por qué... —bromeó Ben, volteando sus ojos en todas direcciones ante los brillantes zapatos de Shawn.

—Bien, hay otro más —dijo Shawn entregándole a Deanne un regalo cuidadosamente empacado. A Deanne se le iluminó la cara. Era el bolso que había deseado durante toda le época de vacaciones. Al recibir un regalo tan perfecto e inesperado, Deanne no pudo contener las lágrimas.

—¿Qué es lo que les pasa a las mujeres con sus bolsos? —preguntó Ben, bromeando.

• • •

Llegó entonces el momento del juego. Después de recoger sus regalos y de perseguir a Chica mientras saltaba por encima de las montañas de papel de regalo, los Breedlove se sentaron alrededor de la mesa del comedor para iniciar su juego anual de monopolio. Este año, Ben realmente fue un rival para Shawn en la carrera por ganar dinero. Por mucho tiempo la familia había estado habituada a sucumbir al dominio de Shawn en este juego de mesa, pero por un golpe de suerte, con los ferrocarriles, Ben estaba ganando. Ben se estaba divirtiendo y estaba alardeando de su buena suerte y sus decisiones empezaron a dar resultados mientras iba devorando todas las posesiones de Shawn y le quitaba todo lo que tenía. Transcurridas tres horas y media de juego, todos los hoteles pertenecían al sombrero, la tradicional pieza de juego de Ben, y los ferrocarriles le seguían siendo rentables. Por fin, media hora después, Ben ganó el juego anual de monopolio de la familia Breedlove por primera vez. Agotada por la actitud dominante y arrasadora de Ben, combinada con su alegre forma de jugar, la familia se dispersó para arreglar la casa y poner en uso sus regalos recién adquiridos.

Después de la maratón del monopolio, Deanne se ocupó en la cocina preparando la cena de Navidad. Este año todo iba a ser sencillo y casual dado que estarían en familia sólo con la compañía de los Kohler.

Todavía en pijama y pantuflas, Jake y Ben sacaron la cámara GoPro. Los vecinos, Nate y Benji, se acercaron y comenzaron a hacer piruetas con Jake en el trampolín. Ben no se les unió en esta oportunidad porque su nivel de energía era muy bajo, pero se divirtió grabando las piruetas de los muchachos con su nueva GoPro.

• • •

Deanne estaba aún en la cocina preparando la cena cuando miró el reloj, aproximadamente al cuarto para las cinco. Shawn iba a preparar carne a la parrilla, por lo que Deanne estaba sofriendo en mantequilla unas cebollas picadas para la salsa de las papas. Miró hacia afuera por la ventana de la cocina y vio a Ben riendo y divirtiéndose con los muchachos más jóvenes que saltaban en el trampolín. Disfrutando ese dulce momento, sonrió mientras se aseguraba de guardar esa imagen en su mente antes de retomar su trabajo de revolver la salsa sobre la estufa.

Ally acababa de salir del baño después de una larga ducha cuando las palabras de Jake la hicieron detenerse. Abriendo de un empujón la puerta de la cocina, gritó:

—¡Mamá, Ben no se siente bien!

Por la urgencia de la voz de Jake, Ally supo lo que significaban esas palabras. Oyó cuando una cuchara de madera cayó al piso y luego oyó los pasos de su mamá, que salió corriendo por la puerta.

CAPÍTULO 36

PARAÍSO

—"PARADISE" (COLDPLAY)

Deanne salió apresuradamente mientras gritaba.

—¡Shawn! ¡Es Ben!

Aunque no dijo nada más, el tono de su voz fue todo lo que Shawn necesitó; era una llamada de urgencia. En segundos, ella llegó a donde estaba Ben, con Shawn pisándole los talones. Lo acostaron con cuidado sobre el césped, bajo el gran sauce, sus ojos estaban vidriosos, como los había tenido cuando tuvo la falla cardiaca en el campo de tiro. Deanne sostuvo su cara entre sus manos mientras le hablaba, con la esperanza de reanimarlo, pero no respondió. Su primer impulso maternal fue el de acunarlo y tranquilizarlo, pero sabía que no había tiempo para eso. A diferencia del incidente en el campo de tiro, se negó a permitir que el miedo la paralizara.

Comenzó de inmediato a administrarle RCP. Shawn levantó

las piernas de Ben, lo que en otros momentos había logrado que Ben recobrara la conciencia. Nada parecía ayudar. Ben no respiraba y Deanne no detectaba el pulso.

Ally, inmóvil a la entrada de la casa, apenas tuvo tiempo de registrar lo que ocurría. Vio a Jake sobre el césped, al pie de los escalones de la entrada, debajo de donde ella se encontraba, intentando llamar por un teléfono que se negaba a cooperar. Ally le quitó de las manos el teléfono, colgó y después marcó el 911.

Para no perder la recepción, se fue hacia la parte de atrás del porche mientras intercambiaba información con la operadora de urgencias y con Shawn y Deanne. Cuando Ally le informó a la operadora que su mamá estaba dándole respiración boca a boca y compresiones en la progresión habitual de quince-dos, la operadora le respondió:

—¡Sin respiración boca a boca! Sólo compresiones —Ally repitió a gritos el mensaje para que lo escucharan Deanne y Shawn.

—¡Sólo compresiones, sin respiraciones!

Deanne ignoró el consejo y le dio dos respiraciones boca a boca más. Ben estaba tan azul, que pensó que seguramente necesitaba oxígeno.

—¡Sólo compresiones! —dijo la operadora—. ¡Dile a tu mamá que le dé cien compresiones! —Ally, una vez más, gritó las instrucciones a su mamá.

Deanne respondió con una expresión confusa. ¿Cien compresiones? Eso no parecía correcto. Sin embargo, Deanne comenzó a hacer las compresiones tan fuerte como podía, consciente de que no importaba si rompía una de las costillas de Ben al hacerlo. Todo su ser estaba intensamente concentrado en las compresiones: veinte, veintiuna, veintidós, veintitrés, veinticuatro, veinticinco. Continuó sin interrupción. Shawn le gritó a Ally que le dijera a los del 911 que se apresuraran, aunque sabía que el equipo de servicio médico de urgencias no demoraría. Sin embargo, era una sensación horrible tener allí a su precioso hijo en una situación de vida o muerte sin poder hacer nada para ayudarle.

Deanne no dejó de rezar mientras continuaba comprimiendo el tórax de Ben.

—Cuarenta y cinco, cuarenta y seis, cuarenta y siete, cuarenta y ocho...

Ally entró en trance y contaba las compresiones a la par de su mamá. Por último, el desesperado conteo fue interrumpido por el sonido de las sirenas.

Ally saltó del porche, le entregó el teléfono a su padre y fue a la entrada de la casa para hacerle señas a la ambulancia. Su desilusión fue inmensa. A través del follaje de los árboles que bordeaban la calle, lo único que vio fue un carro de bomberos que se acercaba. Sabía que los bomberos siempre eran los primeros en responder a una emergencia, pero Ben necesitaba una ambulancia. Ally se demoró allí sólo lo suficiente para indicarle al carro de bomberos la entrada a la casa, y volvió a tranquilizar a Jake. Se escuchó de nuevo el ruido de sirenas, Ally salió a guiar a los paramédicos hacia el patio de la casa. Cuando logró captar su atención, volvió a donde se encontraba Ben. Se detuvo para asegurarse de que los paramédicos la estuvieran siguiendo. Así era, pero venían *caminando*.

Ally les gritó

—¡Corran! —los llevó a donde estaba Ben, quien permanecía inmóvil en el patio de atrás. Todo parecía desarrollarse en una desesperante cámara lenta, como si estuvieran atrapados en una pesadilla. Los paramédicos *lentamente* le pusieron el oxímetro en el dedo a Ben, *lentamente* le cortaron la ropa para dejar su tórax expuesto, *lentamente* le conectaron las derivaciones del desfibrilador.

Shawn estaba perdiendo la paciencia y gritaba desesperado.

—¡Tienen que darle RCP! ¡Por favor! ¡Denle RCP!

Shawn sabía que la reanimación cardiopulmonar era vital para Ben debido al paro cardiaco y, lo que era más importante, sería lo que haría que su presión arterial subiera de nuevo, pero los paramédicos querían comprobar el estado de Ben y sus signos vitales en primer lugar.

—Tiene un marcapasos para regular su corazón, pero es algo más que eso; es un problema de hipotensión —intentaba explicar Shawn, desesperado. Los paramédicos continuaban con sus procedimientos de rutina. Shawn les habló en tono amable pero firme—: Escúchenme, necesita RCP ahora mismo. Si no lo van a reanimar, yo lo haré —él y Deanne prácticamente saltaron para ponerse en medio del equipo de primera respuesta y hacer la RCP, pero los bomberos finalmente llamaron a uno de sus hombres para que la hiciera mientras continuaban conectando a Ben a todo tipo de cables y monitores.

Luchando con una red de ayudantes de día festivo y contestadores automáticos, Shawn, desesperado, intentaba comunicarse con el cardiólogo de Ben para que hablara con uno de los paramédicos, esperando que pudiera dar alguna indicación de lo que había que hacer para ayudarlo. Cuando por fin Shawn logró comunicarse con el médico, le entregó el teléfono a uno de los jefes de los paramédicos, con la esperanza de que éste siguiera las instrucciones del cardiólogo. Pero el paramédico le recibió el teléfono a Shawn y se alejó hacia la casa para describir la situación.

• • •

Poco después llegaron Mark y Pam. La pareja se quedó allí parada, muy unida, con Ally y con Jake, mirando a Ben. Shawn y Deanne estaban tan cerca de Ben como les era posible, estirándose por encima de los paramédicos para sostener la mano o el pie de Ben o lo que pudieran alcanzar. Después de varias inyecciones de epinefrina y múltiples descargas eléctricas del desfibrilador, Ben continuaba inconsciente y azul. Pam cerró sus ojos para no ver en ese momento el dolor, y comenzó a rezar.

Los pensamientos se agolpaban en la mente de Deanne. *¿Reviviría Ben? De ser así, ¿tendría daño cerebral permanente? ¿Tendrá dolor? ¿Podrá oírnos? ¿Sentirá todo esto? ¿Se estará preguntando por qué no estamos haciendo lo correcto para ayudarle en su dificultad? ¿Serán estos sus últimos momentos?* Aunque no se atrevía a permitir que estos pensamientos permanecieran en su mente por mucho tiempo, no podía dejar de pensar si Ben ya se habría ido, si ya los habría dejado, pensaba que tal vez un ángel había venido ya a acompañar a Ben al cielo. *¿Qué está pasando en el reino espiritual a nuestro alrededor que no podemos ver?* Deanne miró a su hijo y simplemente le disgustaba ver que estuviera pasando por esta situación. Se sentía muy triste por él. Era extraño que, aunque a Deanne le dolía todo el cuerpo, al mismo tiempo se sintiera extrañamente insensible.

Mientras los paramédicos intentaban reanimar a Ben, Shawn vio cómo las manos de su hijo se crispaban de forma rígida, contorsionada. Si bien nunca antes había visto morir a alguien, Shawn estaba muy seguro de que, en ese momento, Ben había abandonado su cuerpo. Consciente de lo que había visto, Shawn no podía controlarse y deseaba llorar, pero no le salían lágrimas debido a toda la adrenalina que estaba circulando por su cuerpo. No quería creer en lo que acababa de ver. *Ben se nos ha ido,* pensó Shawn. De todo lo que había oído acerca de cosas espirituales, esta vida se terminaba cuando Dios se llevaba el espíritu de una persona, y no cuando un corazón dejaba de latir. Shawn seguía teniendo esperanza, pero las cosas no se veían bien.

• • •

Mark, siempre capaz de mantener la calma bajo presión, miró fijamente a Ally.

—Debes ser fuerte, por el bien de tus padres, Ally —dijo—. Ve y prepárales ropa y zapatos para el hospital.

Ally miró hacia atrás para volver a ver a Ben, sin deseos de dejarlo, pero admitiendo que Mark tenía razón. Se dio la vuelta y corrió hacia la casa. Al pasar por la cocina oyó que la llamaban. Al voltear vio a su vecino, el Sr. Davis, que estaba apagando la estufa que Deanne había dejado encendida al salir corriendo.

—¿Hay algo que pueda hacer? —preguntó el Sr. Davis en tono indefenso.

—Nada —le respondió Ally y corrió escaleras arriba.

• • •

El equipo del servicio médico de urgencia amarró a Ben a una camilla y comenzaba a dirigirse hacia la ambulancia estacionada frente a la casa. Por todo el jardín había empaques de vendajes, parches y otros elementos médicos regados en todas direcciones. Nadie parecía saber qué hacer. Shawn hablaba preocupado con los paramédicos mientras Mark y Pam permanecían allí, quietos, con el ceño fruncido, bajo el sauce. Jake permanecía sentado en la tapia del jardín con el rostro inexpresivo, observando la escena. Permaneció en silencio mientras veía cómo se llevaban a su hermano.

Deanne, sintiéndose totalmente vacía, avanzó hacia la ambulancia sin dejar de aferrarse con fuerza al pie de Ben, la única parte de su cuerpo que podía alcanzar, mientras rezaba. De reojo podía ver a los vecinos, jóvenes y viejos, que se habían reunido afuera cerca de la calle, todos con expresiones de preocupación. Formaban un apretado grupo, abrazados unos con otros o tomados de la mano. Deanne los conocía bien, muchos de ellos eran como de la familia. Sabía que estaban rezando y pidiendo a Dios que estuviera con Ben. Aunque la presencia de sus amigos era un consuelo para su alma, no se atrevió a mirar a ninguno de ellos a los ojos. Se sentía culpable y avergonzada. Se sentía que había fracasado. Le había fallado a Ben. ¿Qué podría hacer si los *mirara*? ¿Saludarlos con señas? ¿Decirles "Hola"? Simplemente no pudo hacer contacto visual con ellos, por lo que mantuvo su cabeza inclinada, sin dejar de hablar con Dios y sin dejar de aferrarse con fuerza al pie de Ben.

Ally miró por última vez a su hermano. Conocía tan bien sus ojos cafés, siempre tan cálidos y amigables. Ahora, lo que veía eran unos ojos fríos, vacíos. Ally pensó que sin duda Ben ya había muerto y, sin embargo, se negaba a creerlo.

CAPÍTULO 37

CREE

Y necesito algo más
Por lo cual deba seguir respirando

—"BELIEVE" (THE BRAVERY)

Ally sentía que el mundo se había detenido. Escasamente podía respirar. Antes de que pudiera pensarlo, su mamá iba caminando al lado de la camilla de Ben hacia la ambulancia. En una ensoñación silenciosa, carente de cualquier pensamiento, Ally llegó al asiento del pasajero del automóvil de su papá para seguir a la ambulancia. Aunque ella y su padre iban acompañados por Jake y Pam en el asiento de atrás, Ally no era consciente de su presencia. Su entorno se desvaneció. No sentía nada, como si su alma estuviera en suspenso.

Los paramédicos animaron a Deanne a viajar en el asiento de adelante en la ambulancia y ella, aunque no de buena forma, aceptó. Deanne estaba intranquila. Se sentía horrible de pensar que iba en el asiento de adelante y no con Ben. Pensar en él solo, en la parte de atrás de la ambulancia, la hacía sentir mareada. Pensó que podría desmayarse o sufrir un ataque de asma, por lo que mantuvo cerca su inhalador. Respiraba profundo, a propósito, en un intento por mantener la calma. Cada cierto tiempo volteaba a mirar atrás por entre una pequeña ventana en la cabina, intentando ver a Ben, pero no lo lograba.

—¡Ben, estoy aquí, amigo! —dijo a través de la ventana, en caso de que pudiera escucharla de alguna forma—. ¡Te amo! —rezaba, como lo había hecho tantas veces antes, pidiendo a Dios que consolara a Ben y que lo mantuviera cerca.

La ambulancia subía y bajaba por la loma, tomando la misma ruta que había tomado cuando Ben tenía cuatro años y había sufrido aquella crisis convulsiva. Deanne recordaba cómo Dios había permitido que Ben milagrosamente continuara con vida después de esa larga crisis de cincuenta y cinco minutos, y se aferraba a la esperanza de que pudiera haber un desenlace similar ahora. Pero esta vez no fue así.

Entre tanto, el carro de Shawn venía detrás de la ambulancia. Viajaban en silencio y el trayecto pareció demorar horas. Aunque Jake no dijo ni una palabra, más tarde le contó a su familia que creía que Ben ya había muerto. Había pasado demasiado tiempo. Simplemente lo sabía. En términos generales, los sentimientos de Ally eran un enorme vacío; por su mejilla rodó una lágrima. Era consciente de que no tenía control sobre esta situación, por lo que se entregó a alguien que sí podía tenerlo.

Jesús, por favor, por favor dile a Ben "Te amo" de parte de todos nosotros, que no tuvimos la oportunidad de decírselo. Ally rezaba así, fervientemente, en silencio, y con más urgencia que cualquier otra cosa que hubiera deseado en su vida.

• • •

El momento en el que las ruedas dejaron de girar, Deanne saltó de la ambulancia y fue hacia la parte de atrás para ver a Ben. No se veía mejor. Deanne intentó con toda su fuerza ver si tenía algún signo de vida. No lo podía asegurar. Estaba cubierto de tubos y cables, y había demasiadas personas caminando alrededor de su camilla como para que ella pudiera cerciorarse. Hasta donde podía ver, parecía que estaba sin vida. Todo el tiempo estadístico había corrido. Ben había sobrepasado el marco de tiempo en el que la mayoría de los pacientes pueden recuperarse con reanimación cardiopulmonar. Su propio desfibrilador implantado no pudo hacer que se normalizara su frecuencia cardiaca. Además tampoco había respondido a las descargas eléctricas del desfibrilador externo. El uso de epinefrina por parte de los paramédicos no había dado resultado. Estaba llegando a la sala de urgencias en el mismo estado en que se encontraba antes de que lo metieran a la ambulancia. *¿Qué más podrían hacer por él en esta enorme sala de urgencias?*, pensó Deanne. Ben había estado muy cerca de la muerte en otras oportunidades. Pero esto era mucho más grave de lo que jamás había sido. ¿Había esperanzas de que pudiera salir con vida? Sintió como si todo se encontrara en animación suspendida, aunque moviéndose, sin embargo, de forma caótica al mismo tiempo. Los paramédicos llevaron a Ben rápidamente en la camilla a la sala de urgencias, donde una multitud de personal médico esperaba para recibirlo.

Shawn y Ally se apresuraron a entrar a la sala de urgencias, con Jake y Pam siguiéndolos a corta distancia. Mark los estaba esperando. Cuando la enfermera salió de detrás del escritorio de recepción, Ally esperaba que la llevaría a través de la cortina a una típica habitación de urgencias. Pero esta vez fue diferente.

Shawn se separó del grupo e inmediatamente se dirigió por el corredor hacia donde estaba Ben. Sin preguntar por el nombre de la familia, una enfermera llevó a los otros a un lugar aparte. Abrió una pesada puerta de madera que daba paso a una habitación muy diferente de cualquier sitio en el que los Breedlove hubieran tenido que esperar anteriormente. No había cama de hospital, no había monitores cardiacos ni enredo de cables vitales. El lugar estaba agradablemente alfombrado y tenía una banca contra una ventana y un pequeño sofá para dos personas. Las mesas de las esquinas tenían vasos de cartón y agua y pañuelos de papel. Esto *no era bueno.*

Más allá, por el corredor, Shawn entró a la sala de trauma, donde diez o quince miembros del personal médico y doctores trabajaban diligentemente en distintas tareas intentando ayudar a Ben. Deanne estaba aferrada a los pies de Ben, la única parte de él que podía alcanzar. Shawn se le arrimó y la abrazó. También se aferró a los pies de Ben, deseando tener algún punto de contacto con él. Shawn habló a Ben, le pidió que resistiera y le dijo que estaban con él. Deanne permanecía callada, rezando.

Después de un remolino de actividad, el personal médico trajo un ecocardiógrafo al lado de la cama. La colocaron cerca de donde estaban Shawn y Deanne, tal vez intencionalmente, para que pudieran ver la pantalla que mostraba el movimiento del corazón de Ben. No había movimiento alguno, pero, a propósito, ellos ignoraron la pantalla vacía y prefirieron, en cambio, guardar una leve esperanza.

Deanne se preguntaba qué estaban logrando con tanta actividad. Más que cualquier otra cosa, quería que Ben reviviera y volviera a sus brazos de nuevo. Los enfermeros monitoreaban algunas cosas a nivel de la cabeza y los hombros de Ben. El cardiólogo le daba instrucciones a alguien que estaba de pie cerca de ellos para que tomara una imagen del corazón de Ben. Luego, más instrucciones para intentar una vez más una descarga eléctrica con el desfibrilador. Otra serie de instrucciones cuando el doctor dijo "Démosle un minuto". Todos interrumpieron por un momento lo que estaban haciendo. Nada. Alguien movió el transductor del ecocardiógrafo sobre el corazón y el tórax de Ben para obtener una nueva imagen de la actividad de su corazón. Nada aún. Sin embargo, el personal seguía trabajando en ello. Más actividad. Más instrucciones del médico. Deanne y Shawn permanecieron al lado del cuerpo inmóvil de su hijo y siguieron hablándole, aferrándose a él y rezando.

Pasados otros veinte minutos, el cardiólogo se dirigió de nuevo a los padres.

—Hemos estado haciendo lo que podemos por mucho tiempo ya —les dijo—. Si ustedes lo desean, continuaremos intentándolo —intentó utilizar el ecocardiograma una última vez. Sin ningún signo de frecuencia cardiaca. De nuevo dijo a Shawn y Deanne—: Seguiremos, ¿qué quieren que hagamos?

—Supongo que piensan que no hay ninguna probabilidad de que reaccione, ¿no es cierto? —preguntó Shawn.

El doctor movió la cabeza lentamente en señal de negación.

—Así es.

Abrazados, Shawn y Deanne tuvieron la confirmación final de lo que ya sabían en sus corazones: Ben no estaba ya allí.

El personal médico se retiró del lugar tan rápido que Shawn quedó sorprendido. Era como si ya hubieran pasado por este ensayo antes y simplemente estuvieran siguiendo un procedimiento para dejar a los deudos solos con su duelo. Deanne apoyó la cabeza sobre el tórax de su hijo, llorando, mientras le decía qué hijo tan maravilloso había sido siempre. Shawn, de pie detrás de Deanne, los abrazaba a ambos a la vez. No era el abrazo usual que daban a su hijo; él ya se había ido.

Shawn y Deanne eran las únicas dos almas en la habitación. Se quedaron allí de pie, abrazados uno a otro, sin saber qué hacer, asimilando lentamente lo que estaba ocurriendo. Comenzaba a aparecer la realidad en toda su dureza. Las creencias que Shawn había tenido a lo largo de la mayor parte de su vida ahora se encontraban en crisis. *¿Existe un Dios? ¿Hay algo de todo esto que realmente sea verdad?* Shawn nunca había cuestionado su propia fe en Dios, pero las dudas intentaban apoderarse ahora de su mente. Y de forma más inmediata, se preguntaba *¿Estaba su hijo en el cielo? ¿Estaba allí ahora o era su cadáver lo único a lo que podían ahora aferrarse?*

Shawn recordó haber pensado en otras personas que conocía y que habían perdido a seres queridos. También recordaba películas donde los seres queridos morían y los miembros de la familia quedaban emocionalmente devastados, aferrados a un cadáver, sin ninguna esperanza del cielo ni de Dios. Shawn tuvo que tomar una decisión: ¿Creía o no?

En lugar de aferrarse al cuerpo de su hijo sin vida, decidió aferrarse a las creencias que había tenido desde su niñez. Con base en lo que podía ver en la naturaleza y en la creación, con base en lo que había aprendido de la Escritura, no podía ignorar que Dios existía. Dios había estado presente en la vida de Shawn desde que él tenía memoria. Y Dios estaba definitivamente presente en las respuestas a muchas oraciones por Ben. Shawn y Deanne habían recibido muchos años maravillosos a su lado, y que saborearon día a día, momento a momento. Sus vidas eran años llenos de satisfacción, ¿cómo podían negar todo eso? No lo hacían. No podían. Ahora Ben estaba en el cielo, con Dios. Ellos lo creían, al igual que Ben.

• • •

Después de llorar por Ben, Deanne y Shawn tenían que ir a decir a sus otros hijos que estaban esperando en una sala cercana, que Ben había muerto. Sin embargo, para hacerlo, tenían que separarse de Ben. Desde que sus niños nacieron, Shawn y Deanne habían estado a su lado casi continuamente. Habían estado en el hospital múltiples veces y siempre habían llevado a sus hijos a casa. Por primera vez, Shawn y Deanne se enfrentaban con la realidad de que debían salir de allí y alejarse de su hijo, por el resto de sus vidas. ¿Cómo puede un padre dejar a su hijo? ¿Cómo hacía un buen padre para dejar a su hijo en un hospital? ¿Cómo decirle adiós a alguien a quien habían amando tanto? Esto sería lo más difícil que tendrían que hacer en sus vidas; parecía tan inhumano.

Sin la esperanza del cielo, no podían imaginar cómo unos padres podrían resistir; esta llegada de Ben al cielo era la única esperanza que tenían y la que les permitió salir por esa puerta de la sala de traumatismos.

CAPÍTULO 38

LA MUERTE ES ANUNCIADA

El amor de Dios es mayor de lo que nos atrevemos a esperar o a soñar

—"GOD UDENFEATABLE" (AARON IVEY)

Shawn y Deanne se dirigieron a la sala donde Ally y Jake esperaban con los Kohler. Mientras caminaban, iban hablando de quién les darían la noticia a los muchachos y cómo lo harían. Ninguno de los dos sabía cómo hacerlo y Deanne no se sentía capaz. No tenía fuerzas para dar esta dolorosa noticia a los dos hijos que le quedaban. Este era un trabajo para el jefe de la familia. Debido a que no se sentía como tal, por el momento, y sin tiempo para pensar lo que podría decir, Shawn tragó saliva y aceptó su responsabilidad.

En el momento en que se abrió la puerta, Ally, Jake, Pam y Mark se estremecieron al ver la expresión del rostro de Shawn. Él entró primero, antes que Deanne, y se dirigió a donde estaba Ally.

—Ven acá —le dijo en voz baja y la abrazó con fuerza. Al mismo tiempo, Deanne abrazó a Jake.

—Muchachos, Ben no lo logró —dijo Shawn en voz baja.

—No, no ¡no! —gritó Jake, cerrando los ojos y moviendo la cabeza en señal de negación. Puso su cabeza entre los brazos de su madre y lloró. La reacción de Jake fue la de cualquier muchacho de doce años; siempre fue muy unido a su hermano. Lo había compartido todo con Ben. Cuando se pierde a un hermano, se siente como si se hubiera perdido una porción de la niñez. De hecho, la niñez de Ally y Jake giró en gran medida alrededor de Ben; él era el centro de todo para sus dos hermanos. Ahora se había ido.

Pam y Mark abrazaron al grupo y después se retiraron para permitirles expresar su duelo. Las lágrimas brotaban libremente. Ally se asombró del insoportable dolor audible en su voz, que quedó impreso indeleblemente en su recuerdo y en su mente, jamás había llorado así, y no podía imaginar que alguna vez pudiera volver a sentir un dolor semejante.

Cuando su llanto cesó, Deanne y Shawn se sentaron en el sofá consolando a Jake sobre sus rodillas. Ally se arrodilló en el piso con su cabeza apoyada en el regazo de Deanne, con sus brazos alrededor de su madre y de su padre. Por un largo rato, todos se fundieron en un grupo doliente, sollozando mientras la realidad de la muerte de Ben se iba convirtiendo en un hecho innegable, creando una especie de niebla emocional en la sala.

Pasado un tiempo, Ally miró a sus padres y se dio cuenta de que, aunque estaban preocupados por Jake y por ella, también necesitaban consuelo.

—Sé cómo nos sentimos —dijo Ally en voz baja—, pero si lo pensamos bien, Ben recibió hoy realmente el mejor regalo de Navidad... la vida eterna.

Ally reafirmó que sabían que Ben estaba listo para ir al cielo, que estaba feliz y en plenitud, sin más problemas cardiacos.

La verdad de las palabras de Ally penetró profundamente en los corazones y mentes de todos los miembros de la familia. Poco tiempo después, todo el grupo lloraba lágrimas de felicidad al imaginar la llegada de Ben al cielo.

• • •

Shawn y Deanne hablaron brevemente de si debían o no llamar a los miembros de su familia en Navidad. No querían darles una noticia tan triste como ésta en lo que debía ser un día festivo marcado por la unión familiar. Decidieron que, a pesar de la fiesta, tenían que llamarlos.

Con un nudo en la garganta, mientras marcaba el número del teléfono, Shawn hizo una pausa en un intento por pronunciar las palabras en el momento en que DDad respondió la llamada.

—Papá, hoy nos ha dejado Ben.

—¿Qué?.

Shawn repitió su frase.

—¡Oh! Qué enorme dolor —dijo DDad y comenzó a llorar. DDad le pasó el teléfono a Corine y se sentó, sin poder controlar el llanto.

CAPÍTULO 39

EL TIEMPO

Sabes cómo vuela el tiempo
Apenas ayer fue el tiempo de nuestras vidas

—"SOMEONE LIKE YOU" (ADELE)

C reo que es tiempo de ir a casa —fue todo lo que pudo decir Shawn. Con dificultad, los Breedlove se pusieron de pie y se dirigieron a la puerta. Salieron de la sala, pero su tristeza los siguió.

Antes de salir por última vez por las puertas de ese hospital, Ally tomó una cesta de papeles del escritorio de la recepción. Pensó que iba a vomitar. Parecía algo poco natural, sólo ellos cuatro irían en el auto. Aunque su casa los esperaba a sólo treinta minutos, fue el viaje más largo de sus vidas.

Cuando llegaron, aproximadamente a las once y media de la noche, se sintieron casi impedidos de entrar a la casa. Mientras todos caminaban pesadamente, obligándose a avanzar hasta la entrada principal, la sensación de pasar por la puerta fue algo indescriptible. Ya no era el mismo hogar sin Ben. Aunque las luces del árbol de Navidad aún estaban encendidas, y en la mesa del comedor estaban aún todas las piezas del juego de monopolio, todo había cambiado. Nada era igual.

Deanne entró primero y pasó corriendo por el lado del reguero de papel de regalo y las cajas que tanta felicidad les habían traído esa mañana y, literalmente, corrió con una exhalación al otro lado de la casa, hasta la habitación de Ben. Se botó encima de la cama de Ben, enrollada en el mismo lugar donde él se acostaba y lloró inconsolable. Shawn, Ally y Jake la siguieron de cerca y cada uno de ellos se fue acostando en la cama de Ben junto con Deanne, todos lloraron juntos. Después de un rato, se levantaron e intentaron reanudar sus tareas normales, pero lo normal ya no existía.

· · ·

Ally ya había venido recibiendo mensajes de texto de los amigos de Ben que preguntaban si la noticia era cierta. Consciente de la confusión que se produjo después de que Ben se desmayara unas semanas antes en Westlake, cuando algunas personas bien intencionadas, sin pensar en las consecuencias, difundieron rumores de que Ben había muerto, decidió informar a los amigos de Ben lo que había pasado. Encendió su computadora, entró a Facebook y escribió un informe: "Hoy, Benjamin Breedlove recibió el mejor regalo de Navidad que cualquiera de nosotros haya recibido, recibió el regalo de la vida eterna".

Ally no deseaba que Grant Hamill recibiera la noticia de nadie más, por lo que le envió un mensaje de texto: "Grant, siento decirte esto en Navidad, pero pensé que tenías que saberlo. Ben está en el cielo".

Grant y su novia estaban en donde los Hamill, viendo una película, cuando él recibió el mensaje de Ally informándole de la muerte de Ben. Sorprendido, Grant llevó de inmediato a su novia a su casa y volvió a la suya, donde se quedó sentado dentro el auto por largo tiempo, llorando. Su familia estaba donde sus abuelos, por lo que Grant condujo su auto hasta allí mientras las lágrimas rodaban por su cara a medida que asimilaba todo el impacto del mensaje.

• • •

Justin Miller estaba en su habitación la noche de Navidad, empacando para un viaje familiar a Nuevo México. Su madre, Sheri, había estado animando a Justin y a su hermano menor, Cole, a que hicieran sus maletas porque tenían que irse temprano al aeropuerto al día siguiente de Navidad, pero los muchachos lo dejaron para última hora.

Tarde, la noche de Navidad, el papá y la mamá de Justin entraron a su habitación y el rostro de su papá tenía una expresión muy seria.

—Justin, tengo que hablar contigo —le dijo su padre.

Justin rara vez había visto esa expresión en la cara de su papá. *Oh-oh,* pensó Justin. *O estoy en grandes problemas por algo que no sé qué será o algo realmente malo ha ocurrido.*

—Ben ya no está con nosotros —dijo el papá de Justin.

Aunque recientemente no había hablado con Ben, a excepción de intercambiar unos pocos mensajes de texto, Justin supo de inmediato lo que su papá estaba diciendo. Justin se puso pálido; sintió que todo lo que conocía se había vuelto añicos. Sheri rompió a llorar y Justin y su papá permanecieron en silencio.

—¿Qué ocurrió? —preguntó al fin Justin. Sus padres le explicaron lo que sabían de los eventos del día.

Sheri estaba casi histérica.

—Ahora no podemos ir a Nuevo México —dijo Sheri, limpiándose las lágrimas—. No nos iremos.

—Tenemos que ir, Sheri —dijo el padre de Justin—. Ya reservamos el vuelo y la familia nos espera. Volveremos para el funeral.

Después de que sus padres salieron de la habitación, Justin comenzó a escribir recuerdos de Ben que no quería olvidar jamás. Registró aún los más antiguos que pudo recordar de su niñez. Escribió acerca del día en que escondieron cápsulas del tiempo por todo el vecindario, llenas de objetos que soñaban que serían encontrados y atesorados por las generaciones futuras. Escribió acerca de la vez que su kayak naufragó en Turkey Creek cuando fueron víctimas de una emboscada por parte de un cisne territorial, y acerca de todas las aventuras que pudo recordar. Hizo una lista de varias páginas de recuerdos. Deseaba haber tenido una última oportunidad de hablar con Ben acerca de las cosas que realmente importaban.

· · ·

La noche de Navidad, Madeline tuvo una extraña sensación de que algo no estaba bien. Esa misma tarde, más temprano, ella y su mamá, Stephanie, estaban en la casa de unos amigos. Madeline estaba entusiasmada pensando en reunirse con Ben al día siguiente de la Navidad, antes de salir para su viaje a Colorado, a donde iría a esquiar con su familia.

—No puedo esperar a que todos ustedes conozcan a Ben

—había dicho a su familia y a sus amigos—. Todos vamos a estar juntos y nos reuniremos en la casa mañana.

Durante la noche, Madeline envió varios mensajes a Ben, pero no recibió respuesta. Para las ocho p.m., Madeline estaba intrigada, pero supuso que Ben estaba disfrutando la noche con su familia. Cuando aún no había recibo respuesta de Ben una hora y media después, comenzó a preocuparse, no era normal en Ben ignorar simplemente sus mensajes. Madeline le escribió a uno de los amigos de Ben preguntándole si sabía algo de él. Poco después, el amigo la llamó y le dijo:

—No sé cómo decirte esto, pero Ben murió.

Madeline quedó con la boca abierta; su estómago pareció dar un vuelco. Nunca había sentido algo tan devastador en toda su vida. El corazón se le disparó y su frente se empapó en sudor. Estaba en shock y se negaba a creer la noticia, pero pronto llegaron más confirmaciones de sus amigos. Madeline fue corriendo a la habitación de su madre, prácticamente histérica.

—¿Qué pasa, amor? —preguntó Stephanie.

—¡Ben murió! —lloró y se colapsó en los brazos de su madre.

• • •

Alex Faglie estaba cansada y alistándose para dormir. Acababa de llegar a su casa tarde en la noche cuando su amigo Dennis la llamó llorando. Alex no tenía idea de lo que estaba pasando.

— Dennis, ¿qué pasa? Basta; deja de bromear.

—Siéntate, Alex. Tengo una muy mala noticia que darte.

—Muy bien, ya estoy sentada. Dime, ¿qué pasa?

Dennis se lo dijo y Alex le colgó. Quedó en shock, abrumada. Alex estaba acostumbrada a que los muchachos le hicieran bro-

mas. Por lo general, disfrutaba sus travesuras, pero esto era inau-
dito. *Eso no se hace*, pensó. *¿A quién se le ocurriría decir algo así?*

Sin embargo, el comportamiento de Dennis en el teléfono le
pareció a Alex algo muy inusual. Intentó comunicarse con Grant
Hamill pero no recibió respuesta. Marcó el número de Katelyn
Brooks, una amiga de la infancia de Alex y otra de las amigas de
Ben. Alex contó a Katelyn acerca de la llamada de Dennis.

—¿Es cierto? —preguntó Alex.

Katelyn rompió a llorar. Eso era todo lo que Alex necesitaba
saber.

CAPÍTULO 40

LA VIDA ES
MARAVILLOSA

Exactamente a las diez cuarenta y cinco p.m., esta noche,
tiempo de la Tierra,
Ese hombre estará pensando seriamente en desechar el mayor
regalo de Dios.

—"ÁNGEL MAYOR" (DE *IT'S A WONDERFUL LIFE*)

S hawn, Ally y Jake esperaron en el sofá a Deanne, mientras ella entró a la oficina de Shawn y sostuvo una larga conversación telefónica con un representante de donación de órganos. Puesto que Ben no se había inscrito previamente como donador de órganos, en esta situación es necesario que una persona responsable dé permiso y responda preguntas lo más pronto posible para que se pueda ayudar a un mayor número de personas. Deanne y la representante tardaron más de una hora y media en llenar el cuestionario. Aún comprendiendo la urgencia, era extraño para Deanne escuchar a la representante enumerar un inventario del cuerpo de Ben y dar permiso para que los distintos órganos de su hijo pudieran ser utilizados para ayudar a salvar la vida de otra persona, pero reconocía la importancia de la donación. La representante informó a Deanne que hasta cuarenta personas podrían ser beneficiadas como resultado de sus esfuerzos.

Por irónico que pareciera, después de los traumas más recientes de Ben, Shawn y Deanne habían quedado convencidos de que tenían que buscar un posible trasplante de corazón para su hijo. Como tal, Ben tendría que haber recibido un órgano de alguien que hubiera muerto. Era un privilegio agridulce para Deanne y para la familia saber que estaban ayudando a otros en la manera en que ellos habrían recibido ayuda. A Ben le habría gustado y habría insistido en ayudar al mayor número posible de personas.

Casi al mismo tiempo que Deanne terminó la emotiva y agotadora conversación y salió de la oficina, Ally recibió un mensaje de texto de Grant Hamill. Quería venir. Ally estaba conmovida de que Grant estuviera dispuesto a venir a la casa tan tarde. Le dijo que sería bienvenido a cualquier hora.

Eran cerca de las doce y media de la noche cuando llegaron Grant, su mamá y su papá. Jake vio las luces del carro a través del vidrio de la puerta de entrada cuando el vehículo de los Hamill se detuvo en el camellón y Deanne y Shawn salieron a la puerta a recibirlos. Apenas habían comenzado a abrir la puerta cuando Grant vino corriendo hacia ellos, subiendo deprisa el porche, con lágrimas en los ojos. Deanne abrió sus brazos y lo recibió en la puerta con un fuerte abrazo; las lágrimas de Grant le mojaron el hombro.

Los padres de Grant, Debbie y Pat Hamill lo siguieron de cerca y, cuando Grant pudo controlarse, el grupo entró a la sala, unos se sentaron en los sillones y otros, con un suspiro, se acomodaron en el piso.

Grant quería saber qué había ocurrido, por lo que cada miembro de la familia Breedlove compartió lo que recordaban acerca de los traumáticos eventos del día. Contaron cómo Ben se había desmayado afuera y cómo habían trabajado los equipos de rescate con mucha intensidad para hacerlo reaccionar, pero Ben se había ido al cielo y sabían que estaba en paz.

Aunque eran conscientes de las opiniones de Grant y de sus padres acerca de los aspectos espirituales, era absolutamente natural para Shawn, Deanne, Ally y Jake decir que Ben estaba ahora en el cielo.

—Sabemos que lo volveremos a ver —dijo Deanne—. Sabemos que está en el cielo ¡y que la está pasando mucho mejor de lo que habría podido imaginar!

Ally sentía lástima de los Hamill por su pérdida. Sí, Jake y ella habían perdido a su hermano; Shawn y Deanne habían perdido a su hijo. Pero los cuatro sabían que Ben no estaba perdido.

—Sé que estoy llorando —dijo Ally—, pero imagino a Ben haciendo girar los ojos y diciéndome que estoy siendo muy tonta. Es probable que esté diciendo: "Muchachos, no quiero volver ¡quiero que vengan ustedes *aquí*!".

Grant dejó escapar una débil risa a través de su llanto. Conocía bien a Ben y sabía que Ally tenía razón. Grant y sus padres parecieron quedar satisfechos con la historia que les habían contado y con la afirmación que habían recibido. De cierta forma, encontraron consuelo.

—Ustedes ya me están haciendo sentir mucho mejor —dijo Grant, después de un rato—. Gracias por permitirme venir.

Debbie agregó:

—Si les parece bien, espero que Grant pueda seguir viniendo a estar con ustedes.

—¡Sí! —respondieron todos—. ¡Nos encanta tenerte aquí, no queremos perder además a todos los amigos de Ben! Eso sería renunciar a muchas cosas.

• • •

La visita de la familia Hamill significó mucho para los Breedlove esa noche. Preocuparse por otro ser humano al momento de una tragedia es algo a veces difícil o incómodo, pero Grant y sus padres estuvieron dispuestos a hacerlo. El hecho de que quisieran estar allí con la familia en su momento de duelo, aún a esa hora de la noche, fue una expresión de amor e intimidad de su parte. Compartir el duelo con otra persona crea un vínculo como no se obtiene en ninguna otra experiencia; es el último acto de amor y bondad y la presencia de los Hamill conmovió profundamente a los Breedlove.

Los Breedlove se despidieron de los Hamill con un conmovedor adiós y luego volvieron a la sala para decidir lo que harían.

Nada parecía normal. Nada parecía ser lo correcto. Escasamente comieron, a pesar de que no lo habían hecho desde la mañana de Navidad. No podían imaginar la posibilidad de dormir. Todos estaban demasiado agotados emocionalmente como para hablar. Shawn expresó en voz alta la pregunta que todos tenían en mente:

—Entonces, ¿qué hacemos ahora?

El consenso fue ver la película de Navidad favorita de Ben: *It's a Wonderful Life*. Fue él quien había pedido a comienzos de la semana que la vieran la noche de Navidad. Todos habían estado esperando con ilusión ese momento en el que estarían juntos. Eran cerca de las dos de la mañana cuando la familia se acomodó en el sofá, todos intensamente conscientes de que faltaba un miembro de la familia. Cuando apareció la película en la pantalla, Deanne dijo:

—No sabemos cómo funciona esto, pero Ben, te estamos invitando a que, de ser posible, te sientes aquí y veas la película con nosotros —todos creyeron que Ben aceptó la invitación. Aunque sabían que Ben estaba en cielo, de alguna manera muy real, parecía que también su espíritu estaba ahí en la sala con ellos.

Física y emocionalmente agotados, vieron toda la película. Todos estuvieron muy callados, permitiendo que el mensaje, tan significativo como había sido para Ben, los animara.

A eso de las dos treinta a.m., cuando la película estaba a punto de terminar, Ally recibió un mensaje de texto de su novio, Cameron. Ally le había mandado un mensaje a Cameron más temprano esa tarde con la noticia de la muerte de Ben y Cameron se estaba sintiendo muy mal. Él y Ben eran como hermanos.

Al terminar la película, Ally recibió otro texto de Cameron. "Sé que es realmente tarde, pero, por favor, ¿podría ir a tu casa y hablar contigo?".

Ally preguntó a sus padres:

—Mamá, papá, ¿estaría bien que Cameron viniera ahora? Quiere saber qué pasó.

—Sí, está bien, pero vamos a intentar dormir un poco.

Aunque eran ya casi las tres treinta a.m., Ally estaba totalmente despierta. Caminó hasta el muelle, sabiendo que Cameron la encontraría. Se sentó en la plataforma de la lancha, como lo había hecho con Ben unas dos semanas antes. La luz de la luna iluminaba el lago sereno y calmado, proyectando sombras sobre la brillante superficie del agua.

Ally tenía roto el corazón, pero sentía la paz que Ben había buscado tan frecuentemente en la noche, en el muelle. Venían a su mente muchos pensamientos acerca de la última conversación que tuvo con él en este mismo lugar. Ally escasamente oyó acercarse a Cameron una media hora después. Se acomodó con ella en la parte posterior del bote y la abrazó, pero mantuvo un respetuoso silencio. Permanecieron así, sentados juntos, con las piernas colgando por el borde de la plataforma del bote y los pies prácticamente tocando la superficie del agua, sin que ninguno necesitara palabras para saber que el otro estaba pensando en Ben.

Después de un rato, Cameron preguntó:

—¿Estás bien?

—Bueno, no, pero sí, estoy bien.

Caminaron por el muelle durante unos treinta minutos, compartiendo recuerdos especiales de Ben, momentos divertidos que los tres habían compartido y reconociendo cuánta falta les hacía. Cameron aseguró a Ally que Ben estaba disfrutando el cielo. Cameron se quedó un rato más; luego, él y Ally volvieron a la casa atravesando el patio.

—El video fue sorprendente, ¿no es cierto? —preguntó Cameron.

—¿Cuál video?

—¿Quieres decir que no lo has visto? —Cameron pareció sorprendido.

—No, ¿de qué hablas?

—Ven conmigo —Cameron llevó a Ally a la casa y encontró el laptop de Ally en la banca de la ventana en la cocina. Se sentaron en la banca y Cameron tecleó el nombre Ben en el buscador en

YouTube. Ally no tenía idea de por qué estaba Cameron buscando los videos de Ben en YouTube a esta hora, y el cansancio comenzaba a vencerla.

Cameron encontró un canal que Ally nunca había visto. En ese canal de YouTube apareció la cara de Ben que la miraba. En el instante en el que Cameron presionó el botón de inicio, algo empezó a cambiar. Ben había dejado un video como un regalo para el mundo.

CAPÍTULO 41

SÓLO PUEDO IMAGINARLO

Rodeado de tu gloria, qué sentirá mi corazón

—"I CAN ONLY IMAGINE" (MERCYME)

A la mañana siguiente, al amanecer, Shawn y Deanne estaban ya despiertos. Ninguno de los dos había dormido, pero era hora de salir de la cama, se preguntaban qué harían. De cierta forma, estaban esperando que la vida actuara en ellos.

Eran cerca de las nueve de la mañana cuando sonó el timbre de la puerta. Preguntándose quién podría ser tan temprano, sobre todo después de que su hijo había muerto, Shawn se puso algo de ropa y bajó la escalera para abrir. Para su sorpresa, su socio de negocios, Lee Weber, su esposa Tammy y su hija McCall, una amiga de la secundaria de Ben, estaban en la puerta. Simplemente vinieron a acompañarlos y consolarlos.

Shawn los recibió y los hizo entrar mientras Deanne, Ally y Jake se reunían en la sala. Después de una edificante visita, Tammy comentó:

—¡Y el video fue simplemente sorprendente! —Deanne miró hacia atrás, confundida; entonces Ally interceptó el comentario.

—Aún no saben del video —dijo Ally a los Weber.

—Oh ¡les va a fascinar! —dijo Tammy.

Deanne sintió que el estómago le daba vueltas y se preguntó cómo podría gustarle algo esa mañana.

Cuando los Weber se despidieron, Ally reunió a Shawn, Deanne y Jake en el sofá de la sala.

—Todos van a querer ver esto —les dijo. Puso la computadora sobre el sillón y presionó el botón de inicio del video. Los ojos de Shawn y Deanne se llenaron de lágrimas al ver la cara de su hijo en la pantalla. Mientras sonaba la música de "Mundo Loco" en el fondo, vieron la historia de Ben.

El corazón y el alma de Deanne quedaron conmovidos al ver a Ben animado y vibrante, moverse por la pantalla; sintió como si tuviera de nuevo a su pequeño niño con ella en la sala. *Todo* lo que deseaba era tenerlo otra vez de verdad, para poderlo abrazar y no dejarlo ir jamás. Las lágrimas le corrieron por las mejillas cuando Ben levantó la tarjeta que decía "Ojala NUNCA hubiera despertado". Por mucho que le doliera y le quemara el corazón y por mucho que quisiera volver a tener a Ben con ella, él le recordó que ahora estaba exactamente donde quería estar. Deanne pensó: *Esto es un regalo.*

—¡Wow, no lo puedo creer! —dijo Shawn en voz baja, preguntándose si el video que estaban viendo sería una broma o algo humorístico que Ben hubiera querido hacer. A medida que avanzaba, sus temores fueron desapareciendo. Deanne comenzó a llorar y apoyó su rostro sobre el hombro de Shawn. A intervalos, levantaba la cabeza y miraba a Ben por unos segundos y luego lloraba de nuevo. Tanto Shawn como Deanne quedaron sorprendidos con la actitud sobria de Ben y con su convincente sonrisa. No estaban seguros de haberlo apreciado todo y vieron el video por segunda vez.

En esta oportunidad, comprendieron mejor lo que ocurría. Ahí estaba su hijo, que acababa de morir; se veía bien, feliz, lleno de paz. Estaba contando las luchas de su vida con su enfermedad de corazón y algunas de sus decepciones. Las expresiones faciales de Ben reflejaban las emociones de su corazón y los mensajes que había escrito en las tarjetas. Era franco y real.

• • •

Mientras miraban el video de Ben, era imposible que sus padres no recordaran de nuevo el pasado y todo el desarrollo de la vida de su hijo. Desde cuando Ben tenía dieciocho meses, había estado bajo cuidado médico y en hospitales. Shawn recordaba cómo el Dr. Rowe les había dicho que tal vez Ben no viviría más allá de la adolescencia. Pero la familia de Ben estaba decidida a derrotar las probabilidades. Durante toda su vida, Ben había oído a los médicos hablar francamente acerca de él. Cuando niño, no comprendía las palabras que describían su afección cardiaca ni los riesgos. A medida que fue creciendo, comenzó a entender cada vez más las descripciones de los cardiólogos. Año tras año, Ben llegó a comprender completamente su mortalidad; entendía que sus probabilidades no eran buenas. Para el 18 de diciembre del 2011, Ben ya se había enfrentado a la muerte y ya no tenía miedo. A pesar de su lucha con la vida, Ben se propuso no convertirse en un amargado. No tenía rencor contra el Dios que lo había puesto donde estaba, que le había dado la fortaleza, que le había dado la paz en un momento muy crítico de su vida. Dios también le dio a Ben un propósito y Ben lo aceptó.

En el video tenían a Ben frente a ellos, con una sonrisa en su rostro, alegre, a pesar de todas las decepciones. Estaba allí, vivo, se veía *muy bien*, y les estaba diciendo que estaba orgulloso de todo lo que había hecho y que no tenía problemas con nada. Ben estaba en paz y eso se veía en su expresión. Él había experimentado la paz de Dios, había tenido una muestra del cielo y quería ir allí; no veía ninguna razón para quedarse, excepto el nuevo propósito que Dios le había dado. Ben le había rogado por su familia, pidiendo que no se preocuparan por él y que tuvieran la misma paz que él tenía. Ben ahora estaba vivo en el cielo, y la paz de Dios comenzó a cuidar sus corazones y sus mentes. La paz de Dios estaba penetrando inclusive su duelo.

A veces, la calma de la noche permitía una reflexión conmovedora. Una noche, durante los eventos confusos de esos primeros días, mientras estaba en la cama, listo para conciliar el sueño, Jake se dirigió a Deanne y le dijo:

—Mamá, esto va a parecerte extraño.

—¿Qué pasa, Jake? —le preguntó, acercándolo más a ella.

—Bien, podría decirte que estoy casi más contento de lo que jamás he estado.

—¿Por qué? —Deanne estaba sorprendida de que Jake dijera eso después de pasar por semejante tragedia. Pero su respuesta fue la mejor que podía haber imaginado.

—¡Porque sé que Ben está más feliz de lo que jamás había estado!

Deanne quedó profundamente conmovida de saber que Jake

experimentaba la paz y el consuelo verdaderos de saber que su hermano estaba en buenas manos. Ella sentía lo mismo que Jake, al igual que lo sentían Shawn y Ally. Les entristecía estar separados de Ben, pero estaban realmente felices *por* él. No más hospitalizaciones, no más tratamientos ni monitores. No más preocupaciones por su corazón. Ya *estaba* viviendo donde todos los demás miembros de su familia querían llegar a estar algún día. Todos estaban tristes por ellos mismos, pero estaban realmente felices de saber que Ben se había "graduado", como lo había expresado Jake, y ya estaba instalado en el cielo. Estaban sufriendo su pérdida pero él era libre.

Deanne abrazó fuertemente a Jake y ambos secaron con su mano algunas lágrimas, compartiendo la seguridad de que Ben estaba en el cielo.

CAPÍTULO 42

MUCHO MÁS ALLÁ DE MI ALCANCE

Dame tus brazos para quienes tiene el corazón destrozado,
Aquellos que están más allá de mi alcance.

—"GIVE ME YOUR EYES" (BRANDON HEATH)

Poco después de que se fueron los Weber, la casa empezó a llenarse de una gran cantidad de visitantes. En cualquier momento pudo llegar a haber hasta treinta personas en la casa, preparando alimentos y consolando a la familia. Se vertieron muchas lágrimas, pero en términos generales, la casa resonaba con risas mientras todos recordaban la felicidad que Ben había traído a sus vidas.

Mientras Shawn y Deanne se encargaban de atender los infinitos detalles y los altibajos emocionales relacionados con la programación de un servicio no esperado en memoria de su hijo, se conmovieron al saber que el concejo estudiantil de Westlake High

School había dispuesto que todos los estudiantes vistieran de blanco el primer día de regreso a clases después de las fiestas. Era una iniciativa fundamental, por lo que los estudiantes recurrieron a Facebook y a los mensajes de texto para difundir el anuncio. Escogieron el color blanco debido a lo que Ben dijo haber visto en su experiencia en la sala blanca.

Ese día, Mehul Mehta, uno de los estudiantes de último año de Westlake, y vicepresidente del cuerpo estudiantil, dijo:

—Entré al colegio y es como si el atrio estuviera brillando. Como si de todos salieran destellos de luz, es algo sorprendente.[*]

Justin Miller se vistió de blanco ese día en honor a Ben, al igual que Alex Faglie, Grant Hamill y Madeline Nick. Cuando la Sra. Albright vio a Madeline entrar a la clase de Español, no pudo contener el llanto. Los consejeros visitaron las clases en las que se había registrado Ben y uno de ellos dijo:

—La muerte es parte de la vida, y tenemos que aprender a enfrentarla.

Madeline agradeció esta declaración abierta del consejero, pero ella quería "enfrentar" lo que había aprendido de la vida de Ben, no simplemente de su muerte. Más tarde diría:

—La vida de Ben me hizo elevar mis estándares, y me llevó a creer que sí hay personas buenas, que sólo tenemos que esperar y que aparecerá la persona correcta. Me hizo sentir que Dios realmente es real.

Después del memorial de Ben, Madeline encontró un renovado interés en todo lo espiritual.

---

[*] Erin Cargile. "Estudiantes, vístanse de blanco en honor a Breedlove". KXAN, Enero 4 de 2012. http://www.kxan.com/dpp.news/local/austin/students-wear-white-to-honor-breedlove.

—El ejemplo de Ben me ha hecho querer vivir mi vida sin remordimientos —dijo—. Me hace preguntarme cuál es mi propósito. Quiero vivir mi vida a plenitud y quiero cambiar la vida de alguien de forma positiva, como lo hizo Ben. Quiero vivir *para* algo, no simplemente vivir.

• • •

Katelyn Brooks escribiría más tarde en un ensayo universitario cómo la historia de Ben había cambiado su propia historia.

Me fui acercando cada vez más a alguien que con el tiempo se convirtió en mi mejor amigo. Fue una de las pocas personas que supo de mis ataques de pánico y que me vio durante uno de ellos. Siempre supe que podía contar con su consejo y me ayudó a aprender a manejar mi problema. Todo iba muy bien en mi último año de secundaria y estaba ansiosa por terminar e ir a la universidad.

Luego, el 25 de diciembre de 2011, mi mundo cambió. Recibí un mensaje de texto de Ally Breedlove diciendo que mi mejor amigo había muerto. Supe de inmediato por qué, pero no logré darme cuenta de que acababa de perder a mi mejor amigo. Durante la siguiente semana, simplemente actué como un autómata, días tras día, pero no estaba realmente presente en lo que hacía. No podía pensar en nada más que en el hecho de que ya no tenía a mi mejor amigo para hablar con él. En esos días sufrí algunos de los peores ataques de pánico que he experimentado. Me alejé del mundo e intenté hacer lo que él habría querido que yo hiciera. Leí mi Biblia todos los días durante esa semana, a veces durante horas a la vez. La primera vez que vi el video que Ben subió a YouTube fue en el servicio en su memoria. Quedé tan sorprendida ante su firmeza en su religión, que cambió completamente mi manera de rezar y de leer la Biblia. Vi el impacto que tuvo en personas a más de medio mundo de distancia y luego pensé en lo bienaventurada que era de haberlo tenido para que personalmente cambiara mi vida. Mi concepto de la vida ha cambiado muchísimo este semestre y me he convertido en una persona más positiva en cuanto a las situaciones y no sufro de estrés con la misma frecuencia de antes.

• • •

Mientras tanto, el número de personas que vieron el video de Ben "Ésta es mi historia" aumentó de forma vertiginosa. Personas de todo el mundo respondieron a la conmovedora y sincera presentación de Ben.

El *Daily Mail,* uno de los principales periódicos de Londres, publicó la historia de la enfermedad cardiaca de Ben y la sorprendente respuesta a su video. En los Estados Unidos, el Huffington Post, un servicio de noticias asociado con AOL, fue la primera fuente nacional en presentar la historia. NBC-TV pronto siguió sus pasos porque su filial local en Austin estaba cubriendo el video de Ben, el sorprendente impacto que estaba causando y las inusuales respuestas que estaba recibiendo.

En el término de veinticuatro horas de que el video de Ben se hubiera convertido en una tendencia viral para difundirse a través de más de treinta países, aumentaron exponencialmente las respuestas y llegaron en torrentes a los Breedlove por Facebook, por correo electrónico y en YouTube.

Por alguna razón, personas que nunca habían tomado en

serio la existencia de Dios, de los ángeles o de la vida después de la vida, parecían haber quedado afectadas por la presentación de Ben. Algo en la sinceridad y la abierta vulnerabilidad de su creencia en medio de su lucha, conmovió profundamente a todos. Numerosos ateos y agnósticos declarados reconocieron por primera vez su fe en Dios después de haber visto el video de Ben.

Una joven de Quebec, Canadá, quedó profundamente conmovida por el video de Ben. Se comunicó con Ally en Facebook y admitió que antes no creía en Dios pero ahora sí. Dijo: "Realmente no sé cómo orar... espero haberlo hecho bien". Reiteró una y otra vez: "Gracias, mil y mil gracias ¡esto ha cambiado mi vida!".

Luego, casi como en segunda instancia, le preguntó a Ally: "¿Cómo se llama esta religión?".

Ally le explicó que no se trataba de religión, sino que "es una relación con Dios".

Muchos de los mensajes hacían eco a lo que dijo esta mujer: "Yo no creía en Dios pero ahora sí". Otros decían: "Nunca creí en Dios, pero después de ver el video de Ben, *quiero* creer". En medio de su propio dolor y su sentido de pérdida, los Breedlove se tomaron el tiempo de responder tantos mensajes como pudieron, participando en esa conexión con Ben que muchos de esos mensajes expresaban.

Un joven de Inglaterra escribió:

> Espero que alguien aquí me pueda ayudar. He quedado tan conmovido por la historia de Ben Breedlove que es difícil creerlo. Siempre he sido una persona científica, con explicaciones lógicas para todo, Dios, el cielo, los fantasmas y cómo hemos llegado a ser lo que somos. Trabajo en la policía, por lo

que la lógica es como lo mío. Así es como somos muchos de nosotros los británicos.

Pero desde que Ben murió, me he estado cuestionando seriamente mis creencias: ¿Existe realmente un Dios? ¿Por qué nuestro universo es tan complejo? No puede simplemente haber aparecido porque sí. Claro, una gran explosión lo hizo... bien, de haber sido así, ¿qué había antes de eso para hacer que esa gran explosión se diera en primer lugar?

Lo siento, me distraje conmigo mismo.

Sólo quiero decir, después de haber visto el servicio en memoria de Ben, que estoy estudiando la Biblia, y que estoy yendo a la iglesia.

Es absolutamente sorprendente cómo un joven de dieciocho años de Texas ha cambiado mi forma de creer y me ha llevado a cuestionarme de tal modo. Sinceramente, creo que este último mensaje dejado en YouTube fue cultivado por algo "más elevado" que nuestra existencia, si entienden lo que quiero decir.

Me encanta la forma como Ben vivió su vida y cómo la presentó durante todo el video, confortando los corazones y trayendo lágrimas a los ojos de quienes se encontraban al otro lado del mundo. Si sólo los adolescentes de aquí fueran como él. Él es realmente mi inspiración y mi modelo de rol.

Lo siento si he descargado todo esto en alguien que no lo quiera saber, pero tengo que decirlo y la iglesia en mi pueblo está cerrada... (¡La convirtieron en apartamentos! ¿Pueden creerlo? ¡Justo cuando la necesito!... qué suerte la mía).

Después de ver el video, un hombre llamado Barry envió un correo electrónico a la Iglesia Gateway: "29 de diciembre de 2011.

El día que mi vida cambió. Después de ver la historia de Ben en KXAN, después de ver sus últimos videos y de ver el servicio en su memoria, quedé conmovido como nunca antes había estado. Y quiero decirles que me había considerado ateo esa mañana, pero esa noche Ben me hizo pensar acerca de mi vida debido a lo que él tuvo que soportar y ver... pero después de que todo eso ocurrió ese día, me convertí en cristiano. Le he estado dando gracias a Ben cada día por abrirme los ojos a Dios. He encontrado una paz terrenal que sólo conocí por algunos momentos fugaces en mi vida, como la que Ben encontró al estar cerca del agua o sobre ella. Ben me cambió de muchas maneras que sigo descubriendo hoy".

• • •

La familia Breedlove había recibido también numerosos mensajes de personas que habían experimentado retos médicos y emocionales similares, incluyendo padres que habían perdido un hijo, así como muchos otros que intentaban ayudar a sus hijos a hacer frente a la CMH o a otras afecciones físicamente debilitantes. Llegaron muchísimas cartas de padres cuyos niños estaban sanos, y que habían llegado a apreciar este hecho cada vez más después de haber visto el video de Ben.

Varias celebridades oyeron hablar de la historia de Ben y respondieron públicamente. Kim Kardashian envió un mensaje por Twitter: "No den la vida por hecha. Muy conmovidas con el video de Ben Breedlove, espero que encuentres la paz que recuerdas haber tenido en el cielo".

Un *tweet* de Jennifer Love Hewitt llegó después diciendo: "Ben Breedlove, ¡que encuentres paz y ángeles a todo tu alrededor! Dios te bendiga".

Scott Mescudi —el intérprete de música rap favorito de Ben, conocido profesionalmente como Kid Cudi— oyó acerca del video de Ben a través de sus seguidores. Ese mismo día, el 26 de diciembre de 2011, Kid Cudi escribió sobre Ben en su blog personal:

> Estoy muy triste por Ben Breedlove. Vi el video que dejó para el mundo, y el que él me haya visto en detalle en su visión fue realmente algo que conmovió mi corazón. Me conmoví, no pude contener el llanto porque odio lo injusta que puede ser la vida. Esto realmente me ha tocado el corazón de forma indescriptible, por eso hago lo que hago. Por eso escribo mi vida y por eso los quiero tanto a todos... sé que Ben está en paz y espero que tenga la oportunidad de sentarse a hablar con mi padre. Te queremos, Ben. Por siempre. Gracias por quererme. A la familia de Ben: ustedes criaron un verdadero héroe; es definitivamente mi héroe. Tienen mi amor".[*]

En febrero, Kid Cudi dio una entrevista a Joe La Puma, de Complex.com, en la que el entrevistador sondeó los pensamientos del rapero acerca de la respuesta masiva al video de Ben.

LA PUMA: El joven con afección cardiaca que lo vio a usted en uno de sus sueños después de desmayarse en el corredor de su colegio hizo un video diciendo que usted era su rapero favorito y, luego, tristemente murió unas semanas después. Eso fue algo bastante duro.

---

[*] Kid Cudi. "Cud Life". http://cudlife.tumblr.com/post/14834941934/iam-so-sad -about-ben-breedlove-i-watched-the

KID CUDI: Esa es una situación de la que realmente no me gusta hablar, porque, ¿podría imaginarse lo que sentiría si se encontrara en una situación así? Fue realmente un video muy impactante, hombre. Nunca antes me había afectado nada así. Realmente para mí fue muy duro. En la vida, uno llega a un punto en el que simplemente intenta quererse uno mismo un poco más. Ahora no me siento como si me quisiera lo suficiente, y cuando los muchachos dicen que me quieren, y me adoran de esa forma, es simplemente algo abrumador. Porque es algo así como "Hombre, esos muchachos realmente se interesan por mí", es algo así como "¿Cómo pueden quererme tanto si no me conocen?". Es algo que realmente me hace sentir muy humilde y me hace querer convertirme en una mejor persona.

Después, Kid Cudi también envió un tweet acerca de Ben y envió los videos de Ben a sus admiradores. Además, cuando habló del nuevo álbum en el que había estado trabajando durante la Navidad, agregó: "Espero que a Ben Breedlove le gusten los nuevos *jams* y que esté bailando rock en su traje blanco". En otro tweet, Kid Cudi dijo: "¡TODOS TOQUEN GHOST AHORA MISMO PARA BEN BREEDLOVE! ¡¡¡DESPUÉS MR. RAGER!!!"

Parecía que a todas partes a donde iba Kid Cudi, alguien le preguntaba acerca de Ben. En una entrevista en YouTube, Urban Nomad le preguntó a Cudi cómo había afectado el video de Ben la forma como él veía lo que hace y la influencia que tiene. Kid Cudi respondió:

—No entiendo por qué Ben pensó en mí en su visión. Es algo que me preocupa todo el día. Es algo en lo que pienso mucho. Yo no pedí ser este tipo de héroe para nadie. Sólo quería hacer *jams*. Es algo a lo que aún me estoy acostumbrando. No me siento tan bueno como la gente dice que soy —Cudi hizo una pausa y luego dijo—: Hay algo que hace por mí... cuando voy entrando al estudio es como si escuchara: "Hola, Scott, no olvides decir algo importante".

CAPÍTULO 43

VIVIR PARA SIEMPRE

Sé valiente cuando el camino es largo
No olvides que nunca estás solo...

—"LIVE FOREVER" (DREW HOLCOMB)

A medida que el número de personas que veían el video de Ben seguía aumentando, fue creciendo el sentimiento de que el servicio en memoria de Ben se estaba convirtiendo en algo más, de hecho, estaba adquiriendo vida propia. Shawn, Deanne, Ally e inclusive Jake reconocían que el mensaje ya había dejado de pertenecerles, que era algo mucho más grande que la familia Breedlove. En medio de su dolor, cuando sólo querían permanecer unidos como familia y contemplar todo lo que Ben significaba para ellos, decidieron no impedir la difusión del mensaje del video de Ben.

—Simplemente vamos a dejar que esto suceda —dijo Shawn. Decidieron abrir su hogar y sus corazones a todos los que quisieran contactarlos.

Con la presencia de Ben en línea conmoviendo cada vez a un mayor número de personas, la familia recibió un gran número de correos electrónicos y mensajes de Facebook de gente que decía: "Quisiera poder ver el servicio en memoria de Ben, pero vivo al otro lado del océano". La filial local de NBC-TV preguntó si la familia tenía intención de trasmitir el servicio al aire.

Cuando Shawn se reunió con los técnicos de audio/video de la iglesia, preguntó:

—¿Pueden ustedes hacer una trasmisión en vivo por la Web?

—Claro que sí, lo hacemos todo el tiempo. Damos alimentación de audio y video para que cualquiera que quiera trasmitir pueda hacerlo".

· · ·

El servicio en memoria de Ben se programó para el jueves por la tarde, el 29 de diciembre de 2011. Para cuando el servicio comenzó, el último video de Ben había sido visto por más de un millón de espectadores y la cifra seguía aumentando. Casi mil quinientas personas asistieron a la iglesia de Gateway para asistir al servicio en su memoria. Gateway informaría después que cerca de cincuenta y ocho mil personas en el mundo entero vieron el servicio a través de Internet y que éste fue también grabado en video por las redes de televisión.

El servicio comenzó con una presentación de fotos de algunos de los momentos favoritos de Ben, proyectados en dos pantallas gigantes. Una muestra del último video de Ben, "Ésta es mi historia", se proyectó después. Una enorme foto de Ben haciendo tablaestela, y luciendo una radiante sonrisa "tipo Ben", se proyectó en dos pantallas mientras Ally caminaba por la plataforma para honrar a su hermano. En lugar de preparar un discurso, Ally confiaba en que las palabras le vendrían en el momento correcto. Se paró frente a la multitud y simplemente abrió su corazón.

—Llevo hoy los aretes que me regaló Ben para Navidad. Saqué de mi clóset los colores más brillantes que pude encontrar para que hicieran juego con ellos. Porque hoy es la celebración de la felicidad que Ben trajo a nuestras vidas. Es también una oportunidad para encontrar la verdad en el mensaje que él nos dejó.

"Quisiera compartir una parte de la historia de Ben de la que yo tuve el privilegio de ser la única persona a quien él la contó directamente.

"Una noche, después de que Ben se desmayó en Westlake, vine de la universidad a estar con mi familia. Una noche estuve buscando a Ben y no pude encontrarlo. Comencé a preocuparme. Pero eventualmente lo encontré sentado en el muelle, en nuestra casa sobre el lago en Austin. Salí adonde estaba y le pregunté: '¿Estás bien, Ben? ¿Qué haces aquí afuera?'.

"Me dijo que la quietud del agua y el silencio a mitad de la noche eran las sensaciones más cercanas que podía encontrar a la paz que había sentido en su visión. Me dijo que salía allí en la noche para hacerle preguntas a Dios.

"Entonces, le pedí que me contara acerca de su sueño en más detalle. Y me dejó dos cosas muy en claro. Me dijo que, aunque él lo llamaba un sueño, él estaba despierto, y era algo muy real. Y me dijo que cuando había mirado al espejo, voy a usar sus propias palabras: 'Supe que estaba listo para algo mucho más importante'.

"Cuando terminó de contarme su sueño, le pregunté si estaba contento de haber despertado.

"Dijo: 'Creo que sí'. Y luego empezó a llorar, realmente lloró mucho.

"No supe qué decirle. Sólo le dije lo primero que se me ocurrió. Le dije: 'Ben, estamos tan felices de que estés todavía aquí con nosotros. Tal vez no quieras estar aquí. Pero sólo tienes que recordar que ésta no es nuestra vida. Nuestra vida es eterna y ese es el regalo que Dios nos da. Y esta vida es el regalo que nosotros le damos a Dios'.

"Me miró y dijo: 'Creo que tienes razón. Y yo también creo que Dios me permitió sentir esa paz antes de volver para que supiera que el cielo vale la pena'.

"A la semana siguiente se desmayó de nuevo, el sábado en la noche, y pudimos reanimarlo. A la mañana siguiente estaba demasiado débil para ir a la iglesia, por lo que hicimos en casa lo que habríamos hecho en la iglesa.

"Papá nos leyó el pasaje IV, versículo VII de la Carta a los Filipenses: 'Y la paz de Dios, que es más grande de lo que el hombre puede entender, cuidará sus corazones y sus pensamientos por medio de Cristo Jesús'. Papá miró a Ben y dijo: 'No sabemos cómo se siente esa paz, pero tú si lo sabes, ¿no es verdad?'.

"Y Ben respondió: 'Sí'.

"Papá le preguntó si nos podía explicar esa paz.

"Ben dijo: 'Es tal como lo dice el versículo. No se puede describir. Sólo hay que estar ahí'.

"Todos nos turnamos para orar por Ben. Y después él oró por nosotros pidiendo que no tuviéramos miedo y que no estuviéramos tristes y que tuviéramos la misma paz que él había sentido de Dios.

"Sé que muchos de ustedes están tristes porque les hace falta Ben. No pierdan la alegría porque Ben no esté aquí. Tomen esa pequeña parte de alegría que Ben compartió con ustedes y compártanla con alguien más que no haya tenido oportunidad de experimentarla aún.

"Quiero que todos sepan que cuando íbamos en el auto, camino al hospital, le pedí a Jesús que le dijera a Ben, cara a cara: 'Te quiero' a nombre de todos los que lo quisimos. De modo que todos pudimos decírselo una vez más".

Ally luchó por contener las lágrimas mientras contaba esta historia de su hermano y compartía el mensaje de consuelo con todos los allí reunidos. Cuando estaba llegando al fin del tributo a su hermano, la audiencia seguía escuchando en silencio pacífico. Después de Ally, habló el Pastor Burke. Presentó un breve mensaje dando varios ejemplos de experiencias cercanas a la muerte, tomadas de la Biblia. Después de describir brevemente la visión de Ben y algunos detalles del video que todos los que se encontraban allí habían visto, el Pastor Burke sugirió que incluso el hecho de que Ben hubiera visto a Kid Cudi en su visión, podría haber sido la forma como Dios presentó un mensaje con el que muchos jóvenes podrían identificarse.

El pastor preguntó:

—¿Pueden oír lo que estaba diciendo Ben? Él sabía que su vida era una lucha. Es injusto; las cosas no siempre tienen sentido; pasan cosas malas en el mundo porque la voluntad y los caminos de Dios no siempre se dan en este mundo loco. Jesús nos enseñó a orar: "Venga a nosotros tu reino, hágase tu voluntad, Dios, en esta tierra como en el cielo". Nos enseñó que, debido a que el cielo es donde la *vida* se desarrolla plenamente según la voluntad de Dios, no es así en la tierra. Nos alejamos de los caminos de Dios y hacemos cosas que dañan a los demás. Sin embargo, Dios abrió un camino para perdonar a todo el que lo ame y lo desee en su vida: eso era lo que estaba haciendo a través de Jesús. Revelándose en una forma con la que nos pudiéramos relacionar; porque Él nos creó para amarlo, y forjó un camino para perdonarnos y reconectarnos con la fuente del amor".

"Ben quería ayudar a las personas —dijo el Pastor Burke—. Él le contó a su líder de Young Life a comienzos de este semestre que quería poder ayudar mejor a las personas a entender su fe. Lo ha hecho de una forma que sólo Dios pudo haber orquestado y ha ayudado a muchas personas a reconsiderar la vida después de la muerte y a Dios, por toda la tierra, en cuestión de días".

Muchos dijeron después que al recordar la vida de Ben, comenzaron a reflexionar sobre sus propias vidas. *¿Estaría yo orgulloso de la vida que he vivido? ¿Qué pasaría si me fuera hoy? ¿Me sentiría tan orgulloso como se sintió Ben, elegantemente vestido... sirviéndole a Dios?*

• • •

Durante sus últimos meses, a medida que Ben se iba cansando de las luchas de su vida, le había hecho a Dios muchas preguntas propias. Se preguntaba por qué tenía que sufrir, por qué había vuelto a la vida que estaba listo a dejar atrás, y por qué no podía volver a la paz que creía que le esperaba en el cielo. Al igual que muchos, Ben se preguntaba *¿Cuál es el propósito de mi vida?*

Sólo en esa noche en el muelle, Ben se dio cuenta de que su vida no era simplemente una historia de dolor y sufrimiento. Su vida no carecía de sentido, no era simplemente una fantasía. *Su vida era un regalo.*

En cierto sentido, el cielo empezaba para Ben con la aceptación de la vida que le había sido dada. La historia de su vida había estado llena de luchas, pero aún en medio de su sufrimiento, Ben había sido consolado por la paz de Dios. Aún de cara a la muerte, fue confrontado con la esperanza del cielo. A través de compartir su corta vida con el mundo, Ben cumplió su propósito.

Lo último que nos dejó Ben a todos fue una pregunta: "¿Crees en los ángeles o en Dios?".

"Yo sí".

—BEN BREEDLOVE

EPÍLOGO

Cada vida es una historia, la historia de Ben nos muestra que la esperanza del cielo comienza aceptando la paz de Dios y su propósito para esta vida.

La noche que encontré a Ben allá afuera en el muelle, supe que algo se movía en su corazón. Cuando salí a la luz de la luna y vi su oscura silueta inmóvil y tranquila, pude sentir un profundo cuestionamiento en su interior.

Cuando me senté a su lado, me dijo:

—Últimamente he estado viniendo aquí a hacerle preguntas a Dios.

Quedé sorprendida de verlo hablar al universo esperando pacientemente una misteriosa respuesta de Dios. Pero luego me di cuenta de lo simple que era realmente la imagen. Cuando las angustias de la vida abrumaban el corazón de Ben, simplemente las desfogaba con Dios y Dios lo escuchaba.

Mientras Ben buscaba a Dios, sostenía una lucha con el propósito de su vida.

—Sé que está mal decirlo —admitió—, pero a veces pregunto por qué no me quedé allí... ¿Por qué tuve que volver a esto?

Ben había "engañado a la muerte" tres veces, pero ahora comenzaba a aceptar la idea de morir, no la muerte en su finalidad, sino la paz que sabía que lo esperaba *después* de la muerte. Había experimentado esa paz —estaba prácticamente allí— sólo para ser llamado de nuevo a la vida que estaba listo a dejar atrás. Con frecuencia se encontraba preguntándose *¿Cuándo terminará la fantasía? ¿Cuándo comenzará el cielo?* La letra de esa canción tenía un significado para Ben porque hacía alusión a un tiempo en el que los retos de la vida por fin terminarían y él podría estar en paz para siempre.

Ben había experimentado una paz tan real y tan sobrecogedora que le disgustó mucho tener que dejarla, por más que amara su vida. Había experimentado la paz de Dios y había tenido una muestra del cielo y ahora su propia vida se veía pálida en comparación. Ben sentía que había vivido una fantasía de vida —una vida muy insubstancial, comparada con el cielo que había podido probar— y ahora añoraba el cielo y quería que comenzara. Pero todavía tenía varias cosas por hacer.

Ben podría haber estado ya listo para el cielo, pero el cielo no estaba listo para él hasta que hubiera empleado bien su vida y hubiera cumplido su propósito en la tierra. Durante su conversación conmigo en el muelle, supe que Ben estaba listo para morir. Al ver a mi hermano parado en esa plataforma —en ese precipicio al borde de otra vida—, confiaba en que Dios me diera las palabras que Ben necesitaba oír. Sin saber qué decir ni cómo convencerlo de que su vida todavía valía la pena vivirla, busqué en mi corazón lo que realmente creía. Dios nos devolvió a Ben para un propósito. Porque le había dado su vida para un propósito. Le había dado a Ben el regalo de la vida, un regalo que no estaba destinado a ser desechado. Ni Ben ni yo conocíamos aún cuál podía ser ese propósito, pero tenía que ser algo *muy* importante para Dios para haberlo traído a la vida de nuevo.

Con más confianza y resolución de la que jamás había visto en su expresión, Ben me miró directo a los ojos y dijo: "Creo que tienes razón. Y también creo que Dios me permitió tener esa visión... para que supiera que el cielo vale la pena". Cuando Ben regresó a este mundo, se vio enfrentado de nuevo a los retos de la vida. Pero Ben sabía que el cumplimiento de su propósito en la tierra bien valía la esperanza del cielo.

Creo que Dios desea que vivamos la vida con miras a llegar al cielo aceptando la paz y el propósito que Él nos ofrece para esta vida; él desea "...brillar sobre aquellos que se encuentran sentados en tinieblas y en la sombra de la muerte, para guiar nuestros pies por el camino de la paz" (Lucas 1:79). A lo largo de sus luchas con su corazón, Ben vivió con frecuencia en la sombra física de la muerte; sin embargo, en esa oscuridad, Dios nunca dejó de guiarlo por un camino de paz.

A través de su video, "Ésta es mi historia", Ben presentó la crónica del viaje de una vida con la esperanza del cielo. Compartió una vida que valía la pena vivir, y vale la pena contar su historia.

La historia de Ben ha sido escrita, ¿cómo escribirás la tuya?

AGRADECIMIENTOS

Esta historia no habría salido a la luz sin los millones de personas que compartieron el mensaje de Ben alrededor del mundo. A nombre de Ben, quisiera agradecer a todos sus suscriptores y admiradores por su interminable amor y apoyo. Después de ver a mi hermano encontrar su pasión a través de la creación de sus videos, sé que los aprecia a cada uno de ustedes y que los animaría a considerar profundamente el mensaje que *desean* compartir con el mundo.

Y a Kid Cudi, gracias por abrazar a Ben. Ben encontró la verdad y la luz en las letras de tus canciones, mezcladas con la oscuridad, y sé que espera que continúes vertiendo luz. En tu aventura por la vida, espero que encuentres la verdad y que siempre encuentres paz.

Doy infinitas gracias también a Bob Barnett y al Grupo Penguin por aceptar publicar la historia de Ben.

Por iniciarme en el mundo editorial y por guiar cada uno de mis pasos por este camino, estoy profundamente agradecida con Kara Welsh y con Jennifer Schuster. Gracias, Kara, por ser la curadora de este libro hasta su máximo potencial y por tu constante consideración con mi familia a través de todo el proceso. Y, Jen, gracias también por tu constante amabilidad y por la dedicación de tus talentos a esta historia.

El manuscrito nunca habría llegado a madurar sin la colaboración esencial de Ken Abraham. Desde la concepción del libro, enriqueció sus páginas con destreza espiritual y sabia asesoría a mi forma de escribir. Trabajó incansablemente con mi familia y nos favoreció con su constante amabilidad. Ken, me siento privilegiada de haber colaborado contigo y no tengo cómo agradecerte lo suficiente por tu disponibilidad a compartir tus conocimientos y tu experiencia conmigo.

En un momento de incertidumbre, Brooke y Barry Josephson ofrecieron solaz a mi familia. Gracias, Brooke, por revelarnos tus sinceras y profundas emociones y por tu conexión con Ben. Y, Barry, gracias por tu fe en su historia y por tu constante atención a mi familia. Valoraremos tu amistad por siempre.

Gracias también a Kevin Balfe y Glenn Beck por su extrema generosidad para mi familia durante todo este tiempo.

Y, de todo corazón, gracias a Mike Lazerow por honrar a Ben.

Mi familia también querría dar las gracias a Mary Martin, Elizabeth Bryan y Jenny Fedei por sus benevolentes contribuciones a este libro.

Cualquier talento que haya desarrollado o la confianza que haya ganado como artista, la atribuyo en gran medida a mi amiga y mentora Betsy Dupree. Desde el invaluable tiempo que invirtió en mi vida, he sido inspirada a desarrollar mis pasiones y a aceptar mis imperfecciones. Y entre muchas otras cosas, me enseñó a vivir mi vida de forma genuina. Gracias, Betsy, por tu autenticidad, por tu fe en mí y por traer un poquito de locura a mi vida.

Como escritora, y estudiante perenne en la vida, tengo un enorme respeto por Carra Martinez. Cuando mi avidez por escribir se desvanecía, ella la revigorizaba. También me animó a buscar la verdad en el conocimiento y a reflejarla. Gracias, Tinez, por todo; siempre apreciaré tu motivación.

Por el tiempo y la dedicación para cuidar mi retórica, estoy inmensamente agradecida con Lauren Hug. Gracias, Lauren, por tu compromiso y apoyo.

A la Sra. Nanci Boice: no he ido a Europa ni me he convertido en novelista bajo el pseudónimo de "Daphne", pero espero que haber terminado este libro sea el primer paso en dirección a tu predicción. Gracias por edificar mi joven mente y por animarme a sumergirme en la literatura.

Y al Sr. Ron Williams, gracias por animarme a encontrar la luz en la oscuridad y por inspirar en mí el amor por el arte de la narrativa.

Además de a todos aquellos que dieron vida a la historia de Ben, quiero también agradecer a todos los que desempeñaron un papel en esa historia.

John Burke trajo luz y una positiva influencia a la vida de Ben, tanto a la temporal como a la eterna. Gracias de todo corazón a John y también a Aaron Ivey, a Clay Davis, a Bob Wetmore y a nuestros amigos en Gateway por conmemorar de forma tan hermosa la vida de Ben.

Mi familia y yo jamás podremos expresarles debidamente

nuestra gratitud a todos los amigos que estuvieron ahí para nosotros después del fallecimiento de Ben. Gracias a todos por las comidas, por la compañía y por los buenos deseos y oraciones.

Mi familia está en deuda eterna con los doctores y con todos aquellos que se dedicaron con su trabajo a mejorar la calidad de vida de Ben. Nuestro aprecio por la comunidad de Westlake y por los doctores Stuart A. Rowe, Arnold L. Fenrich, Jr., Karen L. Wright y Lance Hargrave es infinito.

En nuestro vecindario, las familias que allí residen nos han bendecido con una comunidad mucho más rica de lo que jamás habríamos podido imaginar. Gracias por acoger a Ben en sus hogares y por soportar sus incesantes bromas.

Las familias Wetmore, Reynolds y Haynes estuvieron allí para darle la bienvenida a Ben cuando llegó al mundo. Gracias por ser parte de su vida y por permanecer en la nuestra.

Mark y Pam Kohler fueron como unos segundos padres para Ben. Gracias Mark por guiarlo en sus intereses y por ofrecerle la oportunidad de llevar una vida libre. Y a ti, Pam, gracias por la sabiduría que le diste a la vida de Ben. Él los quiere a los dos.

A los mejores amigos de Ben, a los que se mencionan en este libro y a los que no se mencionan, gracias por ser parte de su historia. A todos los ama y sé que espera verlos de nuevo algún día.

Justin Miller, fuiste el primer verdadero amigo de Ben y una de las mejores partes de su niñez. Estás en su corazón y en el nuestro para siempre. Gracias a todos los Miller por hacer a Ben parte de su familia.

Y, Grant Hamill, fuiste el mejor amigo de Ben. Recuerda siempre que este no es el fin. Y, gracias, Sr. y Dra. Hamill por compartir a Grant con nosotros.

A mi mejor amiga, Rachel Prochnow: gracias por estar ahí en

los momentos de dolor, para orar conmigo por Ben. Todo mi amor a la familia Prochnow por recibirme con tanta amabilidad incontables veces.

Y, Cameron, gracias por ser un hermano para Ben y Jake y por haber estado siempre ahí para mí. Gracias también a la familia Thompson por su compasión.

En cuanto a mi familia, enviamos nuestro amor al cielo para Gee Gee y Grammy por cuidar de Ben. DDad, fuiste una infalible fuente de liderazgo y sabiduría durante la vida de Ben. Y, Corine, el ánimo que siempre le diste a Ben lo llevó a creer que su futuro sería realmente importante. Abrazos infinitos también al tío Rusty, la tía Kim, el tío Dave, a Amber y a Zach por su incesante amor.

Mamá y papá: ustedes le dieron a Ben dieciocho años increíbles de vida. Le permitieron vivir a plenitud y lo amaron incondicionalmente día tras día. Lo mismo han hecho por mí y por Jake. Gracias por educarnos, por asegurarnos que Dios tiene un propósito para nuestras vidas.

Y, Jake, siempre has sido un buen hermano. Te amo y sé que Ben tiene todavía mucho que enseñarte cuando llegues al cielo.

Ben, gracias por confiarme tu historia. Te amo y *no veo la hora* de volver a verte.

Toda la gloria es de Dios.

Fotografía de Jake H. Breedlove

Ally Breedlove es la hermana mayor de Ben Breed-love. Actualmente vive en Austin, Texas, donde desarrolla su amor por el cine, la escritura y la oratoria.

Ken Abraham ha publicado ochenta libros, entre lo que se cuentan trece *bestsellers* del *New York Times*.

CONÉCTATE EN LÍNEA

www.benbreedloveofficial.com
(sitio en inglés)

CARDIOMIOPATÍA HIPERTRÓFICA

La cardiomiopatía hipertrófica (CMH) es una enfermedad en la que el músculo del corazón (el miocardio) se torna anormalmente grueso (o hipertrofiado). Este músculo engrosado puede hacer que sea más difícil para el corazón bombear la sangre.

La CMH suele pasar inadvertida y nunca se diagnostica porque muchos de los que la padecen presentan pocos o ningún síntoma. Hay quienes, con esta enfermedad, pueden experimentar síntomas como dificultad para respirar, mareos, dolor torácico después de hacer ejercicio o esfuerzo, desmayos, palpitaciones o una frecuencia cardiaca acelerada o irregular.

Hay quienes, por tener CMH, están en riesgo de presentar ritmos cardiacos anormales (arritmias), como taquicardia ventricular o fibrilación ventricular. Estas frecuencias cardiacas anormales pueden producir muerte cardiaca súbita. La CMH es la principal causa de muerte súbita por problemas cardiacos en personas menores de treinta años. Afortunadamente, estas muertes son muy poco frecuentes.

Si usted experimenta cualquiera de los síntomas ya mencionados, si tiene historia familiar de CMH o si tiene planes para participar en algún deporte competitivo, es importante que consulte a su médico.

Para más información, visite
http://www.4hcm.org.

COMPARTE
LA ASOMBROSA HISTORIA
DE BEN CON TUS AMIGOS,
FAMILIA, IGLESIA O
GRUPO DE LECTURA

VISITA

BENBREEDLOVEOFFICIAL.COM (sitio en inglés)

O  **BENBREEDLOVEOFFICIAL**

PARA CONOCER MÁS ACERCA DE BEN

E INTERACTUAR CON OTROS LECTORES